复旦大学中国与周边国家关系研究中心研究成果

中国科协"一带一路"国际组织合作平台建设项目——中亚区域科技问题研究中心研究成果

Study on the Resources Strategy of the Silk Road Economic Belt
Origins and Prospects of the Inland Energy Supply and Demand Pattern & the Silk Road Food Corridor

丝绸之路经济带资源战略研究

内陆能源供需格局、丝路粮食通道的缘起与前景

徐海燕 ◎ 著

复旦大学出版社

哈萨克斯坦广阔的栗钙土耕地

哈萨克斯坦待收的小麦

哈萨克斯坦北部翻耕后的黑钙土

哈萨克斯坦油田一瞥

序一

《丝绸之路经济带资源战略研究》一书，充分体现了作者把准一个研究方向，凭借持之以恒的研究毅力和一以贯之的探索精神，得出并完善一系列研究成果，不断推出创新理念的学术风格。本书值得丝路问题研究者和有兴趣的读者一读。

本书从丝绸之路经济带资源战略的高度，对中亚丰富的能源资源与耕地资源进行了深入研究，提出了"内陆能源供需格局"和"丝路粮食通道"的最新理念，并进行了全面论证，对其前景做了展望。本书是作者 10 多年来研究中亚资源问题的集成之作。

作者 10 多年来潜心于丝绸之路经济带研究，早在 2014 年出版的《绿色丝绸之路经济带的路径研究》属前沿之作，是学者中提出"绿色丝路"理念的第一人。该著作对中亚地区的农业现代化、咸海治理和可再生能源开发三者进行了一体化研究，认为实现大规模农业现代化、推广高效节水农业，是同时走出咸海危机、修复中亚生态环境的关键所在，将促使实现农业发展与咸海治理并举，粮食丰收与环境改善兼得。本书延续了上述理念。至于"丝路粮食通道"的理念，文献上最早见于本书作者 2016 年在《国际问题研究》上发表的《构建丝路粮食通道的若干思考》一文，有关理念也属首创。该文对此做了大致构思，而在本书中，丝路粮食通道的概念已从一般的构思进入全方位探讨和论证，大为深化和细化了。由此也可见，作者的追踪研究是一以贯之的，其系列研究成果也由此而来。而我国近几年来与哈萨克斯坦等中亚国家的农业合作进展，证明了作者预见的正确性。

为了使丝路粮食通道的理念得以确立，作者重点研究了自2012年《哈萨克斯坦-2050》发展纲要至2020年哈萨克斯坦的全部年度国情咨文以及有关土地法律条款，指出2017年纳扎尔巴耶夫在国情咨文中提出的"农业应该成为经济发展的新驱动器"，是继2012年在《哈萨克斯坦-2050》战略中提出"必须大规模推行农业现代化""大大提高粮食产量"之后，又一次提升农业战略地位的重大举措。作者进而指出，如将这一提法与10多年前的"油气产业是国民经济发展的火车头"的提法相对比，即可看出哈萨克斯坦经济发展核心战略的转变。由于欧洲十分青睐哈萨克斯坦的硬小麦，纳扎尔巴耶夫在同一篇国情咨文中，提出"在粮食生产上，我们应该成为整个欧洲大陆的'面包篮子'"，这实际上就是在强化和扩展粮食外向通道。由此作者认为，营建丝路粮食通道，首先是适应了哈萨克斯坦经济发展的自身需求。

作者在这个研究方向上十分投入，锲而不舍，即使是在新冠肺炎疫情期间，也未间断对哈萨克斯坦农业发展进程的跟踪研究。作者认为，哈萨克斯坦总统托卡耶夫在2020年国情咨文中，关于"构筑肉、果、蔬、糖、粮、油、奶等7个方面的大型生产加工生态系统"的安排，以及发展庭院种植业的呼吁，是对席卷全球的新冠肺炎疫情所采取的及时应对措施，是对国情咨文中提出的"调动一切资源，保护哈萨克斯坦公民的健康与生命"，以及"保持社会经济稳定、就业和居民收入"承诺的兑现。疫情背景下，农业被更加重视了，农业的战略地位更加凸显，因而在此次咨文中提出了"没有发达的农业，就不会有具有竞争力的经济"这一新的发展战略理念。

此外，作者还紧跟形势，探讨了中哈农业合作的可行模式。哈萨克斯坦土地法修正案有外资租赁土地条款，曾一度引起社会舆论风波。作者认为，陕西爱菊粮油工业集团在哈实施"持股不控股"和"订单农业"的合作模式值得推广，这一合作模式恰恰可以消除误解，实际上已获两国官方和民间的认可和积极评价。作者认为，哈萨克斯坦新任总统托卡耶夫在2019年告人民书中关于"农业吸引外资是当务之急"以及"各种猜测而应就此止步"的明确表态，是对这次风波做出的平息裁决。这些都有利于中哈农业合作、粮食合作的拓展与深化。作者还指出，哈萨克斯坦连云港外运粮仓的建成与营运，并通过连云港转运50万吨小麦至东南亚，再次验证了开通丝路粮食通道首先满足了哈萨克斯坦的自身需求，这同时也是丝路粮食通道的实际开端。这也说明作者对"构建丝路粮食通道"的研究有先见意识。

"内陆能源供需格局"是本书中提出的一个全新理念，是相对于传统的海湾型油气供需格局而言的，书中对此做了充分论证。首先指出中国-中亚天然气管道与中俄东线天然气管道搭建起一个内陆天然气供需框架。前者年供气850亿立方米，主要供应我国西北、华中、华东、华南（包括港澳地区）；后者年供气380亿立方米，主要供应我国东北与华北。两者契合，覆盖全国多数地区。我国天然气年需求约4 000亿立方米，自供短缺40%，即1 600亿立方米需要进口。中国-中亚天然气管道和中俄东线天然气管道合起来，使我国在西、东两端每年共接入天然气1 230亿立方米，能填补我国天然气进口需求的75%左右，加上通过中哈、中俄石油管道合计5 000万吨的石油输入，将形成一个可观的内陆油气供需格局。作者接着指出，这个框架正在出现多元化趋势。核能资源输送为这个供需格局增添了新的活力。哈萨克斯坦作为世界铀矿生产第一大国，年产铀矿两万多吨，多年来其核能资源产量的60%左右沿着丝路能源通道运往了中国。俄罗斯可采铀资源量居世界第三位，将是这个能源供需格局中的一个潜在铀资源输出大国。也就是说，这个油气供需格局将会成为油气资源和核能资源并举的能源供需格局。继而，电力输送也正在这个供需格局中兴起。2018年，中俄重启8千兆瓦"叶尔科韦茨火力发电站"的项目谈判。如果建成，它将是世界上最大的火电站，每年向中国出口300亿～500亿千瓦时的电力（相当于增加了258万～430万吨石油输送量）。正是因为这个格局的多元化趋向已成定局，将其称作内陆能源供需格局较之单一的油气资源供需格局更为贴切，而且其多元化拓展正展示出明显的可持续性。

作者接着讨论了中俄西线天然气管道以及"冰上丝绸之路"等对内陆能

源供需格局的扩展。前者年供气 300 亿立方米；后者年供应液化气 400 万吨，折合 60 亿立方米天然气。这样将有 360 亿立方米天然气增加到内陆油气供需格局之中，供气量将达到 1 590 亿立方米，能够满足我国天然气缺口的 99.37%，但这并不是全部。据俄罗斯天然气集团首席执行官阿列克谢·米勒表示，俄罗斯对中国的供气潜力未来可达到每年 1 600 亿立方米以上，届时这个能源供需大格局在世界上将无与伦比。

作者研究了国家信息中心"一带一路"大数据中心关于我国与 64 个"一带一路"沿线国家合作度的测评数据。该中心从 5 个方面，设置 30 个指标，用大数据模型对我国与"一带一路"沿线国家合作度进行科学评估，满分 100。结果表明，与俄罗斯的合作度为 85.09 分，位居第一，与哈萨克斯坦的合作度为 81.25 分，居于第二位，属于深度合作型。作者认为，在构建内陆能源供需格局中，与俄罗斯、哈萨克斯坦的合作，也是深度合作型的，这两个国家是撑起内陆能源供应框架的主要组分，但也不排除向其他方向扩展的可能性。作者提出了"内陆油气资源供需格局的南向延伸构想"，就是将波斯湾的天然气经伊朗引入土库曼斯坦，再接入中国-中亚天然气管道，强化内陆能源供需格局。作者指出，在这个测评结果中，波斯湾地区的阿联酋、伊朗和卡塔尔等油气输出国都属于"逐步拓展型"，意味着合作潜力是可以开拓的。

作者在书中用了两节的篇幅讨论了内陆能源供需格局的后备能源支撑（第三章第四节"关于内陆能源供需格局的后备资源支撑"、第五节"俄罗斯'东向油气开发'为内陆能源供需格局强化资源支撑"）指出，俄罗斯实施"东向油气开发"战略是由其地缘经济和地缘政治环境决定的，是不会随意改变的既定决策。第一，俄罗斯的西部油田已逐渐走向其生存的中晚期，东西伯利亚和远东地区包括萨哈林岛（库页岛）和鄂霍次克海在内基本上还是油气资源的"生荒地"，这是其"东向油气资源开发转移"的内需驱动，是主动决策；第二，美国等西方国家不断制裁迫使俄调整能源安全部署，俄在东部巩固能源后方，加大了东部油气资源开发力度，美国对"北溪-2"天然气管线工程的无端制裁，会促使俄罗斯加大对东部油气资源开发的力度，这是外部驱使因素，且一时不会消除；第三，东亚越来越成为世界油气资源消费的重心，尤其是中国高速发展带动的东亚油气消费市场的吸引，这是引力驱动，由此就有了中俄油气资源合作互利双赢局面；第四，这次席卷全球的新冠肺炎疫情在世人面前考验了中国经济的强大韧性和潜力，二十国集团只有中国能在2020年实现经济正增长。外国公司更为看好中国市场，强化与中国经贸交往。事实表明，中国经济是疫情袭击后振兴世界经济的第一驱动器。这些都无疑会强化中俄能源合作，有利于丝路能源供需格局的延续与加强，形成双边共赢和多边共赢的格局。

综上所言，《丝绸之路经济带资源战略研究》是一部力作。作者见解独到，理念新颖，逻辑清晰，论证具有说服力，既有宏观展示，又有微观解析，使读者可以看到作者创新理念立论的全过程，从中也可感受到作者可贵的求实精神和严谨的治学态度。故我乐于为之作序。

中国前驻哈萨克斯坦、吉尔吉斯斯坦、拉脱维亚、乌克兰大使
　　中国人民大学重阳金融研究院高级研究员
　　　　深圳北理莫斯科大学客座教授
　　　　　　　2020年10月，北京

序二

《丝绸之路经济带资源战略研究》是徐海燕教授10多年来从事中亚资源与区域发展研究的多个研究项目的结晶。作者从战略角度探讨了中亚油气、铀矿、可再生资源和耕地资源分布特征、变化格局和重要意义，提出了开发和打通陆路能源和粮食通道的战略构想，论述了实现以上构想的对策和建议，是一本研究中亚、理解中亚和开发建设中亚的难得著作。

作者收集整理和分析了大量第一手资料，很注重所引用资料的可靠性、源头性与权威性。如在分析哈萨克斯坦农业合作时，除注重哈萨克斯坦的资源政策和发展战略研究外，还研究了哈萨克斯坦土地资源的自然属性。从历年哈萨克斯坦总统国情咨文的原文、哈萨克斯坦有关土地政策的法律条款原文中凝练和分析哈萨克斯坦在政策、法律和具体措施上的变化，以及所反映出来的国家战略意图。对于咸海的分析研究，作者从咸海数据库信息系统和大量正式出版物中凝练了各种不同观点，如"咸海停止干涸""咸海已达到水量平衡"的论点就来自俄罗斯科学院和俄罗斯新闻社发布的信息，有关咸海水域变化的周期性论断、"咸海还是一个年轻的湖泊"等论断来源于俄罗斯科学院新西伯利亚分院地质与矿物研究所咸海科考队对咸海10多年跟踪研究的科学结论。

在共同承担中国科协的科研项目研究过程中，我对作者在科研中表现出的严谨治学态度和创新进取精神都深表敬意。作者经常会提出一些独到见解，并加以论证。如在本书中，作者提出了"内陆能源供需格局"和"丝路粮食通道"两个主题理念。这些观点对改变我国单一的海上油气通道、打通陆路通道以及增加我国油气供应安全性具有启发价值。"内陆能源供需格局"将会减少我国进口油气资源的海运需求,淡化对"海湾型油气供需格局"的依赖,逐步实现油气进口内陆通道化,无疑将具有重要战略意义。这不仅将有利于我国经济的快速发展,提升能源安全;同时还会为沿路国家带来彼此提携发展、互利共赢的战略效益。书中提出的"丝路粮食通道"的南向扩展构想,有利于缓解世界上最为缺粮的南亚和非洲地区的粮食紧张局面,其战略意义也是一目了然的。"内陆能源供需格局"和"丝路粮食通道"两者的战略高度是显而易见的。作者对中亚在当今丝绸之路经济带建设中的"区位优势与资源优势的并举发挥"的揭示,对"中亚两大前景优势资源——耕地资源与可再生能源"的概括等等,都充分体现了作者勇于探索、大胆创新的学术抱负。

作者在本书的论据分析和可读性方面花费了大量精力,往往能以典型事例为切入点,把讨论引向深入,提升结论高度。其中,以巴库油田的兴衰借鉴为切入点引出关于中亚当今资源开发战略的讨论就是突出一例。作者善于抓住问题要点,做出恰当概括,引申出一些新的见解。诸如"中亚资源'得天独厚'说辨析""'中亚干旱缺水'探析"等都表明作者看问题不落俗套,表现出作者能大胆提出自己见解的不断探索精神。

本书是一部跨学科的著作,涉及了地理学、经济学和资源学,充分体现出作者具备将社会科学与自然科学二者结合的跨学科研究能力。该书学术见解独到,论点鲜明,论证严谨,叙述层次分明,重点突出,文字简练流利,可读性强。读者能从中了解中亚资源状况,了解丝绸之路经济带资源战略研究的内涵及意义,还可以了解到作者分析问题的方法,可供大学生、研究生和对中亚感兴趣的读者阅览和研究。

中国科学院中亚生态与环境研究中心研究员、主任
国际欧亚科学院院士
2020 年 10 月,新疆

序三

这是一部立论有据、分析到位、层次分明、重点突出、严谨科学的论著。从本书的几段分析中，可以看出作者善于独立思考，善于提出、分析问题，从而得出适当结论，引申出一些独到的见解。

例如，在"中亚资源'得天独厚'说辨析"一段中，作者在指出中亚能源资源和其他资源丰富的自然禀赋的同时，更是揭示出中亚资源"得天独厚"的相对性，指出近代地缘政治经济因素以及"中亚地理的封闭性"为中亚资源做了"封存"保护。作者指出，近代资本主义是沿着海路扩张的，伴随的资源掠夺也是沿着海路易于波及的地区拓展的，这使得处于亚欧大陆腹地的中亚资源得以免遭一"劫"，避过了第一、二次工业革命粗放式的资源开发所酿成的资源衰竭厄运。"今天当世界热议资源危机时，中亚资源的'得天独厚'被凸显出来，这是相对于那些资源衰竭的国家和地区而言的。"这正是作者见解的独到之处，因为在评议中亚资源状况时，这一点往往会被忽视。作者进而指出，"令人需要思索的倒是，一旦中亚资源被高度关注，如果再遇上资源开发战略不当，中亚资源的'得天独厚'优势也会消失，而转化为资源衰竭"。由此，作者引出了"中亚资源开发的战略问题"。

进而，作者以与中亚近在咫尺的巴库油田的兴衰为借鉴，引出制定丝路经济带的资源战略理念的必要性。作者指出，曾经是世界第一大油田的巴库油田与卡沙甘油田同属于一个里海油气盆地，两者隔着里海斜对相望，前者发现于19世纪中叶，其开发受到19世纪70年代第二次工业革命的驱动，

1901年巴库油田的年产量几乎占到世界的一半，出现了世界上第一口万吨级油井，这一段辉煌引来了不少"特别"关注者，起初为瑞典诺贝尔家族承包，20世纪20年代一度为荷兰壳牌集团、美国新泽西标准石油公司所涉足，40年代又尤其为希特勒所觊觎，猎取巴库油田成为其入侵苏联的重要动因之一。希特勒战败，侵占巴库油田的图谋未能得逞。可在冷战时期，巴库油田并未逃脱粗放式过度开发的遭遇，自20世纪50年代后逐步走向衰落，逐渐成为一个残存油田，失去了其原有的"辉煌"。这时的卡沙甘油田还在一旁沉睡于"封存"之中，其被发现与开发是21世纪初的事。这个世界级特大型油田可与昔日的巴库油田相比肩，可称其为今日的中亚"巴库"。今天，卡沙甘油田由六个国家分割开采，彼此竞相争产能，前景又将如何？由此可触动到对整个中亚资源开发的战略沉思。运筹引领未来发展，这就是丝路经济带资源战略问题的提出与思考。

又如，在"中亚及哈萨克斯坦油气田资源量展布规律透析"一节中，作者指出，20世纪90年代国内即有学者证明矿床的产出过程是一个普阿松过程，矿产资源量服从伽马分布，即矿产资源的小量级矿床占据压倒多数，中量级矿床的数量与之相比要少许多，大量级矿床的出现是一个小概率事件，特大型矿床的出现更是稀有事件。作者在研究了哈萨克斯坦油气田的油气资源量的分布后，指出哈萨克斯坦现有油气田资源量的分布与这个规律完全吻合。这就使作者对中亚的油气资源状况与前景推断有了底数。

据哈萨克斯坦国家地质信息中心的资料，哈萨克斯坦现有油气田256个，但91%的资源量集中在5 000万吨级以上的13个大型油田，其余243个油气田的储量只占9%，而且69%的资源量都集中在两个超大型油气田。发现大中型油田的经验频率为5%。而发现卡沙甘超大型油气田的频率约为千分之四。作者指出：在发现卡沙甘大型油田之后，人们往往会期待着有更多的"卡沙甘"油田的发现；但人们的愿望是一回事，客观现实是另一回事。卡沙甘油田埋深已在5 000米以下，所处地质条件极为复杂，已属于很难发现的油田，如其后续超大油田确实存在，其发现的难度还会增加许多。因而作者指出，在今后较长时间内，哈萨克斯坦乃至中亚的油气资源储量很难再有突破性提升，其油气工业储量也基本上会维持在卡沙甘油田发现以来的规模水平上。作者进而指出：如再有油田发现，要么相对于卡沙甘油田规模会小得多，资源量落入千万吨至亿吨区间的可能性比较大，多为中小型油气田，难以促使储量大幅增加，不足以带来轰动性效应；要么规模会比卡沙甘油田还要大得多，但这个可能性比发现卡沙甘油田更要小得多，微乎其微，难以期待，甚至是不值得去期待的，人们面对的倒应该是，对已证实的资源量做出合理的开发战略安排；作者还指出了中亚油气资源的有限性，内陆能源供需格局的后续资源补充还有赖于俄罗斯的油气资源。这里，作者在社会科学研究中融合了自然科学领域的科研成果，表明作者具有较强的跨学科科研能力，善于使用计量方法研究社会科学问题。

类似的建立在科学分析基础上的论述，在本书中还见于多处，比如"关于内陆能源供需格局后备资源支撑探析""关于中亚是否缺水的剖析"等等。

这是一部值得一读的好书，从中不仅可以了解到中亚各种资源的详尽资料，以及中亚尤其是哈萨克斯坦有关资源开发政策和战略的演变过程，还可了解到内陆能源供需格局和丝路粮食通道理念确立的科学性及其实施途径；并且还可感受到作者的严谨治学态度和学术创新勇气。本书对丝绸之路经济带建设具有重要的参考价值，是研究中亚资源环境的重要参考资料，也是大专院校师生了解中亚的基础教材。

中国科学院新疆生态与地理研究所研究员、党委书记、副所长
SCI 期刊 *Chinese Science Bulletin* 原特邀编辑
《科学通报》原编委、*Journal of Arid Land* 学术期刊编委
2020 年 10 月，新疆

前言

中亚在古丝绸之路的形成与延续中起到了不可或缺的"驿站"和"推手"作用,舍此难以有古丝绸之路。借鉴这段历史,可激励传承"和平合作、开放包容、互学互鉴、互利共赢"的丝路精神,聚力共建丝绸之路经济带。今天的发展承接着历史逻辑。

中亚——古丝绸之路的驿站。 中亚于公元前 2 000 多年即出现花剌子模农耕文明,并在公元前后出现了陶瓷管道灌溉网系和铁制农具如镰刀等。张骞"凿空西域"前,这里已经是一个农耕文明高度发展的地区。中亚以其连接东西的地缘区位优势与耕地资源优势而成为古丝绸之路上的"驿站",使古丝绸之路得以西延至欧洲。庞大的驼商队①在历经数千千米戈壁瀚海的艰辛跋涉,越过数百千米的雪域险阻后,早已是人困驼乏,粮草殆尽。如果此后见到的不是富饶的楚河平原及费尔干纳、泽拉夫尚等谷地粮仓,得不到中转接力、粮草补充和休整喘息,很难想象,驼商队还能够继续前行。是中亚的中转驿站功能成就了古丝绸之路的继续西向延伸,使其得以到达欧洲和北非。

粟特人是古丝绸之路上的推手。 此外,还有一个不可忽视的推动因素,那就是中亚这片沃土孕育出了一个精干的商业民族——粟特人。他们是丝绸

---

① 由从汉代烽火台遗址中发掘的信札可知,一个粟特人商队可由数百人组成,见第一章有关注释。

之路上的千年推手，是他们将丝绸、茶叶、瓷器等商品经过中亚转运到了欧洲，连通了长安和罗马，使中亚"驿站"承前启后，使古丝绸之路继往开来，历经千余年。

今天，"共建丝绸之路经济带"的宏伟构想正在实施，中亚的"驿站"和"推手"功能，更是将伴随着构建人类命运共同体而得到更为充分的释放。中亚已不仅仅是古丝绸之路上粮草补充、歇脚休整或换肩接力的"驿站"，在经济全球化的今天，它已演绎为欧亚大陆桥，中欧班列在此畅行无阻，直达欧洲。昔日的丝路"推手"也成为今天丝绸之路经济带的"共建者"，哈萨克斯坦为此还提出了"光明之路新政"与"共建丝绸之路经济带"相对接。

得益于中亚得天独厚的能源优势，昔日的丝绸之路已经演绎为今日的能源大通道。展望未来，能周而复始使用的丰富的耕地和用之不竭的可再生能源资源，还将会促使中亚成为世界级粮仓，人们可以此为依托，营建出丝路粮食通道，为缓解世界粮食危机和构建人类命运共同体做出重要贡献。（详见本书第一章"中亚资源状况与资源战略问题的提出"）

丝路能源通道与内陆油气供需格局的兴起。哈萨克斯坦于20世纪90年代，依托其丰富的油气资源，在中亚率先实施了"油气兴国"战略，并为此寻求国外合作伙伴。适逢我国改革开放、经济高速发展，解决能源短缺问题成为当务之急。中哈油气资源合作适时展开，促成了中哈石油与天然气管道建设，打开了以哈萨克斯坦为先导的中亚油气资源的东向输出局面，中国-中亚天然气管道相继而来，使古丝绸之路演绎为当今能源大通道[①]，待到天然气A、B、C、D四线全部完工，年供气量将达到850亿立方米，这是一个宏伟的内陆油气通道，为开拓内陆油气供需格局奠立了基石。此前，是海湾型油气供需格局一统国际油气资源贸易，我国的油气资源短缺补充也必须经由海路，

---

① 2008年，中哈石油管道开通，年输油能力达2 000万吨，截至2016年9月已累计输油9 036万吨；2009年，中国-中亚天然气管道开通，年输气能力最终将达到约850亿立方米，约为我国年需用气量的1/2。

不仅周期长，而且安全系数低。这里需要特别指出的是，要使这个内陆油气供需格局完全确立起来，还需要俄罗斯油气资源的支撑。俄罗斯作为油气资源大国，在维护其传统西方市场的同时，尤其看到了极具前景的以中国为重心的东方油气市场。尽管中俄油气合作历经曲折，但毕竟是成功的：2004年底优先接通中国石油管线的安大线①；进而于2013年又追签了总价2 700亿美元的原油供应合同；2014年又签订了总价值为4 000亿美元的中俄东线天然气供应的世纪大单②，一期工程建成后的年输气量为380亿立方米。两条超大型油气管道分别由中亚与远东通向中国，两者合计输气量为1 230亿立方米，还有待建的中俄西线天然气管道，年输气量300亿立方米，三条供气管道供气能力将达到年1 530亿立方米，在世界上也是超大型天然气供需网系。再加上中哈、中俄石油管道合计5 000万吨的年供油量，俨然是一个自成体系的内陆型油气供需格局，它供应油气快捷便利，避免了海路风险。这是一个独立的油气供需格局的兴起，是对此前统领世界油气贸易的传统海湾型油气供需格局的一次撼动与挑战。油气资源大国俄罗斯的参与，使亚洲油气供需格局得以成形。但说到底，这个内陆能源供需格局的出现是源自中国的高速崛起，是中国的巨大能源需求导致了它的出现与延伸。（详见本书第三章"内陆能源供需格局的兴起"）

哈萨克斯坦调整国内经济发展战略。 20世纪90年代哈萨克斯坦实施的"油气兴国"战略使其GDP翻了三番，人均GDP增长了12.66倍，由此石油产业曾被称为"带动经济增长的火车头"。但与此同时也带来了经济产业结构失衡，油气产业挤压了农业、机械制造等基础产业的发展空间，使国民经济的基础脆弱化。2008年的国际金融危机使哈萨克斯坦意识到经济过度依赖油气资源出口的弊端和风险。国际金融危机致使全球经济不振，石油需求大幅下降，油气贸易收入锐减。这使哈萨克斯坦在2000—2007年维持了8年10%左右的GDP增长率，滑坡式跌落到2008年的3.3%，继而于2009年下滑到

---

① 这期间尽管有过多年围绕石油管道走向的安大线与安纳线之争，最终还是优先接通安大线。
② 这两个合同分别使中俄石油管道输送总量达到年3 000万吨、年供气能力约为350亿立方米。

1.2%。2013年哈萨克斯坦人均GDP曾经达到14 310美元，2014年下降到13 155美元，2015年继续下降为10 508美元。再者，石油资源是可穷竭的，过度开采使油气开采高峰加速到来，此后油气资源将会步步趋向枯竭。引进外资开发更是加快了其开采高峰期的到来，一个卡沙甘油田由六个国家分割开采，彼此竞相争产能，其资源枯竭期的提前到来是意料中的事。如此等等，触动了哈萨克斯坦对国内资源开发的战略思考，调整发展战略成为其当务之急。纳扎尔巴耶夫宣布："油气开采应支持国家经济发展，但不应继续成为国家的主要收入来源。"[①] 哈萨克斯坦学者更是明确指出"依托油气振兴经济增长的模式已经结束"。作为转型应对举措之一，哈萨克斯坦启动了铀资源开发，同时启动了铀资源贸易，这是哈萨克斯坦"油气兴国"战略的一次转移，由单一的油气资源支撑向多元支撑转移，在国际石油价格持续走低的情况下，扩大铀矿贸易已成为哈萨克斯坦和乌兹别克斯坦继"油气兴国"战略之后，继续振兴经济新的依托之一。因而本书在讨论中亚油气资源之后，用了两章篇幅[②]讨论了中亚的铀资源开发与对外铀资源合作，并归结到中国与中亚的铀资源深度合作讨论。

中亚不可穷竭的优势资源——可再生能源与耕地。 连同铀资源在内的矿物能源资源都是可穷竭的，在《哈萨克斯坦-2050》战略中，把新能源开发和耕地资源开发提升到发展战略高度上，提出"到2050年使可再生能源占到能源总消耗的一半"，"我们要重点发展农业，使粮食成为哈萨克斯坦主要的出口商品之一"，并提出"农业生产率到2014年翻一番，到2020年翻两番"的目标。

中亚可再生能源资源。 中亚有着巨大的可再生能源潜力。就太阳能而言，中亚卡拉库姆等沙漠总面积达83万平方千米，为太阳能产业提供了广袤的场所。据估计，乌兹别克斯坦、土库曼斯坦、哈萨克斯坦的太阳能资源分别相

---

① 2013年9月10日纳扎尔巴耶夫在发展中市场欧亚论坛上的发言。
② 第四章"中亚铀资源及其在世界核能源格局中的地位"、第五章"中亚国家寻求铀资源合作开发伙伴的历程"。

当于509亿吨、770亿吨和1 882亿吨石油当量,三者之和为3 712亿吨石油当量,是现在中亚已探明石油储量的62倍。就风能资源而言,中亚处于中纬度风带,是世界上最有利于发展风电产业的地区之一。

中亚的耕地资源。哈萨克斯坦北部的伊希姆河流域,在苏联时期大垦荒运动中,曾垦荒2 600万公顷,使哈萨克斯坦的播种面积达到3 650万公顷,且大都为适于种植小麦的肥沃黑钙土和栗钙土。另外,咸海流域还有5 900万公顷的适耕土地,实际种植面积只有1 000万公顷,还有4 900万公顷的待垦潜力,其中约有2 200万公顷为易浇灌耕地,2 700万公顷为较贫瘠的山坡地。

中亚粮仓与丝路粮食通道。综上所述,中亚的适耕土地为6 000万公顷,约为我国红线内耕地的一半,是极为可观的。如6 000万公顷耕地的一半用来耕种粮食,且中亚的平均产量能达到每公顷5 400千克(折合每亩300千克,这也只抵得上与之相比邻的新疆生产建设兵团小麦亩产的60%)[①],即可有1.35亿吨,赫然是一个世界级粮仓!现中亚人口约为7 000万,如按人均预留粮1 000千克计(含口粮、种粮和工业用粮),仍然有6 500万吨余粮[②],如将其投入国际粮食流通,欧亚大陆腹地将出现一个丝路粮食通道,支撑绿色丝绸之路经济带建设,并助力打造人类命运共同体。使其成为现实,需要探讨其可行性,切实策划,做出种种努力去实施,本书用了三章的篇幅对其进行了讨论。

耕地资源和可再生能源资源是中亚最具开发前景的优势资源,这两者的合理开发是本书研究的要点。由于油气资源连同核能资源以及其他矿产资源都是不可再生的资源,都有其开采高峰期过后的产量衰竭乃至穷尽的问题,而耕地资源和可为其开发提供动力支撑的风能、太阳能等新能源资源则是周而复始可持续使用的资源,因此这两者较之油气和核能资源更具有前景优势,是丝绸之路经济带上最为宝贵的财富。规划好中亚这些优势资源的可持续开

[①] 新疆生产建设兵团小麦产量稳定在亩产500千克以上,即稳定在每公顷7 500千克以上。
[②] 这可与当今小麦出口大国美国的小麦年出口量有一比。

发，是一个丝路经济带资源开发的战略问题。本书自第六章开始，用了四章篇幅对此做了讨论，后三章专题讨论了中亚粮仓和丝路粮食通道。

本书旨在对上述研究思路展开探讨，共分九章：

第一章"中亚资源状况与资源战略问题的提出"，对中亚在古丝绸之路上的"驿站"和"推手"作用做了阐述，指出古丝路上的"驿站"今天已演绎为能源基地，还将成为世界级"粮仓"；昔日的"推手"也成为今日的"共建者"。本章借巴库油田兴衰史之鉴，提出了丝绸之路经济带建设的资源战略思考，提出了构建亚洲内陆能源供需格局与丝路粮食通道的理念与构想，并提出了其实施路径。本章为阅读本书提供了主导线索。

第二章"中亚油气资源与中哈油气资源合作"和第三章"内陆能源供需格局的兴起"前后相随，阐述了亚洲内陆能源供需格局的由来与形成。

第二章介绍了哈萨克斯坦丰富的石油和天然气资源，叙述了其油气资源的多国合作，重点讨论了其与中国的油气资源合作的开启与前景。

第三章指出，中俄东线油气管道开通的深层次寓意，在于其与中国-中亚天然气管道形成呼应，架起了亚洲内陆能源供需框架。本章讨论了其延伸扩展及能源多元化趋势，论证了其持久的能源来源支撑，进而指出这一内陆能源供需格局形成对传统的海湾型油气供需格局的挑战，指出这是中国的发展必定带来的对传统国际能源格局的改变。

第四章"中亚铀资源及其在世界核能源格局中的地位"在将中亚尤其是哈萨克斯坦的铀资源与世界铀资源进行对比之后，指出中亚铀资源在世界铀资源格局中的地位远高于其油气资源的地位[①]。接着对中亚五国的铀资源潜力进行了分别叙述，指出哈萨克斯坦和乌兹别克斯坦铀资源的相当一部分是有利于使用地下浸出开采的，生产成本低，生态安全性高，为世界所看好。本章进而指出，在"烃经济时代慢慢走向终结"的今天，中亚的核能资源在未来世界能源格局中的地位将日益凸显。

---

① 2016年哈萨克斯坦产铀23 100吨，在世界遥遥领先（居于第二位的加拿大产铀13 278吨，居于第三位的澳大利亚产铀6 668吨），占世界总产量47 687吨的40%，其储量62.9万吨居于世界第二位。

第五章"中亚国家寻求铀资源合作开发伙伴的历程"分析论述了乌兹别克斯坦与哈萨克斯坦寻求铀资源合作伙伴的艰难历程。两国在与美、俄、日、韩等国前后10多年谈判不见明显成效后①,于2009年转向与中国"中广核集团"谈判合作并一举成功。哈萨克斯坦2008年与日本谈判核能合作,尽管起初一拍即合,但因实施过程漫长曲折,与俄罗斯的谈判进展迟缓。但2015年与"中广核"进行产品高端化谈判,同年底即达成协议。以上两个事例使中国企业在中亚站稳了脚跟,并使其在中亚铀资源开发上处于领先地位。进而指出,中国在核能领域与中亚合作的成功是全球治理的中国方案融合高新技术的综合效应。

本章指出,核能开发是中亚能源开发的第二次启航。最后就与中亚开展核能合作提出了几点建议:核能与可再生能源的兼顾包容开发;发展中亚核电与农业现代化挂钩;中哈铀资源开发合作的重点需向南转移。

第六章"中亚的可再生能源资源"分述了中亚各国十分可观的太阳能、风能、水能和生物质能资源。哈萨克斯坦人均拥有风力资源6万千瓦/年,列于世界第一。塔吉克斯坦人均水能资源居世界第二。本章指出,太阳能、风能资源具有地域广适性,很适合于配合耕地资源的分散利用。

本章还提出了中亚能源的双轨引进机制,采取风电先行,风、光、生合作并举的方针,在水力资源的合作开发上,应以参与小水电合作开发为主的方针,规避中亚水资源纠纷。此外,还讨论了合作开发中亚内陆腹地的可再生能源的战略意义。

第七、八、九三章是一个集成单元,重点阐述了中亚粮仓和丝路粮食通道。

第七章"中亚耕地资源及打造粮仓的其他自然条件"阐述了中亚的耕地潜力,指出昔日苏联粮仓——哈萨克斯坦北部伊希姆河流域和昔日苏联的棉

---

① 乌兹别克斯坦曾与美国谈判合作进行铀资源开发,历经13年不见成效后得出结论:"美国公司的商业垄断并没有给乌兹别克斯坦带来商业利益",于1996年转而与俄罗斯、日本和韩国谈判合作,然而不是久拖未决,就是因铀价低迷而搁浅。

花基地——咸海流域应是打造中亚粮仓的重点地区①。接着探讨了中亚的土壤状况，叙述了中亚由贫瘠的砂质土到肥沃的黑钙土和栗钙土的空间展布，尤为可贵的是哈萨克斯坦北部有适合于粮食种植的2 550万公顷的肥沃黑钙土。本章还分析了中亚发展农业所必需的水力资源和气候条件。

第八章"中哈农业合作开创丝路粮食通道"讨论了哈萨克斯坦当前在世界粮食市场上的地位。2013年，哈萨克斯坦是世界十大小麦出口国之一，位居第八，是年出口粮食719万吨。为促进粮食生产，扩大出口，哈萨克斯坦出台了种粮补贴、推出低息粮食生产贷款等一系列保粮政策。接着论述了中国与中亚农业合作已有的先行范例，讨论了中国与中亚农业合作遇到的问题与解决途径，指出中哈连云港粮食过境通道的开通是构建丝路粮食通道的一个实际开端。

第九章"开拓丝路粮食通道的实施途径探讨"探讨了打造中亚粮仓、构建丝路粮食通道的实际路径，提出三步走方案：（1）以建设哈萨克斯坦北部伊希姆河流域粮仓为切入点，第一步即可有3 500万吨粮食投入国际流通；（2）扩展到咸海流域的适耕土地上，由现有的1 000万公顷扩大到3 200万公顷；（3）在以上共计6 000万公顷的耕地开发的基础上，再筹划并实施哈萨克斯坦伊希姆河流域800万公顷撂荒地和咸海2 700万公顷山坡耕地的开发。

以生态示范农场开路，由点到面推广，以"持股不控股"方式合作打造现代农工综合体，逐步构建丝路粮食通道。本章探讨了在中亚开拓粮食基地会遇到的障碍与相应的解决对策。

本章同时讨论了丝路粮食通道的战略效益。世界上54个缺粮国家，有37个在非洲，占68.5%，加之还有7个缺粮国家都位于中亚南面，占到世界缺粮国家的81.5%的比重，因而打通南向粮食通道是构建丝路粮食通道的关键，这

---

① 前者适耕土地3 650万公顷，其中800万公顷因长年风化而退耕，余下2 850万公顷适耕土地（包括已耕土地2 000万公顷）；后者适耕土地3 200万公顷（包括已耕土地1 000万公顷），一共是6 050万公顷，这是一个极为可观的耕地数字。此外还有咸海流域的2 700万公顷的山坡地及伊希姆河流域的800万公顷的退耕地，合计3 500万公顷难度较大，但仍然可以视为后备耕地。

可提升中巴经济走廊的战略地位，促使丝绸之路经济带与海上丝绸之路在阿拉伯海或印度洋上对接，使"一带一路"更多地释放出效益。

中国在与中亚的互利共赢经济合作中取得成功，走在了许多国家的前面。这要从两种决然不同的中亚资源开发参与观说起。苏联解体后，美国十分看重向中亚的渗透，不遗余力地推动其"大中亚"计划①。但多年过去，"颜色革命"在中亚并未掀起大的波澜，究其原因，是因为"大中亚"计划具有强烈的政治色彩。显然，"大中亚"战略并不是中亚所需要的。2011年7月，又由美国时任国务卿希拉里提出"新丝路计划"（New Silk Road Initiative）②，这是"大中亚"战略的翻版，目标仍然是使阿富汗融入中亚地区，以其为中心打造一个贯通中亚和南亚区域经济圈，和"大中亚"战略一样，以能源合作为切入点，在中亚推行"自由外交"，使中亚脱离俄罗斯影响的意图十分明显，当然同时也防范中国对中亚的影响。不论是"大中亚"计划还是"新丝路计划"都未能成功，就是因为他们的期望具有强烈的政治干预性。独立后的中亚各国更需要能助力其经济发展、不带任何政治条件、无任何权利企图的经济合作伙伴。

中国与中亚的油气资源合作成功了，油气管道修通了，互利共赢成功了。中亚人士对此看得十分清楚，正如一位中亚学者弗拉基米尔·帕拉莫洛夫在

---

① 苏联时期，中亚曾是针插不进的铁板领地，外部势力觊觎多时，也只苦于渗透无门。苏联解体，一时留下中亚地缘经济与地缘政治"真空"，机遇千载难逢，于是西方大国无不争先乘虚而入，捷足先登者当然是因插手阿富汗而从南面贴近中亚的美国势力，它抛出了"大中亚"计划，其基点是以阿富汗为中心，将中亚与南亚拼接为一个以美国为主导的地缘政治经济板块，对中亚实施"民主"观念和"人权"意识渗透，力图诱发"颜色革命"，使中亚脱离俄罗斯的传统影响。"大中亚"计划设想最先由美国学者美国霍普金斯大学中亚与高加索研究所所长约翰·霍普金斯于2005年夏提出，当时他在美国《外交》杂志第4期发表题为《美国与大中亚：发展与和平伙伴关系》的文章，文中提出了"大中亚"计划的设想，后被美国中央司令部的官员看中，认为有助于美对阿富汗的长期把控。为实施这一计划，2006年2月，美国务院将中亚5国从欧洲和欧亚事务局分管中划出，归之于南亚局，改名为"南亚和中亚事务局"。

② 有学者认为，目前"新丝路计划"的情况说明美国对于该地区缺乏认识，中国和俄罗斯的经济项目都已开始扎根中亚地区，美国已经是个"后来者"。美国《外交政策》援引英国BP的数据称，中国45%的天然气都是来自中亚地区，中国不仅仅在中亚开始基建投入，而且已经是该地区的最大外国投资者。

其《苏联解体20年——中亚能源大博弈》一文中指出的那样，"这一局中中国公司胜出，是因为他们不干预内政，不带任何企图，他们只做生意，而且带来看得见的利益"①。

"共建丝绸之路经济带"提出以后，能很快得到中亚国家的呼应和参与，是因为"共建丝绸之路经济带"理念的核心内涵和宗旨是和谐包容，不具有任何政治干预色彩。此外，还有注册资本1 000亿美元的亚洲基础设施投资银行和400亿美元的丝路基金作为财力保证。这种大义在先和真干实干的担当作为在中亚取得了良好信誉，赢得了民心。

正因为"共建丝绸之路经济带"所弘扬的是"文明互鉴"的丝路精神，以邻为善的周边外交理念，与欧亚经济联盟②是相互包容的，俄罗斯与中亚国家在参与欧亚经济联盟的同时也欢迎"共建丝绸之路经济带"的构想。

关于附录：

因本书涉及自然资源的某些技术层面，为便于非资源专业的读者理解，

---

① Парамонов В. Большая игра за энергоресурсы Центральной Азии: 20 лет после распада СССР, В последние годы наблюдается устойчивая тенденция изменения всей схемы добычи и транспортировки углеводородов в Центральной Азии в пользу китайского (и азиатского в целом) направления. китайские и азиатские компании действуют более стратегически верно и тактически грамотно, чем российские и даже западные компании:- более активно участвуют в проектах по глубокой переработке нефти и газа（химические производства）, а также производству сжиженного природного газа; - представляют значительные инвестиции, льготные кредиты и щедрые "подарки", в том числе в виде социально-ориентированных проектов; - принципиально не вмешиваются во внутреннюю политику и вопросы большой политики - просто "делают бизнес".

② 2011年10月，俄罗斯时任总理普京提出欧亚经济联盟的构想，这是一个由前苏联加盟共和国中的俄罗斯、哈萨克斯坦、白俄罗斯、亚美尼亚、吉尔吉斯斯坦和塔吉克斯坦等6个国家组成的以加深经济、政治合作与融入为内容的泛国家联盟，其执行机构——欧亚委员会有制定关税政策、竞争规则、能源和财政政策等的决策权。联盟将首先在农业、工业、交通、能源等领域推行协调一致的政策和统一的卫生、技术标准。2014年5月29日，负责俄罗斯、白俄罗斯、哈萨克斯坦三国一体化进程的欧亚经济委员会最高理事会会议在哈萨克斯坦首都阿斯塔纳举行，俄罗斯总统普京、白俄罗斯总统卢卡申科、哈萨克斯坦总统纳扎尔巴耶夫签署了《欧亚经济联盟条约》。根据条约，欧亚经济联盟于2015年1月1日正式启动，2016年之前建立统一的药品市场，2019年之前建立统一的电力市场，2025年之前建立统一的石油、天然气市场，到2025年俄、白、哈三国将实现商品、服务、资金和劳动力的自由流动，终极目标是建立类似于欧盟的经济联盟（有人称之为"第二欧盟"），形成一个拥有1.7亿人口的统一市场。

书后附有中亚五国金属矿产及非金属矿产资源简介、地质年代表、三大岩类分类表、岩浆岩分类表和矿产资源储量分级等资料。鉴于生物资源也可转换成生物质能源，书后还附有"中亚的生物资源"。

  附录一：中亚五国金属矿产及非金属矿产资源简介
  附录二：地质年代表
  附录三：三大岩类分类表
  附录四：岩浆岩分类表
  附录五：矿产资源储量分级
  附录六：中亚的生物资源
  附录七：各种能源燃烧值互算表

目录

第一章　中亚资源状况与资源战略问题的提出 ………………………… 1

　第一节　古丝绸之路上的一段历史借鉴 …………………………………… 2

　第二节　丝绸之路经济带资源战略问题的提出 …………………………… 6

　　一、中亚资源"得天独厚"说辨析 ………………………………………… 6

　　二、巴库油田的兴衰对中亚资源开发的历史借鉴意义 ………………… 8

　　三、丝路能源通道与内陆油气供需格局的酝酿 ………………………… 10

　第三节　中亚的前景资源与丝路粮食通道 ……………………………… 14

　　一、中亚的前景资源——可再生能源与耕地 …………………………… 14

　　二、有关丝路粮食通道的思考 …………………………………………… 16

　第四节　哈萨克斯坦资源优势与区位优势的并举发挥 ………………… 17

第二章　中亚油气资源与中哈油气资源合作 ………………………… 21

　第一节　中亚的石油及天然气资源 ……………………………………… 24

　　一、哈萨克斯坦的石油和天然气 ………………………………………… 24

　　二、哈萨克斯坦含油气盆地 ……………………………………………… 24

　　三、哈萨克斯坦的大型油气田 …………………………………………… 26

　　四、哈萨克斯坦主要油气加工企业 ……………………………………… 28

五、哈萨克斯坦主要油气输出管线 ………………………………… 29
　　　六、中亚其他国家的油气资源 …………………………………… 30
　第二节　哈萨克斯坦油气资源开发向世界全方位开放 ………………… 31
　　　一、大型油气田卡拉恰甘纳克项目 ……………………………… 31
　　　二、大型油田田吉兹项目 ………………………………………… 32
　　　三、特大型油田卡沙甘项目 ……………………………………… 33
　第三节　中哈油气资源合作的起步与发展 ……………………………… 35
　　　一、中哈阿克纠宾油气股份公司项目 …………………………… 36
　　　二、并购哈萨克斯坦石油公司项目 ……………………………… 37
　　　三、中信资源控股有限公司卡拉让巴斯、东莫尔图克油田项目 … 38
　　　四、中国企业参股卡沙甘油田开发 ……………………………… 39
　　　五、其他项目 ……………………………………………………… 41
　第四节　中亚及哈萨克斯坦油气资源量透析 …………………………… 43
　　　一、哈萨克斯坦油气田资源量的分布规律探析 ………………… 44
　　　二、哈萨克斯坦地质部门呼吁强化地质研究提升矿产储量 …… 49
　第五节　能源合作是中哈经济合作的重心 ……………………………… 52

第三章　内陆能源供需格局的兴起 ……………………………………… 55
　第一节　中国-中亚油气管道开创丝路能源通道 ……………………… 56
　第二节　俄罗斯"东向"能源战略与内陆能源供需格局 ……………… 58
　　　一、中俄东线天然气管道与中国-中亚天然气管道架起内陆油气
　　　　　供需框架 …………………………………………………… 59
　　　二、今后中俄经贸和科技合作的重心仍然是能源框架下的合作 …… 62
　　　三、内陆能源供需格局正呈现出多元化趋势 …………………… 63
　第三节　关于内陆能源供需格局的后续扩展 …………………………… 64

一、关于中俄西线天然气管道 ·· 64
　　二、"冰上丝绸之路"外延补充内陆油气供需格局 ······················ 69
　　三、关于亚洲内陆油气资源供需格局的南向伸延构想 ·················· 70
　第四节　关于内陆能源供需格局的后备资源支撑 ···························· 71
　第五节　俄罗斯"东向油气开发"为内陆能源供需格局强化资源支撑
　　　　　·· 74

第四章　中亚铀资源及其在世界核能源格局中的地位 ························ 83
　第一节　世界铀资源需求及储量概况 ·· 84
　　一、世界铀资源的一般状况 ··· 84
　　二、中亚在世界铀资源供需格局中的地位 ································· 87
　　三、中亚铀资源在世界能源格局中的地位高于其油气资源地位 ····· 89
　　四、世界核武军备竞赛掀动中亚铀资源开发 ······························ 91
　第二节　哈萨克斯坦铀资源 ·· 94
　第三节　乌兹别克斯坦铀资源 ·· 100
　第四节　中亚其他国家铀资源 ·· 102
　　一、吉尔吉斯斯坦铀资源 ·· 103
　　二、塔吉克斯坦的铀资源 ·· 106

第五章　中亚国家寻求铀资源合作开发伙伴的历程 ···························· 109
　第一节　中亚国家寻求铀资源开发国际合作伙伴的起步阶段 ··········· 112
　　一、乌兹别克斯坦 ··· 112
　　二、哈萨克斯坦 ·· 115
　第二节　中国核能企业走进中亚铀资源开发领域 ··························· 119
　　一、中国公司率先与哈萨克斯坦合作建立高端铀产品合资企业 ····· 120

二、中亚认可中国高端铀开发技术的前沿地位 ……………… 121
　第三节　中国-中亚核能合作中的思索与启示 ………………… 124
　第四节　关于中国-中亚核能合作的几点建议 ………………… 127

第六章　中亚的可再生能源资源 ……………………………………… 131
　第一节　中亚国家的可再生能源资源 …………………………… 132
　　一、哈萨克斯坦的可再生能源资源开发 ………………………… 132
　　二、中亚其他四国的可再生能源资源开发 ……………………… 137
　第二节　中亚的水能资源 ………………………………………… 139
　　一、中亚的地面径流 ……………………………………………… 139
　　二、中亚水力资源 ………………………………………………… 140
　第三节　中亚的生物能源资源 …………………………………… 142
　第四节　运筹中亚能源的"双轨"引进机制 …………………… 144
　　一、采取风电先行，风、光、生并举的合作开发模式 ………… 145
　　二、规避水资源纠纷谋求两全兼顾方案 ………………………… 146
　　三、双轨引进是一个逐步接替过程 ……………………………… 146
　　四、发挥新疆比邻中亚的地缘优势 ……………………………… 146

第七章　中亚耕地资源及打造粮仓的其他自然条件 ……………… 151
　第一节　中亚耕地资源潜力 ……………………………………… 152
　第二节　中亚的土壤状况 ………………………………………… 156
　　一、土壤的一般概念 ……………………………………………… 156
　　二、中亚土壤资源概况 …………………………………………… 157
　　三、哈萨克斯坦的土壤资源 ……………………………………… 158
　第三节　咸海流域的水资源分配 ………………………………… 163

  一、锡尔河与阿姆河概况 ·················· 163

  二、咸海流域地表水分配 ·················· 164

  三、中亚的地下水资源 ···················· 165

  四、关于中亚是否缺水的辨析 ·············· 166

  五、灌溉 ································ 167

 第四节　中亚的气候条件 ···················· 168

第八章　中哈农业合作开创丝路粮食通道 ·········· 171

 第一节　哈萨克斯坦：“农业应该成为经济发展新的驱动器”理念的提出
······································ 172

 第二节　哈萨克斯坦：吸引外资开发农业是当务之急 ······ 175

 第三节　哈萨克斯坦在世界粮食市场中的地位 ·········· 177

 第四节　中国-中亚已从国家层面开启了农业务实合作 ······ 180

  一、中国与中亚的农业合作已有先行突破 ······ 180

  二、中哈粮食合作全面展开 ················ 182

 第五节　中哈农业合作遇到的问题会在合作深化进程中得到解决 ···· 186

 第六节　中哈陆海粮食通道的开通是丝路粮食通道的实际开端 ······ 188

  一、中哈两国领导人启动中哈粮食通道 ········ 188

  二、哈粮缓解我国粮食紧张状况 ·············· 191

第九章　开拓丝路粮食通道的实施路径探讨 ·········· 193

 第一节　开拓丝路粮食通道的实施路径 ············ 195

  一、中亚粮仓的基本构成 ·················· 195

  二、构建丝路粮食通道的制约因素与应对 ······ 196

  三、开发可分三步走 ······················ 197

四、生态示范农场开路，由点到面推进，打造现代农工综合体 …… 200
　　五、"持股不控股"的农业合作方式在哈取得成功 …………… 200
　　六、构建丝路粮食通道的战略效益 …………………………… 201
第二节　运筹丝路粮食通道将支持产能合作的可持续发展 ……… 204
　　一、当前中哈产能合作存在后续驱动问题 …………………… 205
　　二、建设丝路粮食通道将为产能合作提供多元长效驱动 …… 205
　　三、把准产能合作项目，达到最佳联动效果 ………………… 206
第三节　在咸海流域开拓粮食基地会遇到的问题及应对探析 …… 207
第四节　打造中亚粮仓与咸海治理并举 …………………………… 213
第五节　南向扩展丝路粮食通道助力打造人类命运共同体 ……… 215
　　一、世界主要缺粮国家在非洲、南亚和东南亚 ……………… 215
　　二、开拓南向丝路粮食通道对接"一带"与"一路" ……… 220
　　三、开辟南向通道的战略效益 ………………………………… 221

附　录 …………………………………………………………… 223

参考文献 ………………………………………………………… 239

第一章
中亚资源状况与资源战略问题的提出

2 100多年前,张骞"凿空西域"时,中亚已经是一个农耕文明高度发展的地区。中亚依托其地缘区位优势与耕地资源优势而成为古丝绸之路向前引申拓展的"驿站",承前启后、继往开来,使古丝绸之路自汉、唐至宋、元历经千余年不衰①。在共建丝绸之路经济带的今天,不仅中亚已经演绎为东西畅达、南北流通的核心运转枢纽,而且古丝绸之路已演绎为今日的能源大通道;此外,中亚还是一个潜在的世界级粮仓,运筹其开发,还将促使丝绸之路经济带变为一条国际粮食大通道。

第一节 古丝绸之路上的一段历史借鉴

约于公元前10世纪,在阿姆河下游花剌子模盆地,即已出现具有完善灌溉系统和初始铁制农具的花剌子模农耕文明。历史上,咸海流域曾是一个农业十分发达的地区②,早在公元前2 000年前,阿姆河下游咸海南面花剌子模盆地居民即已开始用原始的方式进行耕种、饲养家畜,并于公元前1 000年前出现了发达的农耕文明。克孜勒库姆沙漠自东、卡拉库姆沙漠自南环抱花剌子模盆地,这种极度干旱环境迫使当地古代居民发明了陶瓷灌溉管道。考古发现,公元前8世纪至公元7世纪间,这里曾经有纵横交错的长度可达几十甚至几百千米的陶管管道灌溉网,农业开发理念处于当时的世界前列。考古还发现,花剌子模地区于公元前7世纪至公元5世纪就拥有铁制镰刀等农具③,表明当时的农业生产力一度处于先进地位,与我国使用铁制

---

① 徐海燕:"中哈贸易对中俄贸易的启示",《复旦学报》,2003年第2期。
② Гулямов Я. История орошения Хорезма с древнейших времен до наших дней,cawater - info.net/library/rus/aral/gulyamov.pdf.
③ 20世纪50年代,苏联用了10年的时间对花剌子模进行考古调查,对花剌子模农耕文明做出了肯定结论。至于花剌子模文明的起源则还是一个有待继续考察的问题,其是否为巴比伦文明消亡过程中的碎片转移,尚需经过考古来证实。

农具几乎同时①。花剌子模统治者为了防卫,发展了城堡建筑,这种用土坯不用木料构筑起来的城堡易守难攻,历经千年仍然屹立如故,建筑水平之高超令今日建筑师们赞叹不已,将其称作"亚细亚的埃及"。花剌子模有自己的文字,在羊皮上进行书写,只因文明隔断,至今无人能够识别,由此当年有关制作和使用陶瓷灌溉管道及铁制农具的细节以及其他文明细节都被淹没。随后其逆阿姆河而上推移,于公元前4世纪,在阿姆河流域中上游的泽拉夫尚河流域演绎出康居农耕文明,出现了康、安、曹、史、何、石、米等绿洲国家,在中国古代史籍中将其称作"昭武九姓",简称"九姓胡",农业的富余也同时孕育出一个善于流动行商的民族分支——粟特人②。当张骞于公元前2世纪"凿空西域"时,正值康居文明趋于繁荣时期。由于丝绸之路的开通,这里成为东西方文明交流的通道,从此华夏文明与波斯文明、印度文明以及希腊-罗马文明等在此汇合交融,互为借鉴,促进了各自的发展,并影响着世界文明进程③。

丝绸之路为粟特人提供了流动行商的难得机遇,隋、唐两朝对汉人推行"重农抑商",严禁汉人从事国际贸易的"胡汉有别"政策又成全了粟特人的经商追求,给了其控制丝路贸易的历史契机。粟特人遂沿丝绸之路行商迁徙,从公元4世纪开始逐步控制丝绸之路贸易,公元5—8世纪处于丝路贸易垄断地位。

粟特人举家、举族入华,以商队、商团为组织形式,在丝路沿线的商业重镇疏勒、凉州、灵州等地形成货运集输点,同时也形成部落客居或定居点,

---

① 我国春秋时代,铁包木或实心铁犁已广泛应用,这是世界上最早的铁犁之一。

② 1907年在敦煌西北汉代长城烽火台遗址中发掘出八封粟特文信札,通过对其中2号信札的解读,揭示出粟特人丝路商队的结构。一个商队可由数百人组成,一次转运的丝绸以万匹计。这恰好印证了《北史·西域传》中关于"商胡二百四十人,驼、骡六百头,杂彩丝绢以万计"的记载。由此,粟特人在丝绸之路中的特殊作用得到史学、考古学界的确认,并在世界上引发"粟特人学"研究。学界逐渐取得这样一个共识:粟特人是推动丝绸之路贸易最积极的力量,"没有这个贸易部族在丝绸之路上一千多年辗转跋涉,欧亚大陆的经济文化交流史简直无法撰写"。

③ 徐海燕:《绿色丝绸之路经济带的路径研究》,复旦大学出版社,2014年,第一章第八节"丝绸之路传播中国'四大发明'推动了世界文明进程"。

从北朝起由朝廷予以认可，将其正式纳入居住管理体制，于是入华的粟特人群落在丝路商业重镇与华人"合法"杂居①，休戚与共，命运相托，文明互鉴。当时的凉州是一重要集散据点，岑参"凉州七里十万家，胡人半解弹琵琶"②的诗句是对这一"共生"状况的写照。一千多年来，粟特人世代承袭，有的由部民转为朝廷的编民，逐渐汉化，进行着民族的融合。据有关考证，现今的康、安、曹、史、何、石、米等姓氏人口中相当一部分即是已经被融合汉化了的当年粟特人的后裔③。近年来我国境内接连发现粟特人与丝绸之路贸易相关联的墓葬、器物、胡俑、线刻画像石、壁画等文物④更是肯定了粟特人在丝绸之路上的特殊作用。从我国东汉时期直至宋代，粟特人一千多年来踏戈壁、穿沙漠、翻越冰山雪域，迢迢万里，一直起着往返于长安和地中海之间坚韧的丝路商贸推手作用。

没有粟特人的转运，抑或从北路翻越凌山后没有富饶的楚河平原和费尔干纳盆地，或是由南路翻越帕米尔高原后没有富饶的阿姆河谷地、泽拉夫尚河谷地的养息支撑，驮负着代表东方文明的中国丝绸等物品的驼商队，是很难继续前行的。应该说古丝绸之路以及中华文明是通过中亚的"驿站"功能和粟特人的转运"推手"功能，才得以到达地中海并抵达欧洲和北非的。

延绵千年的丝绸之路一直迸发着今天得以借鉴的以和平合作、开放包容、互学互鉴、互利共赢为核心的丝路精神，这正是共建丝绸之路经济带所需要承接和弘扬的。历史上的粟特人今日何在？它似乎"消失"了。其实，"迁徙无常，不恒故地"⑤的粟特人是一个崇尚行商的民族，流动性很大，很容易与

---

① 这里指的是入华从事经商的粟特人的主体，例如居住在疏勒、凉州、灵州等地的粟特人。至于由于依附关系而参与突厥人反叛的只是其中很少的一部分，其降部被收容在六胡州的粟特人不在所论之列，其中一部分此后又参与了安禄山的反叛，反叛被平息后这部分人在历史长河中逐渐汉化。

② 〔唐〕岑参：《凉州馆中与诸判官夜集》诗。

③ 尽管有过凉州之变以及有限的粟特人出于氏族关系参与过安史之乱，后来大多数都归顺了。

④ 例如1971年发现的山东益都县傅家村北齐石室墓线刻画像、1999年发现的山西太原市郊王郭村隋代虞弘墓石棺椁、2000年发现的陕西西安市北郊北周安伽墓石屏刻绘、2003年发现的西安市北郊北周史君墓石椁等等。

⑤ 《隋书·西域传》。

其他民族相融合。粟特人对于丝路贸易的依附是如此之紧密，以至其繁衍生息与此密切相系，由此也注定了粟特人与丝绸之路一起起伏的命运。他们自元、明以来随着古丝绸之路的退潮而"流失"，一部分已成为中原内地常住居民，与汉人相融合。李白的千古诗句"胡人吹玉笛，一半是秦声"①中的"一半是秦声"正是对胡人被逐渐汉化融合的刻画。还有一部分恐已迁移流落丝路他乡，一部分留在原地也恐已就地融合了。这里更引人关注的还不是粟特人的"来龙去脉"，而是粟特人当年在丝绸之路上曾经起到过的不可或缺的"推手"作用。缺失了"推手"，丝路商品不会由长安传输到罗马，也不会有古丝绸之路。

当今，丝绸之路再次兴起，仍然需要中亚发挥其在丝绸之路经济带上的传统区位优势，需要有一个因农业发展而富裕的中亚作为中转接力站，仍然需要有今日的"粟特人"作为中转推手，这是今天对历史的借鉴——尽管今日中亚居民和昔日粟特人并无血缘传承关系。2013 年，中国国家主席习近平在中亚国家哈萨克斯坦的讲坛上，面向世界提出"共建丝绸之路经济带"的宏伟倡议，立即得到沿线国家尤其是中亚国家的积极响应，有着深刻的历史缘由，也有着共同的现实需求。

今天从哈萨克斯坦关于其"成为东西方对话与互动的桥梁"②、"大力开发本国的过境潜力"、过境运输能力"到 2050 年应增长 9 倍"③ 的目标中，已能感受到中亚在古丝路上的苏醒。这是历史的回响，是中亚在古丝绸之路通道上的"驿站"和"推手"功能在经济全球化的今天的再现。

丝绸之路的历史启示：中亚是名副其实的丝绸之路的中转驿站，粟特人是不可或缺的丝绸之路上的"推手"，舍此二者不会有古丝绸之路。"共建丝

---

① 〔唐〕李白：《观胡人吹笛》诗。
② Послание Президента Республики Казахстан Н. Назарбаева народу Казахстана, 14 декабря 2012 г., Официальный сайт президента Республики Казахстан, "В XXI веке Казахстан должен укрепить свои позиции регионального лидера и стать мостом для диалога и взаимодействия Востока и Запада", https://www.akorda.kz/ru/addresses/addresses_of_president/poslanie-prezidenta-respubliki-kazakhstan-nnazarbaeva-narodu-kazahstana-14-dekabrya-2012-g.
③ См. там же. "Мы должны развивать наш транзитный потенциал. Сегодня реализуется ряд крупных общенациональных инфраструктурных проектов, результатом которых должно стать увеличение транзитных перевозок через Казахстан к 2020 году в два раза. К 2050 году эта цифра должна увеличиться в 10 раз."

之路经济带",是和平发展成为现今世界主流和经济全球化趋势下的适时战略决策,同时也是对丝路历史的借鉴与传承。

第二节 丝绸之路经济带资源战略问题的提出

古丝绸之路千年不衰,中亚地区的资源支撑是一个极为重要的因素。富饶的泽拉夫尚、费尔干纳谷地、楚河平原等粮仓,为驼商队提供了休整喘息、中转接力和粮草补充的场所,为其继续延伸到达西亚、欧洲和北非提供了物资和人力支撑。

今天,丝绸之路得到振兴,"共建丝绸之路经济带"的宏伟构想正在实施,中亚的资源优势与地缘区位优势更是将伴随着经济全球化和构建人类命运共同体而得到更为充分的并举发挥,这使中亚在丝绸之路经济带中占有了不可取代的核心枢纽地位。中亚已不仅仅是古丝绸之路上粮草补充、歇脚休整或换肩接力的"驿站";由于"得天独厚"的资源优势,今日的中亚更是一个能够为丝绸之路经济带的可持续发展提供物资支撑的资源开发地带。除丰富的油气资源、核能资源以及有色和稀有金属资源外,中亚同时还拥有6 000万公顷以上的适耕土地资源,从而具备打造世界级"粮仓"的天然禀赋。中亚除了是丝绸之路经济带上的一个能源及金属矿产生产基地,同时还将是丝绸之路经济带上的粮食生产中心。不同于古丝绸之路时代,今天世界面临能源、粮食危机,如何能使中亚的宝贵资源为丝路经济带的发展提供可持续支撑,这是一个丝路经济带的资源战略问题。

一、中亚资源"得天独厚"说辨析

当世界能源紧张时,中亚凸显出丰富的油气、核能资源优势;当世界上谈论新能源时,中亚又成为一片风能、太阳能宝地;在世界上某些国家缺乏粮食的同时,联合国世界粮食计划署估计,仅哈萨克斯坦的耕地就足以养活10亿人口。似乎是今天世界上缺啥,中亚就有啥。由此,有人把中亚说成是一个"得天独厚"的资源宝地。中亚的资源当然不可能是应有尽有、缺啥来啥,但它确实是能够满足当前与今后一段时期内周边及全世界包括我国在内的国家和地区的某些资源需求。中亚资源能被称作"得天独厚",除了其特有的自然禀赋外,还有一个近代地缘政治经济原因,在评价中亚资源状况时,这一点往往被忽略。

中亚地区确实占有十分有利的地质成矿条件和自然地理位置。拿油气资源来说,世界上著名的滨里海油气成矿带延伸到中亚,西西伯利亚油气成矿带延续至哈萨克斯坦北部,北高加索曼格什拉克油气成矿区插入哈萨克斯坦西南部曼吉斯套半岛,这些油气成矿带为中亚带来了卡沙甘、田吉兹、卡拉恰甘纳克、卡拉姆卡斯等特大型、大型油气田。此外,中亚境内还有图兰油气成矿区和天山-帕米尔油气成矿区,哈萨克斯坦全境已探明的油气田就有200多个。在金属矿产上,中亚具有优越的地质成矿条件,西伯利亚成矿域、卡拉库姆-塔里木成矿域、东欧成矿域、青藏-东伊朗成矿域和哈萨克斯坦成矿域等5个成矿域在此汇合、富集①。中亚地区地质成矿条件的多样性决定了产出矿种的多样性。中亚由北到南发育着15个成矿带,分属以上5个成矿域,分别展布于哈萨克斯坦、吉尔吉斯斯坦、乌兹别克斯坦和塔吉克斯坦境内②。

---

① 周可法、杨发相、徐新等:《中亚地质地貌》,气象出版社,2013年。
② 这15条成矿带中,哈萨克斯坦境内10条:(1)矿区阿尔泰成矿带:以多金属硫化物矿床为主,产出大型、超大型矿床;(2)山区阿尔泰成矿带:产火山-沉积型铁矿(霍尔宗铁-锰矿);(3)扎尔马-萨吾尔成矿带:产斑岩型铜矿、铜镍矿、稀有金属矿等;(4)成吉思-塔尔巴哈台成矿带:产斑岩型铜矿、火山沉积块状硫化物矿床;(5)北巴尔喀什成矿带:以产晚古生代斑岩型铜钼矿为主,有超大型科翁腊德斑岩铜钼矿床;(6)南巴尔喀什成矿带:产层控型铅锌矿、斑岩型铜钼矿及陆相火山岩型金矿;(7)科克切塔夫成矿带:产岩浆热液型大型锡矿以及热液型网脉状大型或超大型金矿、矽卡岩型钨矿、热液型铀矿与碱性岩有关的稀有稀土矿;(8)热兹卡兹甘成矿带:产砂岩型铜矿;(9)卡拉套成矿带:产层控碳酸盐型铅锌矿;(10)南乌拉尔西缘成矿带:产与蛇绿岩有关的铬铁矿,如肯皮尔赛超大型矿床为世界第三大铬铁矿床。吉尔吉斯斯坦境内2条:(1)库尔干特伯-纳伦金、铁、锌成矿带:有杰特姆特大型铁矿(沉积变质型)、库姆托尔超大型金矿(灰质页岩型);(2)扎尔达雷-阿科希拉克成矿带:代表性矿床有层控热液型海达尔大型汞锑矿、琼科伊大型汞矿、热液-破碎带型萨瓦亚尔顿含金锑矿、热液交代型特鲁依沃耶大型锡矿。乌兹别克斯坦境内2条:(1)库拉玛晚古生代成矿带,分布有黑色岩系层控超大型穆龙套金矿田;(2)布坎套成矿带,分布有火山沉积岩热液型奇库拉奇超大型铅锌矿床。塔吉克斯坦境内1条:库拉玛-费尔干纳成矿带,分布有层控大型卡尼曼苏尔超大型银矿,此外有铅、锌、铜、铁、萤石和岩盐矿。

这里产出有铜、铅、锌、钨、铬、锑、锡、汞等有色金属和金、银等贵金属的大型或特大型矿床，有的驰名世界①，尤其是能接替烃能源的、处于世界前列的铀矿资源。

中亚地理的封闭性为其资源做了"封存"保护。近代，资本主义是沿着海路扩张的，伴随的资源掠夺也是沿着海路易于波及的地区而来的，这使得处于亚欧大陆腹地的中亚资源得以免遭一"劫"，避过了第一、二次工业革命粗放式的资源开发所酿成的资源衰竭厄运，历史地理因素使中亚资源的"得天独厚"性得以凸显，为中亚保护了资源。尽管在1935年后的苏联工业化时期，中亚的资源开发已经起步，尤其是在二战时期苏联部分工业向中亚做后方转移，在中亚出现过较大规模的资源开发，但到20世纪90年代初苏联解体也只有半个世纪左右，除吉尔吉斯斯坦和塔吉克斯坦的铀矿资源由于特殊原因几近穷竭之外，大多数资源开发还未触动到筋骨，反倒是在苏联时期被探明了资源底细，进入大规模待开发状态，客观上接应了独立后中亚国家的发展需求。可以说，苏联时期的地质勘探成果为中亚国家启动工业化做好了资源储量准备。今天，当世界热议资源危机时，中亚资源的"得天独厚"在一定意义上是相对于那些资源衰竭的国家和地区而言的。令人需要思索的倒是，一旦中亚资源被高度关注，如果再遇上资源开发战略不当，中亚资源的"得天独厚"优势也会消失，而转化为资源衰竭。

二、巴库油田的兴衰对中亚资源开发的历史借鉴意义

卡沙甘油田的发现足以说明：中亚资源的"得天独厚"还有一个近代世界历史进程和地缘经济政治缘由。曾经是世界第一大油田的巴库油田与卡沙甘油田同属于一个里海油气盆地，前者在里海西岸，后者在里海东北端，两

---

① 哈萨克斯坦的科翁腊德超大型斑岩铜矿床是世界十大斑岩铜矿床之一，霍拉善铀矿床、捷克利层控型铅锌矿、上凯拉克钼-钨矿床、肯皮尔赛铬铁矿床、乌兹别克斯坦的黑色岩控穆龙套金矿、阿尔马雷克斑岩铜矿、乌奇库拉奇超铅锌矿、吉尔吉斯斯坦的查尔库拉-库姆托尔金矿、特鲁多沃耶钨-锡矿等都是世界上的知名超大型、特大型矿床。

者斜对相望。巴库油田发现于19世纪中叶，其开发受到19世纪70年代第二次工业革命的驱动，1901年其年产量几乎占到世界的一半①，还出现了世界上第一口万吨级油井。这一段辉煌引来了不少"特别"关注，巴库油田起初被瑞典诺贝尔家族承包②，20世纪20年代一度为荷兰壳牌集团、美国新泽西标准石油公司所垂涎，40年代又尤其为希特勒所觊觎，猎取巴库油田成为其入侵苏联的重要动因之一。希特勒战败，侵占巴库油田的图谋未能得逞。可巴库油田也未能逃脱粗放式过度开发所带来的厄运，自20世纪50年代后走向衰落③，逐渐成为一个残存油田，失去了其原有的"辉煌"。这时的卡沙甘油田还在一旁沉睡于"封存"之中，其被发现与开发是21世纪初的事。它一露面就凸显出"养在深闺人未识"的天然"丽质"：一个世界级特大型油田，可与昔日的巴库油田相比肩，可称其为今日的中亚"巴库"。今天，卡沙甘油田由六个彼此竞争的国家分割开采，前景又将如何？由此可触发对整个中亚资源开发的战略沉思。

现在中亚的地缘经济状况变了，独立后的中亚各国需要用资源换取发展，扩大资源输出。在纳扎尔巴耶夫关于"老天爷给了我们众多的自然资源……我们要学会管理好它，用销售它来充实国库"的理念下，有了"资源兴国"等战略的出台。但资源出口，引进外资，强化开发，致使资源开采高峰加速到来，资源衰竭的命运也紧接而来，其油气资源即为突出一例。

随之而来的问题是：中亚资源的这个"得天独厚"性能维持多久？联合国开发计划署估计，中亚石油产量约将在2025—2030年达到高峰后衰减。另据世界核能协会于2011年公布的数据，哈萨克斯坦铀矿探明储量62.9万吨，乌兹别克斯坦9.62万吨，合计72.52万吨，这两个中亚核资源大国年产

---

① 1940年，巴库油田的石油产量占到苏联石油总产量的71.5%。

② 诺贝尔奖世人皆知，可是很多人不知道的是，诺贝尔家族也曾经在石油领域有过辉煌的成就。诺贝尔兄弟石油公司是十月革命前俄国最大的石油公司，创始人为路德维格·诺贝尔和罗伯特·诺贝尔，他们开创的高度一体化的大型石油联合企业主宰了俄国的石油贸易，因此被后人称为"巴库石油大王"。

③ 巴库油田原油产量1955年下落到占苏联总产量的15%，1970年跌至5%，到80年代仅为2%。

铀约3万吨，又能维持多少年的开采？矿产资源趋于枯竭后又该如何？它们还能否像历史上的中亚以自己的丰盛物产支撑古丝绸之路那样，以自己的繁荣支持丝绸之路经济带的持续发展？在历史上，古丝绸之路与中亚的经济是相互作用、彼此受益、平等相处、共同进取的，今天也离不开这个历史逻辑。

这就有一个丝路经济带的资源战略问题。战略是一个通观全局、掌控整体趋势的理念。通观中亚资源全局，前瞻其经济发展长远趋势，把住其前景资源，从长计议，为中亚资源寻求战略通道，运筹引领未来发展，这就是丝路经济带资源战略问题的内涵和意义。

三、丝路能源通道与内陆油气供需格局的酝酿

20世纪最后10年的开端是苏联的解体，苏联中央集权体制下各加盟共和国地域分工式资源开发模式也随之瓦解，刚独立的各加盟共和国自行发展经济，适逢国际原油价格的上调趋势，握有丰富油气资源的哈萨克斯坦率先实施了油气兴国战略，触动乌兹别克斯坦及土库曼斯坦实施了相同发展模式。2003年，哈萨克斯坦公布《哈萨克斯坦的里海地区石油开发计划》和《2004—2010年哈萨克斯坦天然气领域发展计划》，加速了油气兴国战略的实施，大量引入外资，实施油气出口多元化开放，尤其是引资开发诸如田吉兹、卡拉恰甘纳克、卡沙甘等特大型油田，加速开发进程，不断提高产量，使油气产业成为哈萨克斯坦的支柱产业，油气出口创汇占到外汇的70%，占到GDP的30%。原油年产量由21世纪初的2 500万吨提高到现在的9 000万吨。

1997年，中国和哈萨克斯坦签署了价值95亿美元的油气资源合作协议，其中包括对阿克纠宾油气股份公司控股60.28%的投资。打开中哈产能合作局面的是世纪之交的中哈扎纳若尔油气处理厂建设项目（当年中石油在海外投资的第二大项目），中哈石油管道、中国-中亚天然气管道相继开通，中亚国家的油气兴国战略与中国的油气投资相碰合打开了丝路能源通道。哈萨克斯

坦国家验收委员会高度评价了中国工程的国际先进水平，时任哈萨克斯坦总理阿赫梅多夫称赞其是"在哈其他海外投资者的楷模"。以油气资源合作为先导，进而拉开了中哈产能合作的序幕，开创了中哈经济合作的新局面。首先是中国有色金属建设股份有限公司承建的年产 25 万吨的哈萨克斯坦电解铝厂，纳扎尔巴耶夫总统在开工典礼上称赞其为"世界上最现代化的电解铝厂，它翻开了哈萨克斯坦冶金史上新的一页"。此后，中国企业凭借中国技术的信誉顺利进入中亚，接连承包的项目有哈萨克斯坦博兹沙科利大型铜矿项目和马伊纳克水电站项目、乌兹别克斯坦昆格勒碱厂项目、吉尔吉斯斯坦"南部电网工程"、塔吉克斯坦"500 千伏南北输变电工程"等等，这些项目成为共建丝绸之路经济带的前期切入点。

中国的天然气短缺约为 1 600 亿立方米，中国-中亚天然气管道的 850 亿立方米（待 C 线接通后）是不敷填补的。这期间，俄罗斯作为油气资源大国兴起，在维护其传统西方市场的同时，尤其看到了极具前景的以中国为重心的东方市场。中俄天然气合作应运而生。事实已经表明，在西方因乌克兰危机等对俄罗斯进行经济制裁的今天，俄罗斯与中国的油气合作，为其经济带来了出路。客观上，中国-中亚油气资源合作与俄罗斯开通东向油气资源出口分别自西、东两头对中国进行油气供应，支撑起了一个亚洲内陆油气资源供需格局。

此前的油气供需格局，由墨西哥湾到波斯湾都是海湾型格局，内陆型格局的出现无疑是对传统的海湾型油气供需格局的一个冲击，不仅引起国际原油供需格局的变化，而且还牵动世界经济政治格局的神经。中亚油气资源与俄罗斯的油气资源相继输往中国，除了各自的经济需求外，上合组织成员国内部的相互协同以及欧亚经济联盟与"共建丝绸之路经济带"的契合也起了推动作用。

苏联解体后，中亚一时出现政治真空，美国乘虚进入中亚，推出"大中亚经济圈"受阻后，又提出"新丝绸之路计划"，目的都是欲将中亚"整合"到以阿富汗为中心的南亚政治经济板块中，使其能为美国所掌控，牵制俄罗斯重返中亚①。2010年，普京提出"欧亚经济联盟"对美国"大中亚经济圈"进行对冲，提出到2015年实现欧亚经济联盟内油气统一定价，中亚第一油气资源大国哈萨克斯坦率先响应。由于历史原因，在对待美、俄的态度选择上，中亚更多地倾向于俄罗斯。同时并行出现了以哈萨克斯坦为先导的中亚油气资源的东向输出，中哈油气资源合作、中乌天然气合作、中土天然气合作相继而来，"油气兴国"成为这些国家事实上的经济发展战略。这期间，尽管有过石油管道走向的安大线与安纳线之争，但俄罗斯于2004年底以泰纳线的选定并以优先接通中国管线做了最终选择。2011年，年输油能力为1 500万吨的泰纳特至大庆石油管道开通，中俄进而于2013年追签了总价2 700亿美元的原油供应合同，使中俄石油管道年输送能力达到3 000万吨；2014年，中俄又签订了总价4 000亿美元的30年天然气供应大单，年供气能力约为380亿立方米。以上，连同2008年开通的年输油能力最终将达到2 000万吨的中哈石油管道②，以及2009年开通的年输气能力最终将达到850亿立方米的中国-中亚天然气管道，将奠定一个颇具规模的亚洲内陆型油气供需格局。此外，再加上筹建中的中俄西线天然气管道（年供气300亿立方米），这个内陆油气供需格局的年输气能力将达到1 530亿立方米，年输油能力将达到5 000万吨。

中亚油气资源与核能资源开发战略的调整。1999—2013年，哈萨克斯坦人均GDP增长了12.66倍，石油产业曾被称为带动其他部门"经济增长的火车头"。但与此同时，也带来了经济产业结构失衡，油气产业压挤了农业、机械制造业等基础产业的发展，使国民经济的基础脆弱化。2008年的国际金融危机使哈萨克斯坦认识到经济过度依赖油气资源出口的弊端和风险。国际金融

---

① 为此，美国在喷赤河上建造大桥，接通阿富汗和塔吉克斯坦，投资修建从塔吉克斯坦、吉尔吉斯斯坦通向阿富汗和巴基斯坦的输电网，欲从塔、吉两国购买400万千瓦的电力（这几乎是塔、吉两国可输出电力的总和），这条电网一旦建成，将彻底解决一直困扰两国的电力出口问题，势必增加塔、吉两国倒向"大中亚经济圈"的倾向。还拟修一条从哈萨克斯坦阿拉木图至巴基斯坦卡拉奇的全天候公路，这将使中亚地区可以直通印度洋，造成并加大中亚国家对俄罗斯的离心趋势。

② 国土资源部油气资源战略研究中心：《油气工作动态与参考》，2016年第10期。

危机致使全球经济不振,石油需求大幅下降,油气贸易收入锐减,使其自2000年开始至2007年维持了8年的10%左右的经济增长率滑坡式跌落到2008年的3.3%,继而于2009年下滑到1.2%。2010年,由于调整了产业结构才使得GDP有所回升,2012年以来随着国际油价持续走低,又逐年下滑到2015年的1.2%。近年来国际油价接连走低,哈萨克斯坦GDP高速增长的势头严重受阻。2013年哈萨克斯坦人均GDP曾经达到14 310美元,2014年下降到13 155美元,2015年继续下降为10 508美元。经济发展多元化成为中亚经济发展的内在需求。另一方面,哈萨克斯坦油气资源的探明总量约为50亿吨,强化开采会加速其开采高峰期的到来。在获得可观收益之后回头思考发现,油气资源快速消耗带来了整体经济发展的后续资源支撑问题。于是,哈萨克斯坦出台了一系列调整产业结构的措施,纠正经济发展对油气产业的过度依赖。哈萨克斯坦总统纳扎尔巴耶夫于2013年9月10日在阿斯塔纳(现名努尔苏丹)举行的发展中市场欧亚论坛上明确表示,"油气开采应支持国家经济发展,但不应继续成为国家的主要收入来源",这是对哈萨克斯坦"油气兴国"战略的一次调整。哈萨克斯坦学者更是明确指出:"依靠石油利润,进一步提升哈萨克斯坦的经济增长,已是不可能的事了,依托油气振兴经济增长的模式已经结束。"进而指出"需要寻求新的增长点,其中之一就是铀工业"①。哈萨克斯坦启动了铀资源开发,同时还启动了核资源贸易,这是哈萨克斯坦油气兴国战略的一次转移,由单一的油气资源支撑转移到多元支撑,在国际石油价格持续走低的情况下,扩大铀矿贸易已成为哈萨克斯坦、乌兹别克斯坦继"油气兴国"战略之后,继续振兴经济新的依托之一。

由"油气兴国"战略到核能规模化开发是哈萨克斯坦能源开发战略的一次调整,是其能源开发的二次起航。为控制石油过度开采,哈萨克斯坦启动铀资源开发。二十年过去,中亚的经济快速腾飞。截至2012年,哈萨克斯坦的人均GDP几乎翻了三番,已具有实力摆脱单一的资源依托型经济发展

---

① 希布托夫(Шибутов М.):《中亚——新的定位》(Средняя Азия—вовые координаты),莫斯科《РЕГНУМ》出版社,2013年,第12页。

模式,调整经济发展战略适时提上议事日程,出台了《哈萨克斯坦-2050》战略,"油气兴国"已不再是经济发展的核心战略,可再生能源与耕地资源得到了高度关注。

不论是油气资源还是铀矿资源都是可以穷竭的。今天面临烃经济时代走向终结,总有一天人类也会面对铀资源的穷竭,因而一个资源开发的长远战略摆在了面前,这就是为维持丝路经济带的可持续发展,需要寻求可以再生、可重复使用的资源,中亚极为丰富的耕地资源和新能源资源这些具有开发前景的资源自然进入人们的视野。

 第三节　中亚的前景资源与丝路粮食通道

在当前中亚的优势资源油气与核能资源开采高峰过后,需要关注中亚还有哪些资源可供持续开发,即还有哪些可称得上具有前景的资源。

一、中亚的前景资源——可再生能源与耕地

中亚的可再生能源。中亚有着巨大的可再生能源潜力,中亚卡拉库姆、克孜勒库姆、萨雷耶西克·阿特劳库姆、莫因库姆等沙漠总面积达83万平方千米,为中亚提供了太阳能产业的广袤场所。据估计,乌兹别克斯坦、土库曼斯坦和哈萨克斯坦的太阳能资源分别相当于509亿吨、770亿吨和1 882亿吨石油当量,三者之和为3 712亿吨石油当量,是中亚已探明石油储量的62倍。2013—2028年哈萨克斯坦可替代能源利用潜力(折算成电力)为:太阳能17 000亿千瓦时,风能10 000亿千瓦时,地热能7 900亿千瓦时,水能6 000亿千瓦时,生物能26亿千瓦时,技术创新能81亿千瓦时,合计41 007亿千瓦时。但太阳能和风能不像油气、核能资源能在采掘后作为货物由交通工具运输出去,横渡重洋,远去几千上万千米,而是需要在将其变为电力之后,由

高压线路输出，其开发涉及一个重大战略布局。

中亚的耕地资源。在哈萨克斯坦北部伊希姆河流域，苏联时期的大垦荒运动中，这里曾垦荒 2 600 万公顷，使哈萨克斯坦的播种面积达到 3 650 万公顷，比联邦德国的领土面积还要大。这里种植了哈萨克斯坦 80% 的小麦，一举成为当时苏联的一个仅次于乌克兰的重要粮仓，至今还为世界上 40 个国家供应着粮食。开垦耕地中，有 800 万公顷因严重风化失去肥力而退耕。哈萨克斯坦独立后，耕地面积减缩，实耕土地降至约 1 800 万公顷。

昔日苏联的棉花基地——咸海流域，面积一共 154.9 万平方千米，有 5 900 万公顷的适耕土地，实际开垦 1 000 万公顷，还有 4 900 万公顷的待垦潜力，其中约有 2 200 万公顷易于浇灌耕地，还有约 2 700 万公顷山坡地。

综上所述，中亚的适耕土地约为 6 000 万公顷，约相当于我国红线内耕地面积的一半，是极为可观的。此外还有约 3 500 万公顷开发难度较大的土地有待开发。以我国新疆生产建设兵团已经稳定的亩产 500 千克计，如中亚 6 000 万公顷耕地的一半用来种粮食，产量能达到其一半，即可生产出 1.125 亿吨粮食，赫然是一个世界级粮仓。现中亚人口约为 7 000 万，如按人均预留粮 1 000 千克计，仍然可有 4 250 万吨粮食投入国际流通，届时中亚将成为一个世界级粮仓，欧亚大陆腹地将出现一个丝路粮食大通道，支撑绿色丝绸之路经济带建设，并助力打造人类命运共同体。这也是本书研究的要点所在。

由于油气资源连同核能资源以及其他矿产资源都是不可再生的资源，都有其开采高峰期过后的产量衰减乃至消停问题，而耕地资源以及可为其开发提供动力支撑的风能、太阳能等新能源资源则是周而复始可持续发挥作用的资源，因而后二者较前者更具前景优势，是丝绸之路经济带上最为宝贵的财富。中亚国家独立后，其资源开发起始于油气资源开发，在某种意义上，这也得益于中国的快速发展，逐步形成东方的油气需求中心，促使能源大国俄罗斯实施东向能源战略，推动形成内陆油气通道，其初始形态即为丝路能源通道；继而将重点向核能资源开发转移，哈萨克斯坦将其铀矿产出的 60% 供应给了中国。以上二者都将继续，当今更需要前瞻性运筹前景性优势资源开发,这是中亚资源开发的大势所趋。

二、有关丝路粮食通道的思考

"粮食"与"替代能源"成为当今世界资源战略的核心话题,烃经济时代逐步走向终结,世界粮食危机也在逼近,替代能源问题、缓解粮食危机问题相交织,越来越成为人类共同的议题。中亚的前景优势资源——耕地资源与可再生能源资源——的综合利用将会促使中亚成为世界级粮仓,一个丝路粮食通道也将会随之形成。

2012年的《哈萨克斯坦-2050》战略高度重视农业发展,尤其是粮食生产,纳扎尔巴耶夫继而在2017年国情咨文中明确提出"农业应该成为经济发展的新驱动器",这就为其前景优势资源的效益释放提供了国家发展战略支撑,有利于中亚粮仓和丝路粮食通道的形成。据联合国粮农组织的报告,全球1/8的人口处于饥饿状态,制约着经济发展,延缓了经济全球化进程,并引发难民潮。因此,为世界多增加一个大型粮仓,对于缓解世界粮食危机,维护国际社会安定,助力人类命运共同体建设,都具有重要现实意义。当哈萨克斯坦年产粮食1 300万吨时,纳扎尔巴耶夫宣称"几乎可以养活一亿人口",显然是意在出口,出口就需要粮食安全通道。当中亚的优质土壤潜力充分发挥出来,可以养活的人口当以数亿计,这将对人类做出重要贡献。

打造中亚粮仓还能长效大幅提升产能合作规模。农业生产是周而复始循环不已的,将长期驱动中哈产能合作。农业生产的地域广泛性与分散性,使其很适合因地制宜地利用风能、太阳能等可再生能源。作者在《绿色丝绸之路经济带的路径研究》一书中曾经测算过:在3 000万公顷的耕地上推广现代生态农业,仅膜下滴灌一项,一个灌溉周期约需动力1 600万千瓦,如按10万千瓦级标准建设风电站,则需要建设160个,如安装功率为2 000千瓦的风机,则需8 000台,而这还仅仅是风能一项。这将长期强化丝路国家之间的产能合作。

打通南向粮食通道在海上对接"一带"与"一路"。世界上54个缺粮国家中,有 37 个在非洲,占缺粮国家数的 68.5%,此外还有巴基斯坦、阿富汗、伊拉克等缺粮国都位于中亚的南面,因而打通南向粮食通道是构建丝路粮食通道的关键,这也为提升中巴经济走廊的战略地位提供了新机遇。

当今世界正面临百年未有之大变局。一场严酷肆虐的新冠肺炎疫情给世界经济带来重创,同时也考验了中国经济的强大韧性和活力,中国经济已成为全球经济复苏的强劲推动力。共建丝绸之路经济带是全球治理的一个重要侧面。这场疫情使人们认识到,只有守望相助、协力同心,才能抑制疫情蔓延。"共商、共治、共享"的全球治理理念,也越来越成为世界许多国家的共识。新冠肺炎疫情使世界粮食危机更为突出,打造中亚粮仓和营建丝路粮食通道的现实意义也更为凸显。

打造中亚粮仓和营建丝路粮食通道是本书的重要讨论内容,将在第七章至第九章予以展开。

 哈萨克斯坦资源优势与区位优势的并举发挥

世界上不乏依托区位优势或自然资源优势发展起来的发达国家和地区。属于前者的有新加坡,属于后者的有澳大利亚等国家。新加坡处于沟通太平洋与印度洋的马六甲海峡的南端,被称作"世界海上十字路口",是一个依托区位优势取得经济发展成功的典型①,但新加坡的自然资源极为匮乏,除旅游

---

① 新加坡依托区位优势,以港口服务、转口贸易积累资金为起点,自 20 世纪 60 年代中期起,实施"出口导向型工业战略",成为世界第三大炼油中心,带动了诸如石油化工、造船、钻井平台制造等相关产业的兴起和第三产业尤其是旅游业的高度发展;继而于 80 年代初调整产业结构,开拓资本密集、高增值新兴工业,大力改善投资环境,吸引国外投资;90 年代,又尤为重视信息产业、电子技术的发展,并推行"区域化经济发展战略",走向海外投资,取得依托区位优势发展经济的巨大成功,一度被称作亚洲"四小龙"之一。

资源外,其他资源优势无从谈起①。澳大利亚是一个依托自然资源成功发展起来的国家,地理位置使其不具备突出的区位优势②。丝绸之路经济带由我国西部延伸到中亚后,向西南切入伊朗、伊拉克、叙利亚,进入地中海,到达欧洲及北非,或经土耳其直接切入欧洲;向北切入俄罗斯,经欧亚大陆桥进入东欧,横贯欧洲全境;向南经阿富汗、巴基斯坦,由瓜达尔港进入阿拉伯海,与海上丝绸之路相连接,再由海路抵达非洲、欧洲。哈萨克斯坦连同中亚恰处于丝绸之路经济带的东西、南北走向的交汇处,可以说是处于"世界内陆十字路口",如同处于"世界海上十字路口"的新加坡一样,具有通道区位优势;不同的是哈萨克斯坦还具有油气、新能源、矿产及耕地资源优势,兼具新加坡和澳大利亚二者的发展优势。

2012 年,《哈萨克斯坦-2050》纲要(以下简称"纲要")对其发展区位优势表述得十分清楚:"我们必须发挥我们的过境潜力优势。今天就着手实施一系列全国基础设施建设。"③ 2018 年,哈萨克斯坦将这一规划落实在"光明之路"新经济政策上,截至 2019 年,完成约 4 000 千米的公路和铁路改造和新建,保障了哈各地区与主要国际交通走廊(南北走廊、东西走廊及跨里海国际运输通道)的互联互通(同时创造了 36 万个就业岗位),使哈萨克斯坦过境收入提高了三分之一。进而规划,到 2025 年完成 3 万千米地方公路的改造和新建,完成地区交通运输基础设施现代化;在航空运输方面,新建 11 个区

---

① 新加坡的自然资源极度匮乏,国土面积为 682.7 平方千米,农业产值仅占 GDP 的 1%,粮食的全部、蔬菜的 95%、淡水的 50%依靠进口。

② 矿产品一直是澳大利亚对中国出口的主力产品,中国是澳大利亚铁矿石的最大买家。2015 年起,中国经济步入中高速度发展的新常态,关闭低效产能,对铁矿石的需求降低,澳大利亚的经济运行状态马上受到影响,2015 年 1—3 月对华出口额 98.8 亿美元,下降 38.2%。且对中国出口疲软又直接影响其出口的整体下滑,其间澳大利亚出口总额为 494.1 亿美元,同比下降 19.5%,贸易顺差 8.5 亿美元,下滑 86.7%。相较于哈萨克斯坦,澳大利亚不具备地缘区位优势。

③ Послание Президента Республики Казахстан Н. Назарбаева народу Казахстана. 14 декабря 2012 г., Официальный сайт президента Республики Казахстан, https://www.akorda.kz/ru/addresses/addresses_of_president/poslanie-prezidenta-respubliki-kazakhstan-nnazarbaeva-narodu-kazakhstana-14-dekabrya-2012-g. "Мы должны развивать наш транзитный потенциал. Сегодня реализуется ряд крупных общенациональных инфраструктурных проектов, результатом которых должно стать увеличение транзитных перевозок через Казахстан к 2020 году в два раза. К 2050 году эта цифра должна увеличиться в 10 раз."

域航线机场，拓展过境航空运输服务①。

"纲要"还放大了中亚的枢纽功能，把目光投向了世界，内陆国家要走向世界有港口的地方，"重要的是，要把注意力集中在哈萨克斯坦境外，建立生产运输和后勤设施"②。2018年中哈连云港粮食仓储投入营运即为此项规划的具体实施。

哈萨克斯坦奉行的"坚定支持不同文化和文明之间的对话"③ 以及"真正成为东西方对话与互动的桥梁"的方针与中国倡导的各种文明"包容互鉴"与"亲诚惠容"的周边外交理念是共通的。在这种包容的理念指引下，哈萨克斯坦的区位优势和资源优势将会更好地转化为务实经济互补合作，不仅有利于打造中国-中亚命运共同体，而且将开通一个内陆"马六甲"通道，高铁和高速公路将经中亚把太平洋西海岸和大西洋东海岸贯通起来，成为世界上最快捷的跨洲通道和促进东西方文明与物质交流的桥梁，将不亚于海上马六甲通道的历史作用，它贯通整个丝绸之路经济带，支撑起其可持续发展。

中亚是丝绸之路经济带的核心枢纽，促使其资源优势与区位优势并举发挥，将有利于打造出一个具有跨地域影响的世界级粮仓，有利于参与构架亚洲内陆能源供需格局，为丝绸之路经济带建设和构筑人类命运共同体做出历史性贡献。

---

① 哈通社努尔苏丹2019年4月9日电：4月8日，哈工业和基础设施发展部长斯克利亚尔出席政府会议，介绍了2020—2025年"光明之路"国家规划草案。中华人民共和国商务部网站，http://www.mofcom.gov.cn/article/i/jyjl/e/201904/2019040285.

② 同第18页注③。"Важно сосредоточить внимание на выходе за пределы страны для создания производственных транспортно-логистических объектов за пределами Казахстана, тщательно просчитывая свои выгоды. Мы должны выйти за рамки существующих представлений и создавать совместные предприятия в регионе и во всем мире – Европе, Азии, Америке, такие как, например, порты в странах, имеющих прямой выход к морю, транспортно-логистические хабы в узловых транзитных точках мира и так далее. С этой целью следует разработать специальную программу «Глобальная инфраструктурная интеграция»."

③ 同上。"В XXI веке Казахстан должен укрепить свои позиции регионального лидера и стать мостом для диалога и взаимодействия Востока и Запада."

第二章
中亚油气资源与中哈油气资源合作

自然资源潜力是指在当前技术条件下可以利用的自然资源量，包括能源资源、耕地资源、矿产资源、水资源、森林资源及其他动、植物资源。中亚有着丰富的能源资源、矿产资源及耕地资源等，化石能源资源中尤以石油、天然气最为突出。总体来说，哈萨克斯坦拥有油气资源、核能资源、煤铁资源、有色及稀有金属资源；乌兹别克斯坦拥有天然气资源、核能资源、黄金资源；土库曼斯坦拥有天然气（被称作"蓝金"）、里海海盐资源、硫黄、地蜡等资源；塔吉克斯坦拥有汞、金、钨等金属资源；吉尔吉斯斯坦拥有黄金、稀土、有色金属等资源。丝绸之路经济带两头的资源开发都由来已久，处于其中间地带的中亚历史地成为能支撑起其可持续发展的重要资源支撑点。中亚也随之成为丝绸之路经济带资源战略研究的一个重点区域，本书将中亚的资源开发纳入丝绸之路经济带的资源战略研究大前提之下的理念也缘此而来。

中亚地质研究程度较高，除沙漠覆盖地区外，几乎全部地域都完成了1：50 000地质勘查，重要矿区完成了大比例尺地球物理勘探，在一些远景成矿区还进行了化探和深部地质勘测，地质研究成果可信度高，资源状况较明确，可很快发挥出资源效应。在世界矿产资源日益紧缺、经济全球化的今天，中亚成了引人关注的资源优势地区。纳扎尔巴耶夫在谈到哈萨克斯坦拥有的自然资源时，说道："老天赐给我们众多的自然财富，其他国家和人民将会需要我们的资源"，提出要"学会如何正确地管理资源"，将其"最有效地转化为经济的可持续增长"。

中亚在世界上是包括油气资源在内的矿产资源极为丰富的地区之一。第二次世界大战期间，中亚曾是除西伯利亚和远东地区外，苏联经济设施和军事工业战时转移的又一重要去向，中亚对二战时期苏联的胜利起到了不容低估的军火和战略物资的支撑作用；二战后，苏联为提高国内农业产值，中亚的另一优势资源——耕地资源——成为其关注的又一焦点，以伊希姆河流域为中心的广袤的中亚北部地区被打造成苏联粮仓，阿姆河及锡尔河流域被开拓为苏联的棉花基地，不仅满足了自身需要，而且使苏联一跃成为世界上最大的棉花出口国。在苏联时期，外国势力要涉足中亚，几乎是不可能的事。冷战时期,中亚又成为苏联反西方"C"形包围的前沿阵地,这里更是设置了一道严密的反渗透防线。

1991年12月苏联解体,中亚国家纷纷独立,此前苏联对中亚的掌控随之瓦解,中央集权式的分区经济发展规划也同时付诸东流。中亚的不可渗入状况发生了逆转,自行谋求经济发展是中亚国家面对的当务之急,时值世界能源危机,油气资源丰富又缺乏开发资金和开发实力的中亚骤然向世界敞开了烃能源开发的大门,西方富余的油气资源开发产能和资本不失时机地涌入中亚,填补着中亚"真空"。

历史上一直处于中亚经济发展引领地位的哈萨克斯坦率先引进西方油气资源开发资本和技术,开放了约占其当时石油总产量一半的西北部卡拉恰甘纳克(Karachaganak)和田吉兹(Tengiz)两个陆地特大型凝析油气田。哈萨克斯坦是于1991年12月16日宣布独立的,1992年英国BG公司和意大利阿吉普(Agip)公司就成为卡拉恰甘纳克油田(位于哈国滨里海盆地北部)的第一批投资者。1993年4月6日,哈萨克斯坦又开放其西部阿特劳州的田吉兹油田,国家石油天然气公司与美国雪佛龙公司以各占50%股份的条件,签订为期40年的合资企业合同,有效期至2033年。哈萨克斯坦迈出了与国外合作规模化开发油气资源实质性的一步,成为中亚"走出去,引进来"的先导,努尔苏丹·纳扎尔巴耶夫总统曾将田吉兹油田合资开发合同称为"世纪合同"。

2000年,在哈属里海北部发现世界第五大油田——卡沙甘油田,这使哈萨克斯坦和西方投资者同时感到兴奋。哈萨克斯坦随即实施了"哈属里海水域开发国家计划",将国家油气主产区转向了里海水域,吸引了国际石油公司蜂拥而至,纷纷向卡沙甘油田开发投资,掀起里海油气资源开发的高潮。

第一节　中亚的石油及天然气资源

一、哈萨克斯坦的石油和天然气

哈萨克斯坦的石油和天然气资源非常丰富。探明石油储量约 50 亿吨，在世界上处于第 12 位，占世界储量的 2.3%。天然气储量 2 407 万亿立方米，处于世界第 15 位。哈萨克斯坦国内年需石油 1 800 万～2 000 万吨，润滑油 50 万吨，天然气 160 亿～180 亿立方米。现年产石油 9 000 万吨，其中大部分用于出口。

中亚已探明的可采石油储量为 50 多亿吨，可采储量可支持不到 30 年。石油的需求还会增长，开采量将随之提高。当然，未来还会有新探明的储量增加，中亚石油的预测储量为 120 多亿吨，但预测储量不一定都能兑现。联合国开发计划署有一个综合评估，认为中亚油气开采的高峰期会在 2025—2030 年到来，中亚此后将与世界一同面临"烃经济时代正在慢慢走向终结"的局面。

二、哈萨克斯坦含油气盆地

依据 А. А. 巴基洛夫的石油地质区分图，哈萨克斯坦境内有 5 个已探明和有前景的油气区。在已探明的油气成矿带中，已经发现了 200 多个石油、天然气、油气和凝析油田，其中大型油气田有卡沙甘、田吉兹、卡拉恰甘纳克。有前景的油气构造有让穆拜-南部海、库尔曼尕支、卡拉姆卡什-海上。

哈萨克斯坦的 5 个大型油气成矿省是：

（1）滨里海油气成矿省（Прикаспийская НГП），位于哈萨克斯坦西部，在穆郭德让雷山脉（Мугоджары）外，属于地台型，覆盖于古生代与元古代基岩之上。主要有：

南-艾穆宾成矿区（Южно-Эмбинская）

北-艾穆宾成矿区（Северо-Эмбинская）

东缘成矿区（Восточнобортовая）

北缘成矿区（Северобортовая）

西-滨里海成矿区（Западно-Прикаспийская）

北-里海成矿区（Северо-Каспийская）

中-滨里海成矿区（Средне-Прикаспийская）

北-里海大陆架成矿区（Северо-Каспийский шельф）

（2）西西伯利亚的油气成矿省（Западно-Сибирская НГП），位于哈萨克斯坦北部和东北部，在括科舍套山（Кокшетауских гор）以北，属地台型，覆盖于中生代和古生代基岩之上。主要有：

西西伯利亚油气成矿区（Западно-Сибирская нефтегазоносная）

北哈萨克斯坦油气成矿区（Северо-Казахстанская）

额尔齐斯油气成矿区（Иртышская）

（3）曼吉斯套-乌斯丘尔特油气成矿省（Мангистау-Устюртская），位于哈萨克斯坦西南部曼吉斯套半岛（полуостров Мангистау），横跨高加索到黑海，属地台型，覆盖于中生代和古生代基岩之上。主要有：

南-曼吉斯套油气成矿区（Южно-Мангистауская）

（4）中哈萨克斯坦油气成矿省（Централыно-Казахстанская НГП），由北向南伸延，从俄罗斯边界到乌兹别克斯坦边界。在木果让尔（Мугоджар）和哈萨克台地（Казахскимй мелкосопочник）之间，属地台型，覆盖于中生代和古生代基岩上。主要有：

南图尔盖成矿区（Южно-Тургайская）

北乌斯丘尔特成矿区（Северо-Устюртская）

北布扎圣成矿区（Северо-Бузашинская）

锡尔成矿区（Сырдарьинская）

北图尔盖成矿区（Северо-Тургайская）

咸海成矿区（Аральская）

（5）东哈萨克斯坦油气成矿省（Восточно-Казахстанская НГП），位于哈萨克斯坦东部的图尔尕凹陷外，在山脉之间，属地槽型，基岩复杂。主要有：

楚-萨雷苏成矿区（Щу-Сарысуйская）

田尼茨成矿区（Тенизская）

巴尔喀什成矿区（Балхашская）

伊犁成矿区（Илийская）

阿拉括尔成矿区（Алакольская）

额尔齐斯成矿区（Иртышская）

斋桑成矿区（Зайсанская）

三、哈萨克斯坦的大型油气田

在上述5个大型油区中，有256个油气田，其中有202个油田含有天然气，58个为凝析油气田。这256个油气田中能查到名称的有233个，有81个处于开发中。哈萨克斯坦的探明石油储量约50亿吨，占世界总探明储量的2.3%，其中大部分集中于里海水域；由于石油勘探在深入进展，预计2025年之前，其原油探明储量占世界储量的比例将会有所提升；天然气储量约为2万亿立方米，占世界总储量的1.5%。

在256个油气田中，大型油气田为数不多。哈萨克斯坦油气资源量分布的一个突出点是呈现出明显的Γ-分布特征，即绝大部分资源量集中在若干个大型尤其是超大型油气田中，而小型油气田为数众多，但所占有的资源量十分有限。卡沙甘、卡拉恰甘纳克、田吉兹、乌津、卡拉姆卡斯、扎纳若尔、热特拜、阿克托特、肯基亚克盐上、凯兰及卡拉姆卡斯-海上等11个大型、特大型油气田聚集了哈萨克斯坦90%的油气资源量，是哈萨克斯坦油气资源开发的基本依托。其中的卡沙甘、田吉兹、乌津、卡拉恰甘纳克四个特大型油气田更是占据了哈萨克斯坦油气资源的半壁江山有余。

表 2-1　哈萨克斯坦 11 个大型和超大型油气田基本情况

序号	名称	地理位置	地质推断资源量①（单位：亿吨）
1	卡沙甘（Кашаган）油气田	里海北部	64.00
2	田吉兹（Тенгиз）油田	阿特劳以南 160 千米	31.00
3	乌津（Узень）油气田	曼格什拉克半岛	11.00
4	卡拉恰甘纳克（Карачаганак）油田	西哈州阿克赛	10.00
5	卡拉姆卡斯（Каламкас）油田	博扎希半岛	5.10
6	扎纳若尔（Жанажол）凝析油气田	阿克纠宾斯克州	5.00
7	热特拜（Жетыбай）油田	曼格什拉克半岛	3.30
8	阿克托特（Актоты）油田	里海北部阿特劳海域	2.69
9	卡拉姆卡斯-海上（Каламкас-море）油田	里海北部博扎希半岛海域	1.56
10	肯基亚克盐上（Кенкияк надсолевой）油田	阿克纠宾斯克州	1.50
11	凯兰（Кайран）油田	里海北部	1.50

卡拉姆卡斯-海上、阿克托特及凯兰三个油田距离卡沙甘油田很近，同属北里海油区，地质构造相连，这三者往往一同与卡沙甘油田捆绑在一起，泛称卡沙甘油田。故而有时称卡沙甘油田有四个含油气区块：卡沙甘区块、卡拉姆卡斯区块、阿克托特区块及凯兰区块。这样，哈萨克斯坦的大型油田就由 11 个变成了 8 个，排序见于表 2-2。

这些油田的远景推断资源量都在亿吨以上，后续油气田的推断资源量都在亿吨以下。如排在第 12 位的库姆扩利（Кумколь）油田的推断资源量为 9 000 万吨，第 13 位北布扎奇（Северное Бузачи）为 7 000 万吨，第 14 位卡拉让巴斯（Каражанбас）为 5 000 万吨，第 15 位卡拉库杜克（Каракудук）为

---

① 这里的地质推断资源量与探明储量是两个不同的概念，后者是经过地质勘探确认可作为开采依据的油气数量，而前者则为依据地质构造和成矿条件推断出来的资源量，用于前景展望，可能有的资源量尚须通过地质钻探确认后才能投入开采。探明储量往往低于推断资源量：卡沙甘油田的地质推断资源量为 64 亿吨，到目前为止探明储量约为 20 亿吨；卡拉姆卡斯油田推断资源量为 5.1 亿吨，目前探明储量只有 6 100 万吨。

4 000万吨，第16位阿萨尔（Acap）为3 000万吨，资源量快速递减。

表2-2 哈萨克斯坦八大油气田

序号	名称	发现或开发时间
1	卡沙甘油气田（广义）	卡沙甘区块—2000年，卡拉姆卡斯-海上—2002年，阿克托特和凯兰区块—2003年
2	田吉兹油田	1979年
3	乌津油气田	1961年
4	卡拉恰甘纳克油田	1979年
5	卡拉姆卡斯油田	1976年
6	扎纳若尔凝析油气田	1978年
7	热特拜油气田	1961年
8	肯基亚克盐上油田	1959年

广义卡沙甘油气田总计地质资源量达到69.75亿吨，在哈萨克斯坦油气地质资源量中位居第一。因而这一油区一时成为国际投资竞标的重点争夺对象。因起步比一些国际油气巨头较晚，我国于1998年在阿克纠宾斯克招标成功时，拿下的只是其八大油气田中的第六位扎纳若尔凝析油气田和第八位肯基亚克盐上油田。进入卡沙甘油气田是几年之后的事，这时卡沙甘油气田已经被世界各大石油天然气财团绝大部分控股，中国公司是直接从哈石油集团所控股份中获取了8.6%的股权。但中国公司表现不俗，发挥了后发优势，与哈萨克斯坦石油公司合作，开通了丝路油气通道，支持了丝绸之路经济带建设，并为构建内陆能源供需格局做了铺垫。

四、哈萨克斯坦主要油气加工企业

哈萨克斯坦目前有三大炼油企业——阿特劳炼油厂、奇姆肯特炼油厂和巴甫洛达尔炼油厂，产品有：汽油、柴油、燃料油、液化气、重油、航空煤油等。

（1）阿特劳炼油厂始建于1945年，位于哈萨克斯坦西部阿特劳，设计炼油能力为每年500万吨，装备有催化重整装置、延迟焦化设备、焦炭煅烧设备等二次加工设备。

（2）奇姆肯特炼油厂位于南哈萨克斯坦州，于1985年投产，主要加工俄罗斯西伯利亚和哈本国原油，2008年该厂炼油431万吨。

（3）巴甫洛达尔炼油厂位于哈西部的巴甫洛达尔，于1978年投产，与俄罗斯西伯利亚石油管道运输系统相连，油源全部来自俄西伯利亚油田。目前，该厂最大加工能力为每年750万吨。

哈萨克斯坦三大炼油厂因设备陈旧，难以炼制出高标号汽油和航空煤油。三者均于2014年前进行过设备技术现代化更新，产品质量及产能均有提升，现总体生产能力为1700万吨/年（2008年为1230万吨），质量能够满足国内市场需求。我国中信公司承建哈第一座大型沥青厂（2011年底建成），生产欧洲最高标号的沥青，供应哈萨克斯坦全国公路建设需求。中信公司还与哈合作兴建硫酸厂，满足了其铀矿等矿产品加工的辅料需求。

五、哈萨克斯坦主要油气输出管线

哈萨克斯坦年产石油约9000万吨，而其国内的石油加工能力仅1700万吨/年，约80%的原油是为出口而生产的。2019年哈萨克斯生产原油9040万吨，出口7220万吨，出口占比79.87%；2020年，由于国际油价走低，原油生产由原定计划9000万吨下调至8600万吨[①]，石油出口也随之下调至6750万吨[②]，占比78.49%，均贴近80%。

哈萨克斯坦有一个较为完整的多方位原油出口管网体系，主要出口管道有以下几个。

1. 里海石油管线（CPC）

由俄罗斯、哈萨克斯坦、阿曼以及美国等国家的8家企业的共11个股东共

---

① 中华人民共和国驻哈萨克斯坦共和国大使馆经济商务处："哈萨克斯坦已调降田吉兹、卡沙甘油田产量"，2020年6月2日，http://kz.mofcom.gov.cn/article/jmxw/202005/20200502967876.shtml。

② 袁铭："哈萨克斯坦把2020年石油出口量从2019年的7220万吨下降到6750万吨"，2020年6月15日，https://stock.finance.sina.com.cn/stock/go.php/vReport_Show/kind/search/rptid/645542189645/index.phtml。

同投资兴建，2001年投产①。该管线总长1 585千米，起自哈国里海沿岸田吉兹油田，途经俄罗斯北高加索西部城市季霍列茨克（Tikhoretsk），最终抵达俄黑海港口新罗西斯克（Novorossiysk-2 Marine Terminal）。这条由哈萨克斯坦田吉兹油田铺设至俄罗斯新罗西斯克的石油管线，现年输送能力达到6 700万吨，哈萨克斯坦约75%的石油出口经该管道输送，是哈萨克斯坦基干输油管道。

2. 阿特劳-萨马拉管线

管线总长695千米，原油经俄罗斯运往黑海港口敖德萨和新罗西斯克，设计年输油能力1 500万吨。该管线建于苏联时期，1978年投入运营，原油还可以通过波罗的海管道供应东欧和波罗的海国家市场需求。2009年该管线输油1 750.4万吨，2008年输油1 677万吨。

3. 中哈石油管线

中哈石油管线设计年输油能力2 000万吨，总长约3 000千米。该管线西起哈西北部的阿塔苏，东至中国新疆的阿拉山口，由中石油（CNPC）与哈萨克石油运输公司（KAZTRANSOIL）合资共同建设和经营，首期工程于2003年3月修建开通了由阿特劳通往肯基亚克油田的管线；继而于2004年9月开工修建由阿塔苏通往阿拉山口的管线，2005年底工程竣工，2006年7月29日该管线投入商业运营；最后于2007年12月开工修建肯基亚克-阿塔苏管线，2009年10月1日工程竣工投产，提前2个月进行商业输油。

六、中亚其他国家的油气资源

乌兹别克斯坦约60%的领土是石油和天然气资源前景地区，油气资源储量在中亚处于第三位（排在哈萨克斯坦和土库曼斯坦之后），并分别在世界上

---

① 其中，俄罗斯Transneft公司占股31%，哈萨克斯坦Kazakhstan公司占股20.75%，美国雪佛龙里海管道公司（Chevron Caspian Pipeline Consortium Co.）占股15%，卢克公司（LukArco B.V.）占股12.5%，美孚里海管道公司（Mobil Caspian Pipeline Co.）占股7.5%。

处于石油、天然气储量的第 45 位和第 19 位。

土库曼斯坦最具有战略意义的资源是储量巨大的天然气。据地质沉积条件，土库曼斯坦的油气资源分布于 7 个含油气地区：西土库曼斯坦、中央卡拉库姆、别乌尔杰什克-希瓦什克、查尔兹州、准古兹、穆尔加布和巴德乎兹-卡拉比斯卡亚。按天然气的探明储量，土库曼斯坦处于世界第四位，天然气资源被称作"蓝金"，足以决定其历史命运。

吉尔吉斯斯坦天然气和石油产量很小，并于 1990 年开始出现产量下降，约于 2002 年在纳伦州和费尔干纳山谷加紧油气资源普查和勘探。

事实上，吉尔吉斯斯坦石油和天然气储量不大，与邻国哈萨克斯坦和乌兹别克斯坦相比，其石油储量在倒数第二位，天然气储量处于末位。

第二节　哈萨克斯坦油气资源开发向世界全方位开放

自 1992 年以来，哈萨克斯坦开放其大型油气田，引资合作开发，按开放时间顺序，依次开放的大型油田有：大型卡拉恰甘纳克凝析气田、大型田吉兹凝析油气田以及特大型北里海卡沙甘油田。

一、大型油气田卡拉恰甘纳克项目

卡拉恰甘纳克凝析油气田位于哈国滨里海盆地北部，靠近俄罗斯边境，发现于 1978 年，1984 年开始工业开发。油田面积超过 280 平方千米，天然气储量超过 135×10^8 立方米，石油及凝析油资源量 10×10^8 吨，是世界上最大的凝析油气田之一。1992 年，哈国政府开始引入英国 BG 公司和意大利阿吉普（Agip）公司投资开发该油田；1995 年，俄罗斯天然气工业股份公司（Gazprom）加入合资，BG 公司占股 32.5%，Agip 公司占股 32.5%，Gazprom

占股20%，哈萨克斯坦卢克公司占股15%，并于1999年成立卡拉恰甘纳克石油公司(KPO)，成为当时哈萨克斯坦油气产业三家支柱石油公司之一，掌控哈萨克斯坦约16%的油气产量。

1997年，德士古（Texaco）购买了BG和Agip公司在卡拉恰甘纳克凝析油气田项目中20%的股份。同年11月，俄罗斯天然气工业股份公司将股份转让给卢克石油公司（OAO Lukoil Holdings）。1997年11月18日，在华盛顿签订了卡拉恰甘纳克凝析油气田最终产量分成协议，许可证有效期内计划生产3.2×10^8吨液态烃类、$7\,970 \times 10^8$立方米天然气，预期销售收入为140亿美元，80%原油为哈方所有，投资者享有20%。最终产量分成协议有效期为40年（至2037年）。

卡拉恰甘纳克凝析油气田项目的总投资为150亿美元，包括油田设备维修更新、天然气注气工程、770万吨的气处理工程以及里海出口管道工程——635千米的阿克塞-大恰甘-阿特劳出口管线。

卡拉恰甘纳克凝析气田油层埋深大，地层压力高，含硫高，开发难度大。2009年，公司增建第四条原油稳定生产线及脱硫装置，使原油年加工能力增加到1 030万吨，与实际年产量持平。

二、大型油田田吉兹项目

田吉兹油田位于滨里海盆地东南部滨海隆起区，发现于1979年，占地3 900平方千米，含油面积270平方千米，是世界闻名的大油田，石油地质资源量31.33×10^8吨，可采储量$(7.5 \sim 11.5) \times 10^8$吨，油藏埋深3 870~5 420米，含油层厚约1 550米。油田于1994年投入开发，2000年产量为1 040万吨，2002年开始注气，2005年石油年产量提高到1 360万吨，预计最高年产量为3 200万吨。

1993年4月6日，哈萨克斯坦国家石油天然气公司与美国雪佛龙公司以各占50%股份的条件，签订了为期40年的合资开发合同后，美孚和俄美合资股份公司卢克阿科加入里海开发计划，分别占股25%和5%，这样哈萨克斯坦国家石油天然气公司与雪佛龙公司在合资企业中的股份相应减少到25%和45%。

2000年，哈萨克斯坦又转让给雪佛龙公司5%的股份，但哈萨克斯坦保留在重大问题上的原有表决权限。田吉兹-雪佛龙有限责任公司拥有安萨坎（位于田吉兹以东）、普拉尔瓦（深水）、北库尔图克（与普拉尔瓦均位于田吉兹以南）、奥坎（东南方向）、塔日加利和彼尔利斯季克6个含油构造。2005年田吉兹-雪佛龙公司的产量占哈国原油产量的22%，成为哈国最大的油气生产商。

2006年，田吉兹-雪佛龙公司所产原油的70%通过铁路运输到俄罗斯黑海输油终端，30%通过阿特劳-萨马拉管线运输。近年，田吉兹-雪佛龙公司因未能遵守哈萨克斯坦环保条例，而受到大量罚款处罚。由此，哈萨克斯坦环保部长曾于2006年8月表示，不排除收回田吉兹-雪佛龙有限责任公司的油田许可证。西方投资中亚油气资源开发的极终目的是最大限度地追求利润，日益暴露出弊端，由此已可见一斑。

三、特大型油田卡沙甘项目

卡沙甘油田是哈属里海水域石油开发规模最大的项目，也是目前世界上规模最大、地质条件最为复杂的石油开发项目。1995—1998年由阿吉普（Agip）财团联合BG、BP、Statoil、Mobil、Shell、Total等石油公司组成里海油气田勘探开发国际财团，对哈属里海水域进行了2D地震、60 000平方千米重力勘探，于2000年最终确认卡沙甘油田为世界特大型油田，石油地质资源量64×10^8吨，可采储量为130亿桶（合18.3亿吨），储量居世界第五位。在约30年没有大油田发现的情况下，发现了卡沙甘特大型油田，确实震惊了世界，里海是世界"第二个波斯湾"的舆论一时也随之风行①。正实施"油气兴国"战略的哈萨克斯坦不失时机地实施了"哈属里海水域开发国家计划"。2003年5月16日，哈萨克斯坦第1095号总统令批准了这个计划，指出整个开发期内将在25～29个海上区块对120个油气远景构造进行石油勘探作业，并对其中9个进行工业开发。很快，美国、英国、法国、意大利、日本等国的石油巨头都聚集于卡沙甘油田开发。2013年，习近平主席在访问哈萨克斯坦时提出"共建丝绸之

---

① 作者曾指出，实际上里海油气资源量与波斯湾的油气资源量存在着量级差别。

路经济带"倡议，并与哈萨克斯坦总统纳扎尔巴耶夫举行了会谈，两国元首强调两国是长期、稳定、可靠的能源合作伙伴，表示"支持中石油天然气集团公司参股卡沙甘油田"。中石油以50亿美元从哈萨克斯坦所占股份中购得8.33%的股权，步入了卡沙甘油田开发的行列。

1997年10月，哈萨克斯坦政府与阿吉普国际财团①就北里海水域总面积5 600平方千米的11个区块的勘探和开发签订了为期40年的产量分成协议。

当油田投入开发后，才发现这是一块"难啃的骨头"，按照1997年的协议，2005年卡沙甘油田应当投入商业运行，但项目因油藏地质构造复杂、超常地层压力及高腐蚀性气体、冬季油田水域结冰层等原因，油田的工业开发推迟到了近几年，项目总投资也由570亿美元增加至1 360亿美元。这导致项目产量分成协议条款发生了根本的改变，否定了哈萨克斯坦政府在项目中的主导权。2007年8—9月，哈政府与项目作业者ENI-Agip进行谈判，为恢复本国对项目的主导权，要求将产量分成的比例由10%提高到40%，并以违反环保法、海关法及税法为由，宣布自2007年8月27日起，项目暂停3个月。项目的一再推迟不符合哈萨克斯坦的国家利益。哈政府的强硬姿态迫使财团做出了让步和赔偿。2008年1月14日，哈能源和矿产资源部部长萨乌特·门巴耶夫在阿斯塔纳表示，卡沙甘大油田的投产时间已从原计划的2010年推迟到2011年年底。

按照产量分成协议条款，卡沙甘油田随着项目的实施，原油产量由初期的7.5万桶/日提高到第一阶段末期的45万桶/日，第二阶段中，前5年最大稳产达到120万桶/日。卡沙甘油田开发第一阶段完成了中央枢纽站、岛站终端及两条输油、输气管线的陆上设施建设。目前为开发卡沙甘油田已经用石料建了若干钻井平台岛。岸上主要设施为一座年处理能力50亿立方米的天然气处理厂（29亿立方米伴生气、21亿立方米天然气），将年产90万吨硫。天然气处理厂距中亚-中央管线不远，位于阿特劳市30千米外的卡拉巴坦镇。为了提高采收率，阿吉普国际财团计划将含硫伴生气回注地层，为此将在东卡沙

---

① 阿吉普国际财团由意大利埃尼-阿吉普（ENI-Agip，作业者）、KMG、ExxonMobil、Shell、Total、Conoco Philips和Inpex组成。

甘的人工岛上安装压缩设备，该项措施也曾在哈萨克斯坦的卡拉恰甘纳克油田和田吉兹油田采用过。

2010年，卡沙甘油田开发项目进入试采阶段（图2-1）。为顺利进入油田的全面开发阶段，现已采集了1 573平方千米的3D地震资料，完钻了6口探井、9口评价井、4口生产井。西南卡沙甘、阿克托特、凯兰和卡拉姆卡斯独立于卡沙甘油田项目，需单独予以评价。卡拉姆卡斯、阿克托特和凯兰油田的开发计划正在进行可行性研究，西南卡沙甘正在开展地质-地球物理勘探工作。

图2-1　建设中的卡沙甘油田

 中哈油气资源合作的起步与发展

中哈油气资源合作起始于1997年，比哈萨克斯坦与多国石油巨头的合作要滞后好几年。随着俄罗斯东向能源战略的推进，中亚油气资源合作也开始启动①。

---

① 自1993年以来，我国成为石油净进口国，每年的进口量递增1 000万吨左右，2007年中国共进口原油1.63亿吨。在对石油进口的依存度持续增高的情况下，中国石油公司贯彻国家"多元化"能源发展战略，积极拓展海外油田开发业务，投资海外油气田及管道项目，其中包括与中亚的油气资源合作。

1997年6月，中国石油天然气勘探开发公司（CNODC）中标开发阿克纠宾油气公司所属的扎纳诺尔、肯基亚克油田，获得哈萨克斯坦共和国阿克纠宾油气股份公司60.3%的股份，拉开了中哈油气资源合作的序幕。进而有2005年收购PK公司、2006年中信集团收购哈萨克斯坦卡拉让巴斯油田、2007年中信资源收购EM油田权益以及2013年参股开发卡沙甘油田等后续进展。参与中亚投资的中国石油公司主要有中石油集团、中信国安集团、中国石油化工集团等，主要投资项目如下。

一、中哈阿克纠宾油气股份公司项目

1997年6月，中国石油天然气勘探开发公司在多国竞标中，一举获得哈萨克斯坦共和国阿克纠宾油气股份公司60.3%的股份（占持票股份的66.67%）。阿克纠宾油气股份公司拥有扎纳诺尔和肯基亚克2个油田、3个油藏（扎纳诺尔、肯基亚克盐上、肯基亚克盐下）的开发许可证。此外，公司还拥有滨里海盆地东部中部区块6年的勘探许可证。中哈合资开发后，改造扎纳诺尔老天然气处理厂，并建设了新天然气处理厂，完善油气生产、储存及运输等基础设施建设，于2005年发现了乌米特油田，日采油85~120吨。

扎纳诺尔凝析油气田发现于1978年，工业试采于1983年，1987年开始投入工业开发。可采储量1.21亿吨，剩余可采储量约7000万吨。肯基亚克油田盐上稠油可采储量为2500万吨，发现于1959年，于1966年开发。肯基亚克盐下油田发现于1969年，其可采储量为2800万吨。2006年，中油阿克纠宾油气股份有限公司生产原油590万吨。中油阿克纠宾油气股份有限公司生产的原油主要供给PK公司及巴甫洛达尔炼厂，一部分原油通过铁路出口中国。

自2003年起，公司通过肯基亚克-阿特劳输油管线出口原油，也通过铁路将原油运输至阿塔苏，继而输送至于2006年投入工业运营的阿塔苏-阿拉山口输油管道。2006年，公司铺设了80千米的热姆-扎纳诺尔新铁路投入运营，实现通过铁路直接从油田运输原油至干线管道。

中油阿克纠宾项目取得了巨大的经济效益，攻克盐下油田开发难题，通过注热蒸汽，使边际油田变成高效油田。阿克纠宾项目曾被哈萨克斯坦总统努尔苏丹·纳扎尔巴耶夫誉为中哈油气合作成功的典范，带动了此后的中哈油气资源的进一步合作。

二、并购哈萨克斯坦石油公司项目

2005年10月，中国石油天然气集团（CNPC）以41.8亿美元完成了当时中国公司最大的一起海外并购项目，成功收购并顺利接管哈萨克斯坦石油公司。

哈萨克斯坦石油公司（PetroKazakhstan，以下简称PK公司）现为隶属于中国石油天然气集团（CNPC）和哈萨克斯坦国家石油天然气公司（KMG）的上下游一体化国际石油公司，是哈萨克斯坦境内第二大外国石油生产商、最大的一体化石油公司和最大的炼化产品供应商。

PK公司一共有三个子公司，它们分别为：PetroKazakhstan Kumkol Resources（简称PKKR）、Turgai石油公司和Kazgermunai石油公司。PK公司持有PKKR公司100%的权益，该公司负责母公司绝大部分油田的生产工作；Turgai石油公司是PK公司和俄罗斯卢克石油公司建立的合资公司，双方各持有50%的权益，主要负责Kumkol North油田的生产；Kazgermunai石油公司是PK公司和德国RWE-DEA AG能源公司和Erdol-Erdgas、International Finance公司建立的合资公司，PK公司持有50%的权益，是该公司的第一大股东。

2006年7月，CNPC子公司中油国际与哈萨克斯坦国家石油天然气公司（KMG）签订了PK公司33%的股权转让协议，同时获得在对等条件下联合管理PK公司奇姆肯特炼厂和成品油的权利。

PK公司油气资产主要分布在哈萨克斯坦中南部南图尔盖盆地，矿权区总面积约8万平方千米，同时还拥有总面积约1.6万平方千米的5个勘探区块，参股12个油田，其中3个已投产，4个处于开发阶段，2个处于早期开发阶段，3个处于试采阶段。截至2004年底，公司油气P级地质储量约为5.49亿桶，其中探明储量为 3.89 亿桶。

2006 年上半年，PK 公司总产量 2 605 万桶，较 2005 年同期增长 12.7%。

PK 公司在哈国南部奇姆肯特市拥有一座以生产汽油、柴油、航空煤油、燃料油及 LPG 为主的年加工能力约为 600 万吨的炼厂，2006 年上半年加工 206 万吨原油。

PK 公司原油主要通过管道、铁路和船运三种方式运输，主要销往独联体国家、中国、欧洲炼厂及美国。公司超过七成的原油通过 KAM（克孜勒齐亚、阿雷斯库姆和曼布拉克）管道和朱萨雷（Dzhusaly）终端进行运输再出口。2004 年公司所运输原油中约 20% 销往中国，主要通过 KTO 公司管道运往阿塔苏终端，再进入新疆。

三、中信资源控股有限公司卡拉让巴斯、东莫尔图克油田项目

1. 卡拉让巴斯油田（Karazhanbas）项目

2006 年年底，中国中信集团公司以 19.1 亿美元从加拿大内森斯能源公司购得卡拉让巴斯公司 94.62% 股份。中信此次收购的油气资产还包括内森斯公司拥有 100% 权益，为油田开采提供运输服务以及钻井、维修、培训服务的公司。中信集团获得卡拉让巴斯油气田的控制权和作业权以及有效期至 2020 年的开发合同。这项由中国公司进行的第三大海外油气收购使中信集团获得对一处探明储量逾 3.4 亿桶、日产量超过 5 万桶的油气田近 15 年的开采权。

中信集团已给予哈萨克斯坦国家石油天然气公司（KMG）一项选择权，在收购完成后一年内依据中信集团的收购价格购买内森斯公司 50% 的权益。

卡拉让巴斯油田位于北布扎奇半岛，距离港口城市阿克套东北约 200 千米，于 1974 年发现。2006 年，油田的探明储量约 5 500 万吨，2006 年产量 232.4 万吨，2006 年底转手至中信集团后，中信资源委托辽河石油勘探局进行油田生产作业，通过注蒸汽保持地层压力，2009 年计划生产原油 350 万吨。

卡拉让巴斯的原油自油田南部直接进入哈萨克斯坦国家石油天然气公司的管网。生产的原油运到阿克套港后供出口。在这里，65%的原油经俄罗斯的马哈奇卡拉市出口到黑海的新罗西斯克港（Novorossiysk Port），大约25%的原油经乌津-阿特劳-萨马拉的俄罗斯管道运输系统（Uzen-Atyrau-Samara）运至俄罗斯波罗的海普里莫尔斯克港（Primorsk Port）码头。随着阿塔苏-阿拉山口管道的运营，卡拉让巴斯油田的部分原油将输往中国。公司出口约90%的石油，其余部分出售给当地的阿特劳炼油厂。

中信集团对加拿大内森斯能源公司的收购使中信在中亚获得一个拓展能源业务的基地、开展多元化投资和业务的平台。

2. 东莫尔图克油田（EM）项目

2007年7月，中新资源有限公司支付2.5亿美元收购哈萨克斯坦的KKM Operating Company JSC公司位于哈国西北部阿克纠宾斯克州滨里海盆地东部的东莫尔图克油田（East Mortuk）权益①。

中新资源的母公司之一中信国安是国有金融集团中信集团旗下的一家全资子公司。中信国安的业务主要在电信和房地产领域，该公司同时拥有13处金矿、1处铜矿和1处锂辉石矿。而中新资源的另一母公司——新天国际经贸股份有限公司，则是新疆生产建设兵团旗下子公司。

中信资源收购东莫尔图克油田则标志着中新资源首次涉足石油勘探行业，为中哈管线原油输华提供了便捷的渠道。

四、中国企业参股卡沙甘油田开发

2013年9月7日，中国与哈萨克斯坦宣布，中国石油天然气集团（CNPC，以下简称"中石油"）和哈萨克斯坦国家石油天然气公司（KMG）

---

① 中新资源有限公司由中信国安集团和新疆生产建设兵团新天国际经贸股份有限公司合资组建，2006年3月在新疆乌鲁木齐市正式成立，注册资本8亿元。公司立足于新疆，面向油气资源丰富的中亚市场。

签署了由中方以 50 亿美元购买里海大陆架卡沙甘油田 8.33% 股份的合同。此外，中石油再投资 30 亿美元于 2020 年开始的卡沙甘油田的二期开发工程①。

北里海卡沙甘油田于 2000 年 6 月 30 日由"东方-1"井发现，是自 20 世纪 60 年代以来世界上发现的最大油田，也是世界上最大的海上油田，储量世界排名第五位。这引起世界的高度关注，各大石油财团竞相投资合作开发，截至 2012 年已经有美、英、荷、意、法、日等国的公司投资开发，它们的控股情况如下：美国埃克森美孚（Exxon Mobil）16.81%，英-荷壳牌（Shell）16.81%，意大利埃尼（ENI）16.81%，法国道达尔（Total）16.81%，美国康菲石油公司（ConocoPhillips）8.4%，日本领先国际石油开发公司（Inpex）7.56%。此外，哈萨克斯坦石油天然气公司占股 16.81%。也就是说，在中国公司投资介入开发前，该油田的股权已经全部分配完毕。

时至 2012 年，美国康菲石油公司在世界范围压缩经营业务，有意以 55 亿美元将手持的卡沙甘油田的 8.4% 股权转让给印度石油天然气公司维德什子公司，同年双方达成转让协议（这是印度公司在海外的最大项目），很快得到印度政府的支持与批准。资源主权毕竟是哈萨克斯坦的，此项交易必须在得到哈萨克斯坦政府认可后，方可生效执行。哈方考虑此时已经与中国建立了战略互信，双方国家元首签署了《中哈关于进一步深化全面战略伙伴关系的联合宣言》，双方并表达了加深今后的油气资源合作的真切愿望。关键时刻，哈萨克斯坦依据国家主权法律，以 50 亿美元收回了美国康菲石油公司手持的卡沙甘油田股权，随即以收回价格 50 亿美元转让给了中石油。为表示深化合作诚

---

① Китайская CNPC выкупит 8,33% акций Кашагана за 5 млрд. 7 сентября Китай и Казахстан объявили о том, что Китайская CNPC и АО «Национальная компания КазМунайГаз» подписали договор о покупке 8,33% акций месторождения Кашаган на шельфе Каспия за 5 млрд. долл. Кроме того, Китайская CNPC вложит 3 млрд долл. инвестиций во второй этап развития Кашагана, который начнется с 2020 г. См. Международное радио Китая, 2013. 03. 19, http://russian.cri.cn/881/2013/09/10/1s482759.htm.

意，中石油又额外投资 30 亿美元作为卡沙甘油田二期开发融资①。

这样，中国公司在世界第五大油田中占了一席之地。在实际操作中，中国公司表现突出，截至 2018 年年底，共完成 200 多个燃气化、电气化等生产项目，以及供水、道路、学校、幼儿园、医院等社会基础设施项目。中油国际中亚公司卡沙甘项目作业公司荣获哈萨克斯坦政府 2018 年度"帕鲁兹"金奖及"最具社会责任企业"称号。"帕鲁兹"金奖由其国家总理萨金塔耶夫郑重颁发，总统纳扎尔巴耶夫出席了颁奖仪式。"帕鲁兹"金奖是哈萨克斯坦国家最高奖项之一，是最受社会关注的政府奖项，由纳扎尔巴耶夫于 2008 年设立，用于表彰哈国境内履行社会责任成绩最突出的企业，每年评选一次，2018 年共有 400 余家哈国企业和外资企业参与奖项评比，中国企业能在强手如林的评比中获奖，实属不易。新冠肺炎疫情蔓延期间，中方人员仍然一手抓疫情防控，一手抓生产，利用远程交流技术，推进卡沙甘油田二期开发研究。

五、其他项目

1. Ai-Dan-Munai（ADM）项目

ADM 公司成立于 1998 年，主要任务是研究与开发克孜勒奥尔达州的阿雷斯油田，2005 年 4 月被中国石油天然气勘探开发公司（CNODC）收购。

---

① Сутангалев М., Аэропорт Г. Атырау признан небезопасным, 2008.09.18, http://azh.kz/ru/news/view/1503. Индия одобрила покупку доли ConocoPhillips в месторождении Кашаган, Правительство Индии одобрило предложение компании ONGC Videsh Limited купить миноритарный пакет акций нефтяного месторождения в Казахстане у ConocoPhillips за 5,5 миллиарда долларов, пишет The Wall Street Journal. Об этом сообщил старший руководитель компании Oil & Natural Gas.

Для завершения сделки компании необходимо получить разрешение от правительства Казахстана. Напомним, в ноябре 2012 года ONGC Videsh Limited подписала соглашение с ConocoPhillips о покупке 8,4 процента акций в нефтяном и газовом месторождении Кашаган.

Издание отмечает, что задержки в получении разрешений со стороны Индии и Казахстана вызвали сомнения по поводу сделки.

Кроме того, сообщается, что если сделка не состоится – это нанесет серьезный урон планам Индии по приобретению активов за рубежом для обеспечения энергопоставок. Страна удовлетворяет 75 процентов своих энергетических потребностей за счет импорта.

2. KuatAmlonMuani（KAM）项目

2004年年底，中国石油天然气勘探开发公司（CNODC）参股 KAM 项目。

3. First International Oil Company（FIOC）项目

2004年6月，中石化国际石油勘探开发公司（SIPC）出资1.6亿美元收购原 FIOC 公司①在哈萨克斯坦阿特劳州滨里海盆地的油气资产（5个勘探区块、1个开发区块），面积共约2.6万平方千米。

4. 振华石油控股有限公司哈萨克斯坦 KAM 项目

振华石油成立于2003年，目前正在运作哈萨克斯坦南图尔盖盆地的克尼斯和贝克塔斯（K&B）油田项目。

5. 中国华信能源公司（CEPC）在哈开展股权收购

2015年12月中旬，华信能源公司与哈萨克斯坦国家石油天然气公司（KMG）签署战略合作协议，与KMG下属国际公司（KMGI）进行股权合作。

6. 中国吉艾科技公司进入塔吉克斯坦炼油市场

2015年6月初，在塔吉克斯坦丹格拉自由经济区，中国的吉艾科技公司用9亿元新建塔吉克斯坦丹格拉炼油厂，炼油能力120万吨/年，主要产品为汽油、柴油和沥青，项目于2018年完全投产。

此外还有北布扎奇项目、乌拉尔-伏尔加（Ural-Volga）勘探区块项目、科尔占-尤阿里（Kolzhan-Uyaly）勘探区块项目、中石油在哈阿拉木图工业园区内建设大口径管厂项目等。

---

① FIOC 公司是一家在美国特拉华州注册的私有公司（全称 First International Oil Co.），成立于1996年，总部设在休斯敦，在阿拉木图设有分部。

第四节　中亚及哈萨克斯坦油气资源量透析

20世纪90年代后半期，我国对哈萨克斯坦油气资源开发进行大规模投资，中哈石油管道和中国-中亚天然气管道相继开通，古丝绸之路由此演绎成一个内陆能源通道。

油气资源毕竟是可以穷竭的，烃经济时代终将会走向终结。美国、荷兰、英国、法国、意大利、加拿大、中国、日本、俄罗斯、瑞士、利比里亚等十几个国家关注中亚的油气资源开发①，这将造成中亚油气资源的加速消耗，随着特大型油田——卡沙甘油田的投产，这一过程将加速推进。这就提出了一个问题：中亚油气资源能维持多长时间的高速开发？

2000年，当波斯湾和挪威海域的大部分石油区域均已勘探过，在约30年里世界上再没有发现过任何大型油气田之际，突然在里海北部发现了石油资源量达到64吨的超大型卡沙甘油田②，引起世界的轰动，随后又于2006年在土库曼斯坦滨里海沙漠地区发现了占地2 000平方千米、拥有22万亿～26万亿立方米天然气储量的超大型伽利肯雷斯气田③，更是使舆论界躁动一时，里海似乎成了油气资源再发现的"新大陆"，于是"第二个波斯湾""21世纪的

---

① Джантуреева Э. Нефть и газ Казахстана. Запасы, добыча, инвестиции, KAZAKHSTAN №4, 2010 год, http://www.investkz.com/,"В настоящее время в недропользование минерально-сырьевого комплекса Казахстана инвестируют компании из 45 стран мира, в том числе корпорации из США, Нидерландов, Великобритании, Франции, Италии, Канады, Китая, Японии, России, Швейцарии, Либерии и других."

② Grtribune. org. Энергические проекты гигантские нефтегазовые месторождения, http://www.grtribune.ru/home/politicreview/9426-2015-10-13-05-32-37.html,"Казахстанский Кашаган-крупнейшее нефтяное месторождение на территории бывшего СССР. Открыт в 2000 году на мелководном шельфе Каспия, балансовая оценка запасов - от 20 до 60 миллиардов баррелей нефти, до 1 трлн. $м^3$ газа."

③ См. там же. "Туркменское супергигантское месторождение Галкыныш обнаружено в 2006 году. Его газовый объем оценивается в 22-26 триллионов кубометров (крупнее только Северный и Южный Парс, причем суммарно). Наземная площадь залежей - почти 2.000 квадратно-пустынных километров."

能源基地"的说法传播开来。人们以为中亚的油气资源与波斯湾真的可有一比，随着时间的推移，科学预测做出评定，中亚可采石油储量约为 50 亿吨①，与波斯湾 500 多亿吨可采储量相差 10 倍，中亚的天然气储量约为 11.6 万亿立方米②，与波斯湾 73.07 万亿立方米③的可采储量也相差 5 倍多，"第二个波斯湾"的说法也随之淡化，并逐渐趋于消失。

一、哈萨克斯坦油气田资源量的分布规律探析

中亚的油气资源到底有多少？又有多少可以通过开发拿到手？根据哈萨克斯坦地质矿产委员会所辖国家地质信息中心④ 2010 年的资料，哈萨克斯坦已探明的石油储量约为 50 亿吨，占世界的 2.3%；天然气储量约为 2 万亿立方米，占世界的 1.5%，预测储量 6 万亿立方米⑤。BP 公司公布的数据要低一些，截至 2015 年初，哈萨克斯坦已经证实了的石油储量为 300 亿桶，折合 41 亿吨⑥。

在哈萨克斯坦与世界油气巨头的合作中，油气产量快速提升，促使油气生产高峰逼近。哈萨克斯坦 20 世纪 90 年代年均产油 2 400 万吨，到 21 世纪第一个 10 年提升到年均 5 500 万吨，随后又提升到年产 8 000 万吨左右。2012 年，哈萨克斯坦采油 7 921 万吨，土库曼斯坦采油 1 100 万吨，乌兹别克斯坦采油 316.5

---

① 徐春："哈萨克斯坦石油的探明储量为 48 亿吨"，2010 年 2 月 22 日，http://images.mofcom.gov.cn/kz/accessory/201003/1267537108739.pdf；柴利："土库曼斯坦的石油储量约达 2.7 亿吨"，2013 年 7 月 1 日，https://www.crggcn.com/articldDetalil? id = 169033&parentName=%25E4%25B8%2596%25E7%2595%258C%25E8%2583%25BD%25E6%25BA%2590%25E5%25BA2593；刘亚莹："乌兹别克斯坦石油探明储量 1 亿吨"，2014 年 6 月 23 日，https://www.cnenergynews.cn/zhiku/2014/06/23/detail_2014062363516.html。

② Махмудов Р. Оценка нефтегазовых запасов центральной Азии и перспективных рынков их сбыта（ЕС и Китай）Центральная Азия и Кавказ, том 14 выпуск 3 2011г.

③ 李燕："驻阿拉伯联合酋长国经商参处：海湾地区占全球天然气储量的 41%"，2013 年 10 月 27 日，https://ae.mofcom.gov.cn/article/jmxw/201310/20131000367026.shtml。

④ РЦГИ-Республиканский центр геологической информации.

⑤ 同第 43 页注①。"Доля Казахстана в общемировых разведанных запасах УВС составляет по нефти 3,2% (около 5 млрд т.), а по газу – 1,5% (порядка 2 трлн м³). При этом прогнозные ресурсы по нефти достигают 9,3 млрд т., по газу – 6 трлн м³."

⑥ 按 7.31 桶折合 1 吨原油计。

万吨,总计 9 337.6 万吨(三国共产天然气 1 720 亿立方米,折合 1.4 亿吨油当量)。根据 BP 能源统计数据,2014 年中亚五国油气产量分别为 9 816 万吨和 1 360 亿立方米。2019 年哈萨克斯坦产油 9 040 万吨,由于哈萨克斯坦卡沙甘油田投产,2025 年中亚原油产量将达到 1.05 亿吨①。中亚 50 多亿吨的探明石油储量能维持多久的高速开采?当然还会有地质推断储量有可能转化为探明储量,但这还有待用地质勘探来证实,这不仅需要时间,而且往往会打上折扣。这里不能简单地用剩余储量除以平均产量来推算所能维持的生产年限,因为采油高峰期过后,采收率下降,油田会由于进入衰减期而减产。哈萨克斯坦连同中亚其他国家的油气资源开采高峰期还有多远?国际能源署的报告指出,哈萨克斯坦的石油开采量将在 2025—2030 年间达到最高峰,而这之后将面临油气产量下降。

我们在看到卡沙甘油田带来振兴的同时,还应看到哈萨克斯坦相当一部分油田因进入生产衰竭期而面临"退役"。根据哈萨克斯坦地质矿产委员会国家地质信息中心的信息,滨里海地区南部许多开发于 20 世纪 30—40 年代的油田已处于开发晚期,如具有巨大的社会经济意义的艾穆巴、乌津油气田的开发程度已经达到 75.6%~98.9%,为维持这些企业必须进行后期地质勘探,以扩大油气储量。此外,哈萨克斯坦石油储量中有 4%(2.16 亿吨)是难以提取的高黏度石油,还有超过 40% 的石油是含硫或高含硫石油,这将大大提高石油开采的成本②。

---

① 中华人民共和国驻哈萨克斯坦大使馆经商处,inverstgo.ec.com.cn/article/gb/tjsj/20200/47221.html。
② Джантуреева Э. Нефть и газ Казахстана. Запасы, добыча, инвестиции, http://www.investkz.com/, Необходимо отметить, что многие месторождения южной части Прикаспия, открытые в 30-40-е годы прошлого столетия, находятся на поздней стадии разработки. Их выработанность достигает 75,6-98,9%, и таким предприятиям, как ПФ «Эмбамунайгаз» и ПФ «Узеньмунайгаз» (деятельность которых имеет большое социально-экономическое значение для региона) необходимо проводить дополнительные геологоразведочные работы для укрепления своей минерально-сырьевой базы. Кроме того, более 4%(0,23 млрд т.) казахстанских запасов нефти относятся к трудноизвлекаемым высоковязким нефтям, а свыше 40% являются сернистыми и высокосернистыми, что значительно повышает себестоимость нефтедобычи.

尽管土库曼斯坦的天然气可采储量达到 17.5 万亿立方米（处于世界第四位，仅次于伊朗、俄罗斯和卡塔尔，储量集中在土库曼斯坦东部马雷州的伽利肯雷斯和亚斯拉尔气田）[①]，但土库曼斯坦的天然气开采能力是有限的。2015 年土库曼斯坦的天然气年产量不及 800 亿立方米，土库曼斯坦本国的需求量约为 300 亿~400 亿立方米。主要为履行与中国所签订的天然气供应合同，2016 年将天然气产量较 2015 年提高 9%，达到 838 亿立方米，除去国内消耗只有 480 亿立方米用于出口。这还不能全用在对中国的出口上，还要满足向南亚、南欧等国家的供应。为周全各方需求，土库曼斯坦一直在尽力提高天然气产量。

21 世纪第一个 10 年，国际油价暴涨为独立后的哈萨克斯坦、乌兹别克斯坦、土库曼斯坦等中亚国家带来了"油气兴国"的机遇，随之也带来油气资源的超量开发，给中亚留下"后烃经济时代"的发展问题。

国内有学者在 20 世纪 90 年代初即已著文提出矿产产出方程，证明矿床的产出过程是一个普阿松过程，矿产资源量服从伽马分布[②]。按照这个论断，矿产资源的小量级矿床占据压倒多数，中、大量级矿床只是少数，大量级矿床的出现是一个小概率事件，发现特大型矿床更是稀有事件。前节所列举的哈萨克斯坦油气资源量超过亿吨的 11 个大型和超大型油气田资源量的展布，和这个论断是相吻合的。排在第一位的卡沙甘油田的推断资源量 64 亿吨为排在第二位的田吉兹油田资源量 31 亿吨的两倍有余，而排在第三位的乌津油田，几乎是田吉兹油田的三分之一；排在前几位的量级居高临下，递减较快；此后拥有量递减放慢，例如处于第七位的热特拜油田与处于第六位的扎纳若尔油田只相差 34%，有的还很接近。小量级会呈集群出现，但它们的工业价值会减少，甚至变得微不足道。

---

① Гасанов Г. ВР заявляет о росте добычи газа в Туркменистане, http://www.trend.az/business/energy/2544555.html, Туркменистан по запасам газа, исчисляемым в 17,5 триллиона кубометров, занимает четвертое место в мире после Ирана, России и Катара. Крупнейшие ресурсы Туркменистана сосредоточены в Марыйской области на востоке страны (месторождения "Галкыныш" и "Яшлар").

② 徐仲平：《随机信号过程与矿床产出模型导出》，《新疆地质》，1993 年第 4 期。

据哈萨克斯坦国家地质信息中心的资料，哈萨克斯坦现有油气田256个，但91%的储量集中在5 000万吨级以上的13个大型油田[①]。这即是说，在256个已探明储量的油气田中有243个（即约占95%的小油气田）的储量只占9%。哈萨克斯坦油气田储量的这种分布与对矿床产出量级分布的科学论断完全吻合。

表2-3中是哈萨克斯坦3 000万吨级以上的16个油田的资源量数据。

表2-3 哈萨克斯坦大型油田推断资源量

序号	油田名称	发现年份	推断资源量（百万吨）
1	卡沙甘（东西）	2000	6 400
2	田吉兹	1979	3 100
3	乌津	1961	1 100
4	卡拉恰甘纳克	1979	1 000
5	卡拉姆卡斯	1976	510
6	扎纳若尔	1978	500
7	热特拜	1961	330
8	阿克托特	2003	269
9	卡拉姆卡斯-海上	2002	156
10	凯兰	2003	150
11	肯基亚克盐上	1959	150
12	库姆扩利	1984	90
13	北布扎奇	1975	70
14	卡拉让巴斯	1974	50
15	卡拉库杜克	1971	40
16	阿萨尔	1969	30

---

① 同第43页注①。"Сегодня государственным балансом Казахстана учтены запасы по 256 месторождениям углеводородного сырья, из них по нефти – 223, по конденсату – 58 и по свободному газу – 202 месторождения"，"Промышленные запасы нефти в основном сосредоточены на 13 крупных месторождениях（91%），в том числе на двух месторождениях-гигантах（69%）- Тенгиз и Кашаган. При этом разведанные месторождения распределены по территории республики крайне неравномерно."

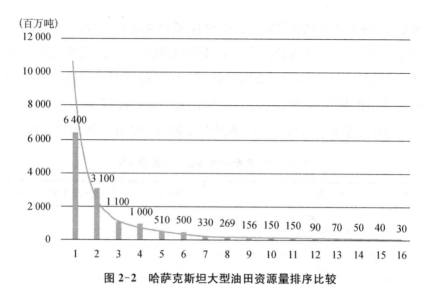

图 2-2　哈萨克斯坦大型油田资源量排序比较

从图 2-2 可清晰看到哈萨克斯坦大型、超大型油田资源量的排序是按指数递减的，超大型油田的资源量锐减明显，往后递减趋势较为平缓，反映出矿产资源量的分布规律。可以粗略地说，此例中发现大中型油田的经验频率为 5%。而发现卡沙甘超大型油气田的频率约为千分之四[①]。卡沙甘油田的发现使哈萨克斯坦的油气储量翻了一番，使其在中亚一举占据 80% 以上的石油储量（土库曼斯坦的天然气储量占中亚的 70% 以上）。发现卡沙甘特大型油田之后，人们往往会期待着有更多的"卡沙甘"油田的发现，但人们的愿望是一回事，客观现实是另一回事。事实是，这个善意愿望并不符合特大型矿床在自然界中的客观赋存与发现规律。卡沙甘油田埋深已在 5 000 米以下，所处地质条件极为复杂，已属于很难发现的油田，如果其后续超大油田确实存在，发现的难度还会增加。在今后较长时间内，哈萨克斯坦乃至中亚的油气资源储量很难会有突破性提升，其油气工业储量也基本上会维持在卡沙甘油田发现以来的规模水平上。事实上，于 2000 年发现卡沙甘特大型油田后，2002—2003 年相继发现的大型油田阿克托特（2.69 亿吨）、卡拉姆卡斯-海上（1.56 亿

---

① 因这里数据不全，且数量太少，无法分组处理，如有几十上百数据的大样本，即可用来进行概率分布检验，求出分布参数，可做出较准确的概率值预测。

吨）和凯兰（1.5亿吨）等，均被证实属于卡沙甘油田的不同区块，其被发现是该油田的后续外延勘探成果，后都一并收归于卡沙甘油田范围。自2000年首次发现卡沙甘油田，已时过20年，中亚再无单独大型油田的发现。回到科学分析上，这是受着矿产资源量级展布规律的制约的，如再有油田发现，要么相对于卡沙甘油田规模会小得多，资源量落入千万吨至亿吨区间的可能性比较大，落入亿吨以上区间的可能性要小一些，即多为中小型油气田，不足以带来轰动性效应；要么规模会比卡沙甘油田还要大得多，但这个可能性会比发现卡沙甘油田更要小得多，它微乎其微，难以期待，甚至是不值得去期待。人们面对的倒应该是，对已证实的资源量做出合理的开发战略安排。

二、哈萨克斯坦地质部门呼吁强化地质研究提升矿产储量

哈萨克斯坦的推断油气资源量，摆动在110亿～200亿吨之间。这里需要区别开"资源量"与"储量"的概念，二者不能混同，前者是按照地质成矿可能性推断出来的，后者是依据地质探矿工程圈定认可的。这后者的"潜在"含义应该是"可采储量"，是指能用工业开采手段拿到手的矿产量储备。这里"可采"两个字是为其定性的，但由于它往往隐含在字面之外，因而易被混淆和误解。实际上，推断资源量向可采储量转化，是一个艰巨的地质勘探过程，这不仅需要时间，更需要大量的资金投入。哈萨克斯坦独立30年来，人们几乎习惯于躺在矿产资源的"得天独厚"上面，对矿产储量升级的深入地质研究几乎被搁置一旁，致使出现今天矿产采出量高出于可采储量的令人警惕的局面。面对这一现状，2020年2月，哈萨克斯坦环保、地质与自然资源部部长马格祖姆·米尔扎加里耶夫郑重地发出了"令人担心哈萨克斯坦的矿产储量将趋于枯竭"的警示，重申了"为地质学家所遵守的关于'开采一吨，增补两吨'的默认规则"，指出："今天这个储量增补率在哈萨克斯坦，对于金属矿产来说，是0.13；对于石油来说，是0.9（不涉及卡沙甘油田），必须刻不容缓地振兴地质勘探。要知道，从矿床发现到矿床投产，至

少需要历经 10～15 年的时间。"①

一篇醒目的题为《作为哈萨克斯坦基本收入来源的石油储量趋于耗竭》的文章指出:"30 年来在矿产储量上,基本上一直啃着 30 年前苏联地质勘探成果的老本,开采的是已经发现的矿床。这期间,没有去发展自己的地质学科。由此,在今天会葬送掉那些因矿业而兴起的城市。"② 文章指出:"在石油领域,油田'老化'的问题由来已久,开采它们变得日益艰难和昂贵,而没有新油田发现(这里没涉及卡沙甘油田,它是在 20 年前发现的),克孜勒奥尔达州石油每年减产百万吨;近期,曼吉斯套和阿克纠宾州也会遭遇同样的命运。事实上,现在是田吉兹、卡沙甘和卡拉恰甘纳克三个特大型油田支撑着局面。"③ 哈萨克斯坦议会议员加琳娜·拜玛哈诺夫娜这样抨击了"资源得天独厚说"贻误地质科学发展的弊端:"地质学是精英者的事业,可在以往人们说的是,我们的煤炭够用 500 年,铬矿够用 100 年,金矿是这样,铜矿是这样。我们拥有一切,不要浪费掉吧!既是这样,还要地质学干什么?"④ 振聋发聩的呼吁,在召唤地质学的回归。

哈萨克斯坦有关当局表示要解决这个问题,拟将发展地质学列入新的国

---

① Мирзагалиев М. В Казахстане истощаются запасы нефти – основного источника доходов страны, 18 февраля 2020. Иллюстрация: пресс-служба Министерства геологии Казахстана, В Казахстане обеспокоены истощением запасов полезных ископаемых, прежде всего нефти. Об этом заявил министр экологии, геологии и природных ресурсов Магзум Мирзагалиев. Геологи придерживаются "негласного правила: добыл одну тонну–восполни две". На сегодняшний день коэффициент восполняемости по твердым полезным ископаемым составляет 0,13, а по углеводородному сырью – 0,9 (без учета месторождения Кашаган). В этой связи, необходимо уже сейчас активизировать геологоразведку, так как между открытием и запуском нового месторождения проходит не менее 10–15 лет, –заявил министр., https://eadaily.com/ru/news/2020/02/18/v-kazahstane-istoshchayutsya-zapasy-nefti-osnovnogo-istochnika-dohodov-strany

② 同注①。

③ 同注①。В нефтяной отрасли проблема «зрелых» месторождений существует уже давно: старые месторождения истощаются, разрабатывать их становится все сложнее и дороже, а новые не открываются. К примеру, в Кызылординской области ежегодно наблюдается снижение добычи нефти на миллион тонн. Та же судьба ждет в ближайшее время Мангистаускую и Актюбинскую области. Фактически сейчас всю отрасль «вытягивают» три гигантских месторождения: Тенгиз, Кашаган и Карачаганак.

④ 同注①。«Это была элитарная профессия и специальность. Потом, когда сказали, зачем нужна геология? В Казахстане у нас угля на 500 лет вперед, хромитов под 100, золота тоже, меди тоже. Всё есть, давайте не тратится», – пояснила депутат казахстанского парламента Галина Баймаханова.

家发展纲要①。在哈萨克斯坦政府和地质部门的关注下，其现今地质推断油气资源量中的一部分将会通过详细地质勘探，转化为可采储量②，为工业开采提供资源储备，保持油气生产的持续和平稳增长，推迟油气开采高峰期的到来，延续整个资源使用期。同时，这也将进一步夯实与延续正在形成的亚洲内陆油气供需格局。

其实早些时候，哈萨克斯坦已经着手调整其核心发展战略，强化资源保护意识，开始重视自身环境，重新审视发展模式，对资源做出保护性开发，以延长油气资源开发期。2010 年，哈萨克斯坦总统纳扎尔巴耶夫即已宣布实施《2010—2014 年国家加速工业创新发展纲要》③，部署大幅提升制造业，限速发展采掘业。2012 年 12 月 15 日，纳扎尔巴耶夫提出"我们要重点发展农业，使食品成为哈萨克斯坦的主要出口商品之一"④。在能源开发上，注重接替能源开发，提出到 2050 年可接替能源应占到全部能源消费总额的一半，并启动了核能资源合资开发与核能资源出口贸易。在此基础上，再叠加对地质勘探的重视与切实加强，资源储量库将会充实，经济也将会保持平稳发展。

---

① 同第 50 页注①。Власти республики надеются решить эту проблему с помощью новой госпрограммы по развитию геологии, однако это потребует долгих лет работы и немалых инвестиций.

② 这里还需明确一点：一般情况下，可采储量会比推断资源量要少许多，这不仅是因为推断是大致笼统的、粗略模糊的，更是因为推断资源量中包含着相当一部分依靠今天的技术条件所无法获取的资源量。

③ Джантуреева Э. (руководитель Службы анализа результатов недропользования «Казгеоинформ» Комитета геологии и недропользования Министерства индустрии и новых технологий РК): Нефть и газ Казахстана, Запасы, добыча, инвестиции, http://www.investkz.com/, Необходимо отметить, что многие месторождения южной части Прикаспия, открытые в 30-40-е годы прошлого столетия, находятся на поздней стадии разработки. Их выработанность достигает 75,6-98,9%, и таким предприятиям, как ПФ «Эмбамунайгаз» и ПФ «Узеньмунайгаз» (деятельность которых имеет большое социально-экономическое значение для региона) необходимо проводить дополнительные геологоразведочные работы для укрепления своей минерально-сырьевой базы. Кроме того, более 4% (0,23 млрд т.) казахстанских запасов нефти относятся к трудноизвлекаемым высоковязким нефтям, а свыше 40% являются сернистыми и высокосернистыми, что значительно повышает себестоимость нефтедобычи.

④ "纳扎尔巴耶夫就哈萨克斯坦独立 21 周年发表国情咨文"，人民网，http://news.163.com/12/1215/13/8IP6ANIO00014JB6.html。

第五节　能源合作是中哈经济合作的重心

20世纪90年代后半期，我国对哈萨克斯坦油气资源开发的大规模投资打开了中哈双边贸易的新局面，推动了中国与中亚五国经济合作的全面展开，激活了古丝绸之路，开拓了中国-中亚能源通道[①]。由此，能源商品在中国-中亚双边贸易中占据了主导地位。

哈萨克斯坦金属矿产资源十分丰富，其金属产品及金属矿产，如精炼铜、铝产品、铁矿石等在与中国的贸易中占有相当份额，但与油气及其他能源产品所占份额相比仍然居于次要地位。2011年哈对华出口原油1 103.64万吨，金额为86.02亿美元，占其当年对华出口贸易额的52.8%，石油及沥青提取油类、油气处理副产品硫黄等341.48万吨，合计12.61亿美元，占7.5%，油气资源类共占60.3%，天然铀及其化合物1.09万吨，12.88亿美元，占7.9%，即能源资源类共占68.2%；其他如精炼铜、金属产品、铁矿石等985.08万吨，共计37.83亿美元，占27.9%[②]，不及能源产品的一半；2013年中国-中亚贸易额突破400亿美元大关，其中油气资源与核能资源占比73.5%。

表2-4中是来自中亚的最新资料，发布时间是2020年2月。依据这份资料，中国-中亚贸易中矿物燃料、矿物油和石油加工产品（即外贸分类上为

---

① 正如笔者认为的那样，"人们在谈论'现代丝绸之路'，'现代丝绸之路'的内涵是什么？中哈贸易近年的发展已经对此做了回答，即资本商品带着高技术产品和经过现代创新的优质传统商品沿古丝路西去，油气资源及其他资源由西而来"。徐海燕："中哈贸易对中俄贸易的启示"，《复旦学报》，2003年第2期。1997年哈萨克斯坦和中国签署了一揽子总价值为95亿美元的石油协议，组建了中哈合资企业中石油-阿克纠宾斯克油气股份公司（ОАО CNPC-Актобемунайгаз），取得了肯基亚克和扎纳若尔两油田开发设计权，从而中国的钻井、采油和其他油田开发设备逐年批量进入哈萨克斯坦，改变了中哈双边贸易结构，机电产品份额逐年扩大，将中哈贸易由要素驱动阶段推向了投资驱动阶段，一举打破了中哈双边年贸易额多年一直停留在3亿～5亿美元的低位徘徊局面，使中哈贸易进入持续快速提升阶段，至2010年突破200亿美元，2015年突破400亿美元。

② 资料来源：哈萨克斯坦国家统计局，http://www.stat.kz/。

STTC3 的商品），在整个 2018 年的中国-中亚贸易中占比 52.83%，所有金属及金属矿产类（包括矿石、矿渣，铜及其制品，铁与钢，锌及其制品，铅及其制品）占比 21.57%，前者是后者的 2.45 倍。如就在这前 10 种商品中做比较，矿物燃料、矿物油和石油加工产品占比 63.94%。

表 2-4　2018 年中亚向中国出口的前 10 位商品在出口总额中所占份额①

序号	名称	贸易额（百万美元）	在贸易总额中占比	在 10 个主要商品中占比
1	矿物燃料、矿物油和石油加工产品	11 918	52.83%	63.94%
2	矿石、矿渣	1 676	7.43%	8.99%
3	铜及其制品	1 617	7.17%	8.68%
4	铁与钢	928	4.11%	4.98%
5	锌及其制品	562	2.49%	3.02%
6	铅及其制品	84	0.37%	0.45%
7	无机化学物质	1157	5.13%	6.21%
8	棉	498	2.21%	2.67%
9	谷物	100	0.44%	0.54%
10	塑料及其制品	98	0.43%	0.53%
11	其他	3 921	17.38%	

这种以油气等能源资源为支撑的资源型贸易能得以实现，是因为中亚油气资源及核能资源的地位远高于其金属矿资源的地位。因而油气资源与核能资源贸易成为中哈贸易乃至中国-中亚贸易的重心，也成为丝路通道上的物流主体，因而新丝绸之路是名副其实的能源通道。

中哈经济交往中，能源资源的重要性高于其金属资源的重要性，还因为能源资源可采储量的消耗率要大大小于非能源金属资源可采储量的消耗率。在 1991—2018 年的 28 年中，哈萨克斯坦共采石油 14.849 亿吨，可采储量补充 13.364 亿吨，填补率为 0.9；黄金共采 197 吨，可采储量补充 58.6 吨，填补率为 0.29；铜矿石共采 20.01 亿吨，可采储量补充 1.62 亿吨，填补率为 0.08；多金属

---

① Алеексеевна А. В. Экономическое сотрудничество Китая и Центральной Азии, «вопросы студеческой науки», Выпуск №2(42),2020г., https://cyberleninka.ru/article/n/ekonomicheskoe-sotrudnichestvo-kitaya-i-gosudarstv-tsentralnoy-azii.

（铅、锌）矿石共采 12.13 亿吨，可采储量补充 2.621 亿吨，填补率为 0.21①。由此可见，石油的后备可采储量的状况要比非能源金属资源好得多，其后续发展更可期待，其重要性也更高。

---

① "Kazakhstan Today", В Казахстане истощаются запасы крупных месторождений, 2020.02.18, http://www.kt.kz/rus/realty/_1377894644.html.

第三章

内陆能源供需格局的兴起

起始于20世纪90年代初的中哈油气资源合作取得成功，其意义不仅是在于它于20世纪初开创了丝路能源通道，更是在于它进而为内陆型油气供需格局奠立了基石；世界油气资源大国俄罗斯实施东向油气输出战略，随着与中国协议开通了中俄东线天然气管道，东西合璧，在亚洲构筑起内陆型油气供需格局，进而俄罗斯与中国还共同提出了中俄西线天然气管道建设的构想，将极地气田新乌连戈伊的天然气经西伯利亚引入中国，与中国-中亚天然气管道相对接，形成泛丝路能源大通道，三条管线总输气量将达到1 530亿立方米，这将于21世纪第三个10年进一步落实。这不仅为中国保证了油气资源供应，同时也挑战了传统的国际海湾型油气资源供需格局，无疑将对世界经济政治格局产生影响。

第一节 中国-中亚油气管道开创丝路能源通道

1997年，中哈双方签署协议共建由哈萨克斯坦通向中国的石油管道，管道全长2 797千米，设计年输油能力2 000万吨。这是中国历史上第一条跨国输油管线，由中石油（CNPC）和哈萨克斯坦石油运输公司（KTO）共同兴建。2003年，中哈管道的一期工程——全长448千米的肯基亚克-阿特劳段输油管道建成投产。2004年9月底，中哈管道的二期工程——全长962千米的阿塔苏-阿拉山口输油管段开始铺设，于2005年年底完工输油，2006年输油600万吨。紧接着哈萨克斯坦国家石油天然气公司（KMG）和中石油又着手实施中哈管线三期工程，铺设全长752千米的肯基亚克-阿拉尔斯克-库姆科尔输油管，将三条管道纳入统一运输系统，整个项目于2011年完成。

这是21世纪第一个10年中哈油气资源合作开发完成的具有深远影响的一项巨大工程，它的直接后续效应是于第二个10年在中亚牵引出一个更为宏伟的中国-中亚天然气管道网线工程,该管道网线包括A、B、C、D四条管线,A、B为双线并列,在中亚境内管线长3 298千米(乌兹别克斯坦境内525千米,哈萨克斯坦境内2 773千米),加上在中国境内的8 000千米,总长超过10 000千米,就单线长度而言,为世界之最。

中国-中亚天然气管道分一期和二期工程实施:一期起点设在土乌边界的乌兹别克斯坦一侧,与土库曼斯坦境内拟建的出口天然气管道(AB线并行两条)衔接,每年接收来自土库曼斯坦的300亿立方米的天然气;二期起点设在哈萨克斯坦境内已建中亚-中央输气管道的别依涅乌压气站,每年接收来自哈萨克斯坦的100亿立方米的天然气。来自两个方向的管道在哈萨克斯坦境内的奇姆肯特汇合,向西北最终到达我国西部边境口岸霍尔果斯。

2015年,中哈天然气管道别伊涅乌-巴佐伊-奇姆肯特的第二阶段在奇姆肯特与中国-中亚天然气管道A、B、C线相连,每年将100亿立方米哈萨克斯坦西北部所产天然气,通过中国-中亚天然气管道输送给中国。此外,还同时将天然气输送至哈南部地区,并在哈境内将中国-中亚天然气管道、联盟管道、中亚-中央天然气管道、布哈拉-乌拉尔管道、布哈拉-塔什干-比什凯克-阿拉木图管道、加兹里-奇姆肯特管道连接成统一的管道网系。

目前A、B、C三线已经通气投产,D线正在建设中,由我国新疆南部入境,止于新疆乌恰的末站,全长1 000千米,设计年输气量300亿立方米。届时,中国-中亚天然气管道的整体输气能力将达到850亿立方米。中国-中亚天然气管道可满足国内天然气需求的20%以上。中亚天然气管道自2009年12月投产以来已运行10余年,截至2019年12月31日,累计送气2 946亿立方米。

中国-中亚天然气管道入境后接入我国西气东输管道,其供气面覆盖国内25个省、自治区、直辖市,并到达香港特别行政区,支持所经地区的经济发展,方便5亿多人口的生活,为这些地区带来巨大的经济效益和环境改善效益。按1 000亿立方米天然气相当于替代1.33亿吨煤炭计算,可减少二氧化碳排放1.42亿吨、二氧化硫排放220万吨。D线是目前各过境国最大的投资项目,建设和运营期间累计可为各过境国创造税收31亿美元,实现股东分红54

亿美元，并创造数万个就业机会①。

中国-中亚天然气管道经过土库曼斯坦、乌兹别克斯坦、哈萨克斯坦和中国，其D线还借道塔吉克斯坦和吉尔吉斯斯坦，覆盖古丝绸之路所经全部中亚地域，是一条名副其实的丝路能源大通道。

中国与中亚地域相连，中国-中亚能源通道是最为快捷的能源通道，是一趟"直达快车"。中国-中亚能源通道总长超过10 000千米，连同输油能力2 000万吨/年的中哈石油管道，构成一个庞大的亚洲内陆油气资源供需格局，对于传统的海湾型油气资源格局来说，无疑是异军突起。

到2020年底，中亚地区能每年向中国输送9 000万吨油气当量的资源，这是中国-中亚油气资源管道得以畅通的资源产能基础②。

第二节 俄罗斯"东向"能源战略与内陆能源供需格局

中亚油气资源的基本去向原本是西向的，主要由里海石油管线（CPC）实施输送，中哈油气资源合作打通了中亚油气资源的东向输送线路，开启了丝路油气通道。其间，俄罗斯作为油气资源大国兴起。它一方面受到北约东扩的挤压，其传统的油气西向输出渠道受到阻挠；另一方面受到一个新兴油气需求中心在东方崛起的吸引，而向东方寻求油气输出的新出路，从而在中俄合作中开通了中俄东向油气通道。中国-中亚油气通道与中俄油气通道相碰合，搭建起一个以满足中国油气需求为主的内陆油气资源供需框架，这是一个别开生面的创举。此前，我国短缺的石油份额依赖波斯湾、非洲、南美等

---

① 安蓓："中国-中亚天然气管道累计输送天然气突破1 000亿立方米"，2014年11月14日，http://news.10jqka.com.cn/20141114/c568414861.shtm。

② 同上。

石油生产源地供应，油气运输跨越远洋，不仅运输成本高昂，且还要承担海运安全风险；如今可以部分取自亚洲内陆，不仅输送成本大为降低，且安全系数大为提高。随着这个供需格局的巩固与延伸，我国短缺油气来自内陆供应的份额还会扩大，其经济政治效益也将进一步提升。由此强化扩展开来，将形成一个全新的有别于传统海湾型油气供需格局的内陆型油气供需格局。海湾型油气供需格局实际上是由美国油气财团控制的。毫无疑问，新的油气供需格局将会对其形成冲击，影响既成的地缘经济和地缘政治格局。而在这里，俄罗斯因素起着重要作用，这是由其资源后盾和地缘经济地位决定的。

一、中俄东线天然气管道与中国-中亚天然气管道架起内陆油气供需框架

2014年5月21日，即在中国-中亚天然气管道正式运行五年之后，中俄两国政府签署了《中俄东线天然气合作项目备忘录》，两国有关企业签署了《中俄东线供气购销合同》，中国国家主席习近平和俄罗斯总统普京在上海共同见证了这一历史性时刻。

同年9月1日，举行了输气管道开工仪式，中俄东线天然气管道俄境内雅库茨克段管道正式开工。2019年10月16日，这个从俄罗斯东西伯利亚延伸到中国长三角地区，被国际舆论界称作"元首工程""世纪大单"，投资4 000亿美元、长逾8 000千米的天然气管道全线贯通[①]，年输气量380亿立方米。

---

① 中俄东线天然气管道是一个世界级高难度项目，管道穿越地球上最荒凉的永久冻土地带，面临低至零下62摄氏度的极寒温度的施工环境，工程难度极大。工程中采用了世界级先进技术，所用管道为超大口径（1.4米）、高钢级、高压力的世界级先进天然气管道，为确保焊接质量，焊接部位全部采用自动焊接工艺，在728千米黑河-长岭段，做到了6万余条环焊缝万无一失，缝缝对接精准。俄罗斯段管道内部采用了先进的光滑涂层工艺，外部保温层由高耐腐蚀性的纳米复合材料制成。这是一个大型经济互利互惠项目。这个"全球能源领域最大投资（俄罗斯驻华大使杰尼索夫语）"项目，自2019年10月29日宣布向管道注气开始，俄罗斯天然气工业股份公司股价即一路上扬，10月30日大涨近5%，创下2008年以来最大日上升值。受其拉动，莫斯科证券交易所指数也创下历史新高。待管道工程全线投产，供气量将达到380亿立方米，占到中国进口天然气总量的28%。该项目将为东北、北京、天津、环渤海湾以及长三角地区带来巨大的经济驱动效益。中俄东线天然气管道的天然气不仅供应中国，也提供给俄远东地区的消费者。这个项目将驱动俄罗斯东西伯利亚的经济振兴，恰扬金气田所在的俄罗斯萨哈共和国已经宣布，将推出与该项目相关的生产和服务计划。俄能源开发基金主任谢尔盖·皮金认为，管道经过地区可借此发展天然气加工和化工行业，称"对于沿线城市而言，（转下页）

中国-中亚天然气管道主要供应我国西北、华中、华东、华南（包括港澳地区）；中俄东线天然气管道主要供应我国东北与华北，两者契合，供气几乎覆盖全国，搭建起一个内陆天然气供需框架。我国天然气年需求约4 000亿立方米，自供短缺40%，即1 600亿立方米需要进口。西东两端每年共接入天然气1 230（850+380）亿立方米，即中国-中亚天然气管道和中俄东线天然气管道合起来，能填补我国天然气进口需求的76.88%，这足以说明内陆能源供需格局对我国油气资源需求的作用分量。

从1992年2月中石油与俄罗斯尤科斯石油公司、俄罗斯管道运输公司签署《关于开展中俄原油管道工程可行性研究工作的协议》算起，到2014年签署《中俄东线供气购销合同》使这一工程有了实际开端，历经了漫长的22年。尽管在1992—2002年10年间两国政府就中俄油气管道建设频繁签署备忘录、协议书②，于2002年下半年仍然出人意料地掀起了管道改线风波，跌宕起伏，

（接上页）这个项目可以创造就业岗位，带来更多预算收入"。

这同时也是一项大型环保工程。为最大限度减少对环境的影响，在俄境内管道选择在森林较少的地区通过，在中俄整个管道的施工地段都采用了特殊环境保护措施，最大限度地避免对河流、湿地、草场等原生态系统的破坏和影响。管道全线建成后，我国的东北地区、京津冀地区、长三角地区能直接用上来自俄罗斯的清洁能源，大幅减少环境污染，每年因此可减少二氧化碳排放量1.42亿吨、二氧化硫排放量182万吨，大幅改善和缓解沿线地区大气污染现状。

俄方所做的长期预测揭示，中国市场将是全球天然气需求增长的火车头。一反过去围绕"安大线"和"安纳线"喋喋不休的争论，俄方主流舆论对中俄油气资源合作的战略意义认识高度统一，剩余的争论只是供应最大可能性的大小问题：是在2030年将达到5 000亿立方米，还是6 000亿立方米？俄方有关专家认为就现有的技术能力而言，可使出口量再增加20%～30%。因而，2019年9月，俄罗斯总统普京在听取了俄天然气工业股份公司总裁米勒的报告后，指示除了保障"西伯利亚力量"管道如期开通之外，还要研究通过建设西线管道向中国增加供气的可行性。

② 1992年2月，中石油与俄罗斯尤科斯石油公司、俄罗斯管道运输公司签署了《关于开展中俄原油管道工程可行性研究工作的协议》；1994年11月，由俄方倡议，中俄双方签署了《中国石油天然气总公司与俄罗斯西伯利亚远东石油股份公司会谈备忘录》；1996年4月，俄罗斯联邦政府代表团访华期间，双方政府签署了《中华人民共和国政府和俄罗斯联邦政府关于共同开展能源领域合作的协议》，正式确定中俄原油管道项目；1997—1999年，中俄总理定期会晤委员会和中俄能源合作分委会在历次会议纪要中，对中俄原油管道项目都予以确认；2000年7月，中俄签署了《中华人民共和国政府和俄罗斯联邦政府关于继续共同开展能源领域合作的协定》，中俄原油管道项目被列为合作内容之一；2001年7月，中俄双方签署了《关于开展铺设俄罗斯至中国原油管道项目可行性研究主要原则协议》；2001年8月，中国政府批准了中方的原油管道项目建议书；2001年9月，中俄双方签署了《中俄关于共同开展铺设中俄原油管道项目可行性研究的总协议》；2002年8月，中俄两国总理定期会晤联合公报强调："为及时落实中俄原油管道项目，双方国家主管机构必须加快对项目进行审批"。

这就是被当时国际舆论炒作得沸沸扬扬的安大线与安纳线之争。面对这个局面，2002年12月，江泽民主席与来访的普京总统在共同签署的联合声明中宣布"两国元首认为，保证已达成协议的中俄原油和天然气管道合作项目按期实施……对确保油气的长期稳定供应至关重要"。

安大线与安纳线之争已经过去快20年，尘埃落定，如今可看出，原来这是传统的海湾型油气供需格局与新兴的内陆型油气资源格局不期而遇，两者发生的一次碰撞。美国财团是始作俑者，它们不愿意看到为它们带来利益并由它们维护的海湾型油气资源供需格局受到冲击。当时中国油气资源进口的70%来自中东，而中东石油是与美国财团利益息息相关的。为维护自身利益，美国财团出来搅局，同样是为了维护自身利益，日本则出来打了搅局的前站。日本此举，正如其业内人士所说，"首先考虑的是战略"。显然，这个战略就是对中国经济发展的遏制①。

为遏制中俄油气资源合作，阻碍安大线的实施，2002年5月，美俄举行了高峰会谈，美方特意对俄罗斯表达了要在东西伯利亚和远东地区投资，并继续投资萨哈林-1和萨哈林-2油田的意愿，转移俄罗斯对安大线的关注；并且表示要投资建设摩尔曼斯克石油出口基地，把俄罗斯的视线引到向北欧出口石油上，这显然是冲着阻挠安大线、阻挠中俄油气资源合作、阻挠亚洲内陆油气资源供需格局的兴起而来的。

但这个阻挠最终没有得逞，中俄能源合作的基础是利惠双方、互利共赢，其总趋势是任何外来因素改变不了的，中俄东线天然气管道正常开通营运已经证实了这一点。俄罗斯东西伯利亚和远东地区有着极为丰富的油气藏，其油气开发战略逐渐东移，中俄油气资源合作的重心也将随之向东转移，转移到靠近中国的东北部地区，两国疆域相连的地缘优势更便利了两国的能源合作。中国葛洲坝集团股份公司和中石油投标参加俄罗斯远东阿穆尔州斯沃博金区"阿穆尔天然气加工厂"建设，就是一个突出例证。这是世界上最大的

---

① 林彬："中俄石油管线由来、发展前景"，2019年3月4日，https://wenku.baidu.com/view/3568a07477c66137ee06eff9aef9aef8941ea66e4b47.html。

天然气加工厂，年加工天然气420亿立方米，年产氮气600万立方米，于2017年7月动工，2021年5月投产①。中俄能源合作在继续发展中。

二、今后中俄经贸和科技合作的重心仍然是能源框架下的合作

近年来，中俄经济技术合作向多元化扩展。2016年6月22日，中国商飞公司与俄罗斯联合航空制造集团就生产远程宽体客机签署了合同，2017年5月22日，双方成立了合资公司——中俄国际商用飞机有限责任公司。合作生产飞机的设计目标为280座级，航程12 000千米，7年后首飞，届时其技术先进性可与欧美同款飞机相比肩。2017年9月，该款飞机被命名为CR929，字母C（China）和R（Russia）表示其是中俄联手合作产物，929表示这是我国首款大飞机C919的后续型号，同时又表达了中俄双方合作共赢的愿景。项目投资130亿～200亿美元。

此外，还有中俄联合研制重型直升机项目，设计目标为起飞重量38吨，最大起飞重量40吨，使用世界上最大的涡轴发动机（8 970千瓦），航程800千米，升限6 000米，适应我国山地、高原地形②，各项指标都处于世界前列，项目投资200亿美元。

这些高科技项目有助于我国高端技术实力的提升，但就其投资规模而言，仍然不能与能源合作项目相比。这两项大型高端飞机项目的投资总额最多达到400亿美元，可一个中俄东线天然气管道项目的投资就是4 000亿美元，两者不在一个量级上。由此可见，今后中俄经贸以及科技合作的重点仍然是在能源领域。

这个内陆能源供需格局，对我国的能源安全意义非同小可。我国能源对外依存度在逐年增大。据专家们估计，到2030年，中国石油进口量占消费总量的比重将从现在的30%增加到80%左右。我国有一多半的进口石油来自中东地区，但这一地区长年动荡不安，我国能源供应经受着不确定因素的干扰。另外，国

---

① 张学坤：" 俄罗斯远东是重要的能源储藏基地，九成油气田位于萨哈林岛（库页岛）附近"，中国能源网，2020年4月13日，http://www.china5e.com/news/news-1086722-1.html。

② 腾讯网："中俄联合研发重型直升机：最大重量42吨，性能直逼美国种马王"，2019年10月12日，https://xw.qq.com/cmsid/20191012AOLLUN00.html。

际石油价格的波动，对我国经济产生的影响也越来越大。2003年1月，我国遭遇到了六年来的首次贸易逆差12.5亿美元，其中因原油进口量同比增长77.7%、价格上涨51%而形成的增支就达到11.1亿美元，占比88.08%。因此，取得稳定的能源供应、增加能源可靠进口渠道已成为保障我国能源安全的关键所在。

中俄能源合作具有独特的稳定与安全优势：中国与俄罗斯领土相邻，油气管道不经过第三国，无第三国地缘利益摩擦；出口即进口，运输便捷，且运输成本低；中国油气需求量大，且稳定增长，是俄罗斯油气资源的稳定市场；陆地油气运输取代远洋油气运输，免却了海运风险，另外，俄罗斯没有中东海湾地区的动荡因素，使油气供应安全系数提高；中俄建立了良好的国家间关系，为两国进行持久的油气合作提供了强大的政治保证。鉴于上述有利条件，从长远看，俄罗斯能够而且理应成为紧随中东之后我国油气供应多元化格局中又一个重要的油气来源。

三、内陆能源供需格局正呈现出多元化趋势

在这个油气资源供需框架下运行的已经不是单一的油气资源，它日益呈现出能源多元化特征，核能资源已在这个框架下运行多年，电力输送也已开始实施。

核能资源输送为这个供需格局增添新的活力。哈萨克斯坦是世界核资源大国，其开采成本低于130美元/千克的铀资源量为62.9万吨，处于世界第二位，年产铀量24 000吨，占世界铀产量的40%，名列世界第一，近年来实施了油气与核能资源并举开发的方针，同时运作铀资源大量出口创汇。中国核电在建规模已经居于世界首位，核电技术已处于世界前列，核电建设呈加速趋势，核能资源需求大幅提升。中国已成为哈萨克斯坦核资源出口的首要取向，多年来哈国核能资源产量的60%沿着丝路能源通道运往了中国。俄罗斯开采成本低于130美元/千克的铀资源量为48.72万吨，名列世界第三位[1]。可

---

[1] 这是世界核能协会（WNA）2011年公布的数据，而在2005年公布的数据中，俄罗斯开采成本低于130美元/千克的铀资源量为13.17万余吨，六年中如此大的变化正印证了俄罗斯欲推行核能外交与其现行的油气外交相呼应。世界核能协会信息库，http://www.world-nuclear.org/information-library.aspx。

以期待，我们的近邻俄罗斯将是又一个潜在的铀资源输出大国，中国也将会是就近的受益者。这样，这个油气供需格局就会成为油气资源和核能资源并举的能源供需格局。

电力输送正在兴起。2018年，中俄重启了阿穆尔州"叶尔科韦茨火力发电站"建设项目的谈判，该项目的发电功率是罕见的8千兆瓦（800万千瓦），它超过当前世界上最大的苏尔古特火电站（5.6千兆瓦），而跃居世界第一，它将每年向中国出口300亿～500亿千瓦时的电力，按照热功率折算，这相当于增加了258万～430万吨石油输送量。中亚的太阳能、风能极其丰富，且中国-中亚在这方面的合作正在顺利实施中，前景广阔。俄罗斯西伯利亚也是风能和太阳能的广袤场所。风能和太阳能在转化为电能之后，也可通过高压线在这个内陆能源供需格局中输送。

面对这个格局的多元化趋向，将其称作内陆能源供需格局较之单一的油气资源供需格局更为贴切，而且其多元化拓展正展示着生生不息、继往开来的生命力。

第三节　关于内陆能源供需格局的后续扩展

中俄稳定的油气资源合作将为内陆能源供需格局拓展出广阔的后续扩展空间。

一、关于中俄西线天然气管道

在中俄油气资源合作中，原本就是东线和西线同时动议的。这要从2004年说起，这一年俄罗斯天然气公司（Газпром）和中石油（CNPC）签订了由俄罗斯向中国供应天然气的谅解备忘录，这是中俄天然气合作的开篇文献。2006年5月，俄罗斯天然气公司和中石油依据谅解备忘录，确定了由俄罗斯向中国供气的两条路径——由西部供气的"阿尔泰"(Алтай)线和由东部供气的"西伯利亚力量"(Сила Сибири)线。可见,最初东西两条供气路线是同时提出的①。

由于向欧洲供气的路线过境乌克兰受到乌方遏制,俄罗斯需要为其充裕的气源寻求新的出路,因而对从西段向中国供气表现出越来越高的积极性。2006年夏,即开始了"阿尔泰"线设计的概念构思,同年秋天,俄罗斯天然气公司和俄罗斯阿尔泰共和国政府主动与中国新疆维吾尔自治区接触,讨论合作建设"阿尔泰"线的有关实施事宜,并签署了有关协议②。但由于价格和支付财务等问题未能达成一致而久议未决。接着受到2008年国际金融危机的影响,而拖延了下来。

俄方设想的"阿尔泰"(Алтай)线项目初始方案中,天然气供应源地是其极地气田新乌连戈伊。供气路径由新乌连戈伊气田出气,经下瓦尔托夫斯克(Нижневартовск)、托木斯克(Томск)、新西伯利亚(Новосибирск)和巴尔瑙尔(Барнаул),最后经由喀纳斯山口,将天然气输入中国新疆。管线的

---

① Шевалье Е. Маршрут газопровода из России в Китай, Инфографика, 2014.05.22, https://aif.ru/dontknows/infographics/1174438. Предпосылки проекта Еще в 2004 году между ОАО «Газпром» и Китайской Государственной Нефтегазовой Компанией CNPC было достигнуто соглашение о развитии стратегического сотрудничества. Уже тогда китайцы задумались о путях поставок природного газа на их бурно развивающийся рынок. Ведь рост потребления газа в их стране с начала XXI века существенно опережает прирост его внутренней добычи. Текущие оценки показывают, что к 2020 году Китай будет потреблять более 300 млрд м³ газа, что втрое превышает текущий объем его добычи (порядка 100 млрд м³). Первые шаги В развитие вышеупомянутого соглашения в марте 2006 года во время визита в страну президента России Владимира Путина был подписан Меморандум о поставках российского газа в Китай. Подписи под ним поставили председатель Правления «Газпрома» Алексей Миллер и гендиректор CNPC Чэнь Гэн. Меморандум определял сроки реализации газопроводов, объемы и два маршрута поставок: из Западной Сибири-газопровод «Алтай», из Восточной Сибири-газопровод «Сила Сибири», https://aif.ru/dontknows/infographics/1174438.

② См. там же. Летом того же 2006 года заработал Координационный комитет, в задачу которого входила реализация проекта «Алтай». Осенью «Газпром» и правительство Республики Алтай, граничащей с Синьцзян-Уйгурским автономным округом Китая, подписали соглашение о сотрудничестве, которое подробно расписывало, как же будет строиться газопровод через Алтай. Годы согласований и прикидок Однако проект продвигался нелегко. Несколько лет ушло на сложные переговоры с китайскими партнерами по выработке порядка его финансирования и определению формулы цены российского газа.

基本技术指标是：在俄方境内长2 622千米，年供气量300亿立方米，投资额为100亿~190亿美元①。俄罗斯极地气田原本是向欧洲供气的，方案中已将其部分转输中国，由此已不难看出中国在俄罗斯的地缘经济中的均衡作用。

俄方的最初方案还透露出东线还有一个二期工程设想，连同一期工程，总供气量将达到640亿立方米，规模超过引起美国制裁、年供气量为550亿立方米的俄欧"北溪-2"天然气管线，由此也可见该项目的巨大价值。

如能完成中俄东线管道二期工程，这个油气供需框架的供气量将达到1 490（850+640）亿立方米，能填补我国天然气短缺的93.12%，内陆油气供需格局的重要性由此凸显。两个合同都是稳定供气30年，伴随我国实现第二个百年奋斗目标。

时至2014年，当再次提起中俄油气资源合作时，由于我国东、中部地区对天然气更为急需，同时也由于希望尽快解决东北地区的工业污染问题，加大了洁净能源天然气的推广力度，中俄优先签署了东线天然气合作合同。但中俄双方仍然关注着西线管道。2015年5月，习近平主席访问俄罗斯期间，俄天然气集团与中石化签署了共建西线管道协议，表达了双方对推进中俄西线合作的共同努力仍将继续。

此后5年时间中，中俄双方集中精力建设了中俄东线天然气管道。2019年12月2日，中俄两国领导人共同发出"供气"与"接气"指令，中俄东线天然气管道正式宣告投产通气，揭开了中俄洁净能源合作的新篇章，中俄西线管道建设也随之再次提上议事日程。

---

① 据俄罗斯披露的《俄罗斯向中国供气路线图》所提供的技术指标：单线年供气量（однониточное исполнение）为380亿立方米（已经开通），双线年供气量（двухниточное исполнение）为640亿立方米，如双线供气得以实现，则其供气量将超过俄罗斯在欧洲已经运行多年的最大的"北极光"天然气管道（年供气量510亿立方米），连同"阿尔泰"管线和中国-中亚管线总输气量将达到1 790亿立方米，填补我国年天然气需求短缺有余。这个天然气网的年输气量将超过俄罗斯全年输入欧洲的天然气量（1 600亿立方米），将成为世界上向单一国家输气的最大的天然气管线。加之中俄、中哈石油管道共计5 000万吨的输油量，俨然支撑起一个亚洲内陆油气供需格局。

其间,"阿尔泰"线方案所存在的生态环保缺陷被挑明。阿尔泰环保部门强调,"阿尔泰"线横穿乌科克高原的科什-阿加奇国家自然保护区,该地区是雪豹等一些濒临灭绝珍奇动物的栖息地,也是一些珍贵植物的生长地,"阿尔泰"线会干扰这些珍奇动、植物的原生态生存环境;同时,"阿尔泰"线所经地区是一个8~9级地震区,其中一段还是高山冻土带,施工挖掘、打眼放炮都会破坏岩体和山体的稳定性。因而,阿尔泰环保工作者呼吁,应对管线建设方案进行公共生态评估,并沿管道线路进行实地考察①。

阿尔泰环保工作者的意见是值得点赞的。高山冻土带坡地是岩块和泥土的冻结体,施工中,无疑会造成裂隙和崩落,地震来临,极易引发山体滑坡。加之这里雨水较充沛,如再叠加上雨水助滑,酿成泥石流也是极为可能的,其生态环境破坏将不堪想象。"阿尔泰"线在俄罗斯境内阿尔泰边疆区线长422千米,终点站为喀纳斯山口。人们都知道,喀纳斯是一片少有的世间净土,其极具魅力的湖光山色使其成为世人向往的旅游胜地,我国享有盛誉的喀纳斯景点是其中的一颗明珠。

在阿尔泰地区,中俄接壤地段只有54千米,向东偏移一点就到了蒙古,向西偏移一点就进了哈萨克斯坦。舍去原来的方案,只能借道第三国,这又违背了俄罗斯动议西线管道的初衷,它原本就是因为俄罗斯记取了乌克兰给

---

① Широков С. Газопровод "Алтай" в Китай, Критика проекта Всем ли в России пришелся по душе проект «Алтай»? Газопровод запланировано запустить через плато Укок в приграничном с Китаем Кош-Агачском районе Республики Алтай, которое является естественным местом обитания снежного барса и других редких видов животных, находящихся под угрозой исчезновения. Сегодня на территории плато Укок работает Госучреждение «Природный парк - Зона Покоя Укок», созданное и опекаемое властями Республики Алтай. Администрация природного парка высказывает опасения, что строительство газопровода негативно повлияет на экологию этого уникального уголка природы. Речь идет прежде всего о дестабилизации грунтов, представляющих собой многолетнемерзлые породы, а также дестабилизации сейсмических процессов (вследствие буровых работ) в зоне 8-9 балльной сейсмичности. Высказываются опасения, что самовосстановление нарушенных при строительстве природных биокомплексов в суровых условиях Укока может занять несколько десятилетий. Поэтому алтайские экологи предлагают провести общественную экоэкспертизу проекта и провести полевые исследования вдоль предполагаемой трассы, а впоследствии вести непрерывный экомониторинг местности.2016.01.22, https://fb.ru/article/225670/gazoprovod_altay_v_kitay_proekt_i_stroitelstvo.

其天然气管道过境设置障碍的前车之鉴，而采取的国门对国门案，现在又要回到面对过境第三国的局面。举棋不定、决心难下之际，俄罗斯总统普京出面拍板了，2019年9月12日，他召见了俄天然气集团公司（Газпром）首席执行官阿列克谢·米勒，说过境蒙古方案有"困难"，但它"相当现实"，并强调，中国伙伴也倾向于这个方案。普京还要求阿列克谢·米勒对管线过境蒙古进行可行性细节研究，同时为新方案进行天然气储量准备，拿出实施方案，并向他做出报告①。从普京的表态看，他倾听并重视了环保人士的呼声，在经济利益和环保安全相冲突时，他断然维护了环保安全，为经济利益另找出路，赞成了过境蒙古的方案。中俄西线天然气管道过境蒙古还会带来加速中俄蒙经济走廊建设的战略效益。近年来，蒙古曾经多次表示愿意让俄罗斯输往中国的天然气管道过境。

在接见阿列克谢·米勒时，普京特别指出，西线为中国供气基地，不应只限于克拉斯诺亚尔斯克和伊尔库茨克地区的油气田，还应考虑亚马尔地区的油气田②。亚马尔在北极圈内，靠近鄂毕湾的最北端，是一个油气资源储量大、有待开发的油气"生荒地"，但开发难度大。普京着眼于它，加以提醒，显然是要把项目做得更大、更长远，由此也不难看出其中的战略考量。

普京亲自出面为中俄西线天然气管道拍板，从战略角度看，是对俄罗斯受到来自西方地缘经济政治压力所做出的断然反制，是一个绝处逢生的战略决断，深化中俄油气资源合作已是俄罗斯的行动方针。中俄西线天然气管道

---

① Дятел Т. Газета "Коммерсантъ", №223 от 04.12.2019. Новый газопровод в Китай пройдет через Монголию, Монголия многие годы предлагала России и Китаю свою территорию для транзитных трубопроводов, но безуспешно. Первой предпосылкой для изменения позиции стали заявления Владимира Путина в сентябре. Президент попросил Алексея Миллера подумать о монгольском транзитном маршруте, назвав его «непростым», но «вполне реалистичным», подчеркнув, что китайские партнеры также склоняются к этому направлению.

② См. там же. Ресурсной базой, по его мнению, могли бы стать не только месторождения «Газпрома» в Иркутской области и Красноярском крае (при этом готовых к разработке запасов сейчас нет), но и Ямал, «чтобы собрать необходимые запасы для этих поставок по западному маршруту на Китай через Монголию», https://www.kommersant.ru/doc/4180411.

开通是一定要到来的,据称其后续规模在将来还有可能超过中俄东线天然气管道。这将强化内陆能源供需格局。在这里,我们同时也看到了构建亚洲内陆能源供需格局的前景。

二、"冰上丝绸之路"外延补充内陆油气供需格局

近年来,全球变暖,北极冰盖融化,北极资源开发引起世界高度关注。2017年7月,中俄领导人共同提出"冰上丝绸之路"的理念,为中俄北极油气资源开发合作奠基,启动中俄合作开发亚马尔LNG1和北极LNG2项目,并把这作为"一带一路"倡议与欧亚经济联盟相对接的一个切入亮点[①]。2017年12月11日,举行了目前全球北极地区最大的液化天然气工程的投产仪式,俄罗斯总统普京亲自出席宣布该项目投产,"冰上丝绸之路"也由此宣告开启。

截至2019年,亚马尔液化天然气项目每年沿北极航道向我国输送400万吨液化天然气,相当于每年增加输入60亿立方米的天然气[②]。

尽管这是北冰洋水路输送,但它是"丝绸之路经济带建设"与欧亚经济联盟相对接的产物,被称为"冰上丝绸之路上的明珠",且它的运行路线紧靠北亚大陆边沿,依附于大陆而行进,因而可看作是这个内陆油气资源供需格局的一个外缘附加延伸。

由此,我国也首次开拓了北冰洋运输,上海以北的港口到欧洲西部、北海、波罗的海港口的航线比传统航线缩短25%～55%,每年可节省数百亿、上千亿美元的海运成本,这无疑将有利于我国与北欧及西欧各国的交往。

---

① 蒂曼-伯朝拉海和巴伦支海的油气资源十分丰富,西方石油公司颇感其勘探与开发难度大,准备从中退出,这对有足够经验应对复杂油田开发的中国公司来说,无疑是一次切入机遇,将其作为进入北冰洋海域开发的离岸项目参与。

② 刘羊旸:"中俄合作亚马尔液化天然气项目首条LNG生产线正式投产",CCTV节目官网,2017年12月9日,https://www.sohu.com/a/209877384_99936350。

三、关于亚洲内陆油气资源供需格局的南向伸延构想

我国外来油气的基本来源地一直是中东地区，如能将中东油气资源通过内陆通道输送过来，将会是一个能源来源的重大转折。这样做实施难度大，但不是没有可以上手的切入点。

中国-中亚天然气管道的主要供气国土库曼斯坦与世界最大的天然气资源国伊朗接壤。而中国-中亚天然气供应的起点与气源地就是土库曼斯坦，将世界第一天然气储备与生产国的天然气引入土库曼斯坦，再接入中国-中亚天然气管道，这应该是一件事半功倍的事。这将进一步强化由中国-中亚天然气管道与中俄东线天然气管道构建起来的亚洲内陆油气供需格局。这会遇到一些地缘政治的问题与麻烦，但经济上的互惠互利性是明显的，因为这同时也为中东开辟出新的油气外输通道，降低了中东液化天然气海运遇到的风险，免去了其为天然气海运所做液化处理的附加投入，还能大幅降低其外输成本。

中国和中东（包括伊朗在内）正在进行核电合作，可考虑以中国-中东核能合作强化双方的油气合作，以核电技术合作换取天然气、原油，经由土库曼斯坦接入这个内陆油气供需体系（也可能需要修建复线），这可看作是一个解决问题的切入点。也可考虑将中东油气或液化气输往巴基斯坦瓜达尔港，再经中巴经济走廊引入中国新疆，天然气可直接与中国-中亚天然气管道D线接通，并入中国西气东输管网，原油可在新疆就地处理。这是一种构思设想，但由于它具有互惠共赢性，是可以尝试的。

内陆能源供需格局要由中亚的能源资源和俄罗斯的能源资源作为主要支撑，俄罗斯的油气储量远高于中亚，会发挥更大的作用。第二章已就中亚对内陆能源供需格局的资源支撑作用进行了剖析；尤其是提到，哈萨克斯坦地质界关于增强地质研究的呼吁，已经引起政府当局的关注，这无疑有利于充实能源资源的储量后备，推迟中亚能源资源衰竭期的到来，延续能源资源的有效利用期，有利于内陆能源供需格局的延续。

第四节　关于内陆能源供需格局的后备资源支撑

这个新生的内陆油气资源供需格局能否定型、巩固与扩充，展示它的生存活力？在世界油气资源日益走向枯竭的趋势下，它会延续多久，能与我国发展战略机遇期相吻合并行吗？

维持着人类生存和社会发展的物质生产中有6 000多种产品的生产与石油产品有关，除汽油、重油、煤油、润滑油、沥青、石蜡等之外，还有阿司匹林等许多药品、合成纤维以及一些化妆品，乃至人工蛋白等，无一不是从石油这个"黑金"或是天然气这个"蓝金"组分中提取出来的[①]。石油的枯竭不仅仅是能源危机，它还会在其他方面发出警示。然而，石油资源是不可再生的。尽管按照石油生成的科学理论，在经历若干个"百万年"之后，现今的某些有机质也还会在地层条件下转化为石油，可这已经超越了人类社会的发展范畴，是现今人类社会不可企求的地质量级的遥远事件。对于当今的人类社会来说，它毫无现实意义。面对现实，现今的石油储量就是不可再生的，采出一吨就少一吨，它的枯竭是相对于人类现今社会的发展需求而言的。

据最近资料，石油的世界储量为1 726万亿桶，折合2 361亿吨，按照现在的消费水平，可以维持53年[②]。据俄罗斯联邦国家矿产资源平衡表资料，截至2019年1月1日，俄罗斯的石油可采储量为298亿吨，其中凝析气

---

① Русская семерка, Сколько нефти осталось в России, 4 сентября 2018, https://finance.rambler.ru/economics/40711345-skolko-nefti-ostalos-v-rossii/, Из компонентов черного золота ежегодно производится 25 млн тонн белка, которым при производстве продуктов питания замещается вещество животного происхождения.

② Русская семерка, Сколько запасов нефти на самом деле осталось у России, 28 апреля 2019, http://russian 7. ru/post/pochemu-krymskikh-tatar-otkazalis-rea-2. По последним данным мировой запас нефти составляет 1,726 трлн баррелей, которых хватит при нынешнем уровне потребления на 53 года.

油 41 亿吨①。近年俄罗斯年产油量一般维持在 5.5 亿吨左右，照此计算，可维持 54 年，与世界石油的维持期基本吻合②。

为叙述方便，不妨取个整数 50 年，顺延下去，就到了 2070 年，这已经覆盖了我国奋斗目标的第二个 100 年，即中华人民共和国成立 100 周年——2049 年。这即是说，如果这个油气资源供需格局能巩固和扩展下来，它与我国发展的战略机遇期相并行。这个内陆能源供需格局会延续下去，这是因为它是从丝绸之路经济带的资源禀赋中自然形成，又伴随着丝路经济带建设资源战略实施而运转的，有其兴起和发展的空间。尽管今后还可能出现各种问题和不可预测事件，以至再出现诸如安大线和安纳线之争的曲折和困扰，但这都是实施过程中的利益博弈或是外界介入摄动，不至于影响到这个新的供需格局总体发展趋势。中俄东线天然气管道工程也是在一波三折之后，又见曙光，开通运行通气。

不能说，这个"50 年"的石油衰竭时限就是个准确的界定，也就是说它并不完全可信。这是因为人类对深藏于地下的矿产资源并不能亲眼看到和切身感知，而是通过一定的技术手段和理性分析来认知的。任何技术都会有不完备的一面，而分析基本上是定性的，往往缺乏数值精准度。因而在地质和采掘学科领域矿产资源储量是按照研究程度和采掘可行性分级认可的，这是科学的、理性的。俄罗斯基本上沿用了苏联的技术规范，按对矿产资源的研

---

① Вести Экономика, Россия увеличила запасы нефти и газа по итогам 2019 года, По данным государственного баланса запасов полезных ископаемых РФ технологически извлекаемые запасы нефти России по состоянию на 2019.01.01 составляли 29,8 млрд. т. конденсата — 4,1 млрд. т. 2019.12.26, https://rg.profkiosk.ru/783441.

② 英国 BP 公司给出的俄罗斯石油储量数据为 146 亿吨，比俄罗斯联邦国家矿产资源平衡表上数据少了一半，这是因为矿产储量是按地质研究和勘探掌握程度分级的，俄罗斯联邦国家矿产资源平衡表采用的是 A＋B＋C1 级储量，如只取 A＋B 级储量就会少许多，如只取 A 级（开采马上就能拿到手的储量），就更少得多了。这余下的储量，随着研究和开发程度的提高，部分会向高级别转换。不同的截取值，会带来不同的储量等级，这不奇怪。退一步，就是按照英国 BP 的 146 亿吨算，也几乎覆盖了我国发展的战略机遇期。在选取以谁为准时，似不能把一个外国公司的评议看得比其国家矿产资源平衡表还要准确，故本书采用了后者的标准。

究程度及开采可行性，把储量分成为 A、B1、B2、C1、C2、C3 等级别[1]，俄罗斯的石油储量是按照 A＋B＋C1 级储量等级界定的。那么，这些储量等级的含义是什么？简要来说，A 级是指由钻探井工程严格控制，开采即可拿到手的储量；B 级是指由部分钻井工程控制的储量；C1 级是指详探掌控的储量。这三种又叫可采储量，是可以作为油田开发设计依据的[2]。了解了这些，就可以发问：世界石油储量还可供开采 53 年，其所依据的是什么等级的储量？在所见资料中，对此并没有交代。而俄罗斯公布的石油储量是按 A＋B＋C1 等储量级认可的，是可以用作油田开发设计依据的储量，具有可信度。

俄罗斯的油气总储量还有较大的提升空间，这是因为：其一，近年来接连有数亿吨的储量增加。据俄罗斯"经济通讯"2019 年 12 月 23 日报道，2019 年俄罗斯增加 A＋B＋C1 级储量 5.58 亿吨，2018 年增加储量 5.78 亿吨[3]，与这两年的开采量基本持平，储量增长，趋势强劲。其二，还有地质勘探的"生荒地""处女地"有待勘探，还有望有新的发现。近年来俄罗斯正把勘探的重点

---

[1] A 级是最高级别，是指由探井严格控制住了的，只要实施开采工程就有把握拿到手的储量；B1 级是由部分探井圈定住了的，掌握程度不及 A 级的储量；B2 级是已经开发的油田中，未经钻井控制，但经过地质勘探认可的储量；C1 级是依据地质条件与已知较高级储量做过类比的储量，一般称作评价储量；C2 级为依据一定的地质构造及地层成矿条件确定的推断储量，又称作远景储量。此外，还有 C3、P1 及 P2 等储量级别，依次掌握程度越来越低，可信度也越来越低。一般都在 A、B1、B2、C1、C2 等储量级别中讨论油田开发方案，其中级别较高的 A 级和 B 级一般称为工业储量，在开采中有把握，或比较有把握拿到手，它们连同 C1 级又叫设计储量，依据它们可以进行油田开发设计，其中的 C1 级可在油田开发过程中再作精确化掌握。简而言之：A 级是指钻井工程周密控制的储量，B 级是指由部分钻井工程控制的储量，C1 级是指详探掌控的储量，是已可提供油田开发设计的储量。

[2] 在油田开发过程中先开采 A 级储量区段，并对 B 级与 C1 级储量区段补井，以确认其储量等级提升，以备实施开采。这是一个精确化的认可过程，最后的认可量有可能会少一些，也可能会多出一些，取决于前期工作的细致程度。

[3] Вести Экономика, Россия увеличила запасы нефти и газа по итогам 2019г., 2019.12.23. Прирост запасов нефти с конденсатом в России по итогам 2019 г. составит примерно 558 млн тонн, газа — 560 млрд куб. метров, по данным Минприроды РФ о состоянии минерально-сырьевой базы (МСБ).

В частности, по итогам 2019 г. планируется прирастить 558 млн тонн нефти с конденсатом по категории А＋В1＋С1 и 560 млрд куб. метров газа по категориям С1＋С2.

Прирост запасов нефти и газового конденсата в России по итогам 2018 г. составил 578 млн тонн, запасов природного газа — 673 млрд куб. м.

Основной прирост запасов газа произошёл за счёт открытия Нярмейского и имени Динкова В. А. месторождений в акватории Карского моря.

向东西伯利亚、远东地区及北极地区转移,且渐有成效,2018年和2019年的储量增加正是依托了这些地区,分别来自东西伯利亚克拉斯诺亚尔斯克边疆区的派亚赫斯克油田和北极巴伦支海大陆架克鲁津什捷尔斯克凝析油气田,这两例说明俄罗斯还有发现大型油气田的可能,这是中亚所不及的①。其三,采收技术在改进,比如改进的地层压裂技术和注热蒸汽技术等都能再提高采收率,可用其对"衰竭"油田进行二次回采,回采因技术原因无法采收而被"废弃"的那部分油气。其四,油气的依附母体也在扩展,比如,由于技术的进步,现在可较以前更容易地从沥青砂、油页岩中提取石油以及页岩气等。总之,现在人们说的石油枯竭的时限并不能成为最后定论。故而俄罗斯石油枯竭的时限也是可以改变的,它会比依据现有资料推断的50年更长一些,中亚的情况与此也大致相同,况且还会有可观的核能、可再生能源的接替,且这个过程正在进行中,因而今后数十年内这个新的能源供需格局在我国发展的战略机遇期内将会一直发挥作用。

 俄罗斯"东向油气开发"为内陆能源供需格局强化资源支撑

俄罗斯实施"东向油气开发"战略是由其地缘经济和地缘政治环境决定的,是不会随意改变的既定决策。原因有三:其一,俄罗斯的西部油田已逐渐走向其生存的中晚期,其东西伯利亚和远东地区,含萨哈林岛(库页岛)和鄂霍次克海在内基本上还是油气资源的"生荒地",这是其"东向油气资源开发转移"的内需驱动,是主动决策;其二,北约东扩迫使其重新做出能源安全部署,在东部巩固能源后方,加大了东部油气资源开发力度,美国对

---

① 尽管对于中亚来说,其现有50多亿吨的可采储量,按照现有的采掘水平,在合理掌控下,几十年是可以维持的。

"北溪-2"天然气管线工程的无端制裁,更是促使俄罗斯加大了其东部油气资源开发的力度,这是外部驱使因素,而且这个因素一时是不会消除的;其三,东亚越来越成为世界油气资源消费的重心①,尤其是中国高速发展带动的东亚油气消费市场旺盛兴起的吸引,这是引力驱动,由此也有了中俄油气资源合作互利双赢局面;其四,这次席卷全球的新冠肺炎疫情在世人面前考验了中国经济的强大韧性和活力,世界20个主要经济体中,只有中国在2020年实现了经济正增长,外国公司更为看好中国市场,强化与中国进行经贸交往②。2020年9月4日在北京召开的"2020年中国国际服务贸易交易会"更是向全球展示了中国经济是振兴世界经济的驱动器。这些都无疑会强化中俄能源合作。

俄罗斯实施"东向油气开发"战略并非始于今天,在历史上已经有过三次"东向转移",只是在当今的特定现实条件下,又被重新提起。可这一次的意义非同一般,发生于2019年12月的美国对俄罗斯向欧洲供气的"北溪-2"管道建设的霸道制裁事件,更是表明了其实施"东向油气开发"战略的适时性与必要性。

苏联及俄罗斯联邦油气开发中心的三次东向转移。十月革命前沙俄时期,全俄石油产量的97%集中在高加索地区,其中75%产自巴库油区。十月革命后至卫国战争前,巴库油区一直是苏联的主要油气产区,到1940年巴库油区生产的石油还占了全苏石油产量的71%。当时巴库油区的地位是如此之重要,知名度是如此之高,以致巴库成了苏联油区的代名词,后续出现的新油区都被依次冠以"第二巴库""第三巴库"之名。

---

① 国际油气供需格局从来都是由供方和需方两个方面构筑起来的。当今,一方面,俄罗斯"油气开发东移"使其东部油气开发份额逐渐加大,增加了产油量;另一方面,世界第二大石油进口国中国、世界第三大石油进口国日本以及世界第六大石油进口国韩国均在东北亚,且日益兴起的另一个石油进口大国印度也在亚洲,亚洲势必将成为国际油气供需格局的重心。

② 《人民日报》2020年8月14日第3版报道:"中国经济展现出强大韧性和潜力。""7月份,中国制造业采购经理指数为51.1%,比上月上升0.2个百分点,连续5个月位于临界点以上,释放出市场主体信心持续增强的积极信号。""预计2020年,主要经济体中唯一能够实现正增长的,只有中国。"国际货币基金组织最新发布的《世界经济展望报告》说明,中国经济稳中向好、长期向好的趋势没有变,吸引外资的综合竞争优势没有变。美国《华尔街日报》刊发报道说:"中国消费经济复苏帮助一些美国公司抵消了其在美国国内销售严重下滑造成的损失,中国成为不少美国公司的'避难所'。"

一场严酷的卫国战争使苏联更充分感受到石油对国家安全的极端重要性，加之卫国战争后巴库油区产量自然衰减，于是有了苏联第一次国家级油气生产基地的东向转移，开发了伏尔加-乌拉尔油区，这就是苏联油气开发史上所说的"第二巴库"。伏尔加-乌拉尔油区发现于卫国战争以前，卫国战争后投入开发，油区面积61万平方千米，介于伏尔加河与乌拉尔山脉之间，有大小油气田800余处。20世纪50年代中期至70年代中期，伏尔加-乌拉尔油区石油年产量曾居苏联第一位，鞑靼自治共和国的罗马什基若油田曾是苏联第二大油田，年产油7 000万吨以上。苏联第一个大型气田——萨拉托夫气田也产生在这个油气区内，它于1946年投产，从而使苏联第一次有了天然气工业，莫斯科也有史以来第一次得到了天然气供应。

　　20世纪70年代末，苏联又开始开发西西伯利亚油气基地，开始了第二次油气生产中心的东向转移。西西伯利亚油区西起乌拉尔山脉，东到叶尼塞河西岸，面积131万平方千米，秋明、托木斯克、鄂木斯克、新西伯利亚等州均在油田范围之内，通称秋明油田，这就是"第三巴库"。100多个油气田主要集中在鄂毕河两岸，20世纪80年代该油区的石油产量曾达到3亿吨左右，占到全苏联石油产量的50%强。这里有全苏联最大的油田——萨莫特洛尔油田，年产油量高达1.1亿吨，占当时全苏联年产量的五分之一。西西伯利亚油气区天然气储量占全苏68%，产量约占全苏二分之一。全苏五大气田中的四个——乌连戈伊、杨堡、扎波利亚尔诺耶和梅德韦日耶气田都集中在该地区北部。其中，乌连戈伊是当时世界上第一大气田，位于北极圈两侧，被称为"极地气田"，宽约30千米，长166千米。这些大型气田的开发使苏联天然气产量跃居世界第二，改变了苏联的工业能源和民用能源的结构，使苏联欧洲部分得到了充足的管道天然气供应，使相当一部分电力工业、冶金工业及其他工业得以利用天然气作为动力燃料，化学工业得到了充分的原材料，也使城乡居民广泛地用上了天然气燃料。而且大量的天然气由此通过管道输往东西欧，使苏联一跃成为世界上天然气出口大国之一，出现一段苏联在天然气生产中的历史性辉煌期。

　　80年代后，俄罗斯制定并实施"东部经济计划"，同时实施油气东向战略，开始了第三次油气生产中心在地域上的东向移动。这里所说的东部是指东西伯利亚和俄远东地区。面对当前的国际形势，俄罗斯采取了东向西向并举的战略，尤其是当西向战略不能顺从心愿时，俄罗斯表现出对开辟东方油气市场的强烈兴趣，其油气东向战略也随之被强化起来。东西伯利亚西起叶尼塞河，东至勒拿河下游与赤塔州，北抵太梅尔半岛，南达伊尔库茨克州，包括布里亚特自治共和国、图瓦自治共和国、伊尔库茨克州、赤塔州和克拉斯诺亚尔斯克边疆区，经济面积410万平方千米，总人口920万。远东地区西起勒拿河下游与赤塔州东界，东至萨哈林岛（库页岛）海域，包括哈巴洛夫斯克边疆区、滨海边疆区、亚库特自治共和国、阿穆尔州、萨哈林州、堪察加州、马加丹州，经济面积620万平方千米，人口约800万。以上两处合计面积1 030万平方千米，显然是一个超大型油气资源区。

苏联油气生产中心一次次战略东移，油区面积越来越大，"第二巴库"油区面积61万平方千米，"第三巴库"油区面积131万平方千米，这次东部油区合计面积1 030万平方千米[①]，规模空前。前两次油气战略东移所产生的实际效果是：油田规模越来越大，总产量越来越高。那么，这一次油气生产中心的东向转移会有什么结果？从下面的分析中，可看到这第三次东移所达到的油田规模和总产量也将会是非同一般的。首先俄东部地区油气蕴藏量巨大，开发潜力可观。据有关学者的统计[②]，这两地区的油气资源如表3-1所示。

表3-1 俄东西伯利亚和远东地区油气资源状况

地 区	石油（亿吨）			天然气（万亿立方米）		
	剩余探明储量	待探明资源量	石油资源总量	剩余探明储量	待探明资源量	天然气资源总量
东西伯利亚	15.28	161.46	176.73	3.70	49.13	63.82
远东地区	12.32	160.24	172.56	4.37	41.78	46.67
合计	27.6	321.7	349.29	8.07	90.91	110.49

---

① 谭林、孟庆枢：《俄罗斯经贸指南》，吉林科学技术出版社，1993年。
② Keun Wook Paik, Gas and Oil in Northeast Asia, Policies, Projects and Prospects, The Royla Institute of International Affairs, 1995. 作者按东西伯利亚及远东地区的行政分区域归纳整理。

俄东西伯利亚和远东地区的石油和天然气资源总量分别为349.29亿吨和110.49万亿立方米，分别占世界油气资源总量的13.46%和39.96%。天然气的比重超过中东14个百分点，应该说这是一个天然气的"新大陆"，是世界上又一个有待开发的超大型天然气基地。油、气待探明资源量分别为321.7亿吨和90.91万亿立方米，分别占总储量的92.1%、82.3%，勘探、开发潜力巨大。据有关资料，东西伯利亚和远东地区的油、气田总数分别为148个和250个。大、中、小型油田数分别为22、16和110个；大、中、小型气田数分别为54、36和160个。全部大型油田和48个大型气田未经开发或正在初步勘探中，有着巨大的开发潜力。

油气田开发率低，已开发油田48个，开发率仅为32.4%，且全为小型油田，大型和中型油田无一被开发。已开发气田32个，开发率为12.8%，其中，大型气田和中型气田开发率分别为1.6%和5.6%。这表明，俄东部地区的油气田开发前景可观。一旦投入大规模开发，会有足够的油气用于出口。此外，这里已进行过开发前期准备工作。这里的上乔油田、塔拉甘油田、科维克金气田、恰扬金气田都是已探明并可即行规模投产的大型油、气田，它们都可作为打开俄东部油气大开发局面的首选油气田。俄罗斯科学院西伯利亚能源研究所曾于1996年提供一份题为《西西伯利亚和俄远东地区天然气产量展望》的报告，对俄罗斯东部地区的天然气生产做出如下估计（见表3-2）。

表3-2 西伯利亚和俄远东地区天然气产量展望[①]

单位：10亿立方米

地区	1995年	2000年	2005年	2010年	2020年
西西伯利亚	65	70	70	75	80
东西伯利亚和俄远东地区	8.2	20	35	45	60
总计	73.2	90	105	120	140
东部占比	11%	22%	33%	38%	43%

---

① [俄]马林科夫："为利用东西伯利亚及远东天然气资源而建立跨国天然气供应系统问题研究"，俄罗斯科学院西伯利亚能源研究所，1996年。

表中第 4 行"东部占比"为笔者利用表中数据所做计算，俄罗斯东部及东西伯利亚和远东地区的天然气产量，自 1995 年以来的占比提高趋势明显，从 1995 年占比 11% 提高到 2020 年的 43%。不难看出俄罗斯东部地区在油气生产上，大有迎头赶上、后来居上之势。苏联后期，90% 的油气来自西西伯利亚，进入 21 世纪后，由于东西伯利亚和远东地区天然气资源的开发，西西伯利亚在天然气产量上的一统局面会被逐步改变。又一个大型油气生产基地将展现在俄罗斯东部。如把东西伯利亚和俄远东地区称为"第四巴库"，那将是恰如其分的。一个大巴库出现在俄罗斯东部地区，包括中国在内的东北亚地区各国将在能源供应上首先受益，这对东北亚经济圈的形成将起到推动作用。

近年来，俄罗斯"全方位"能源战略及其与世界各主要能源消费国之间的能源外交取得了相当的成效。这在很大程度上是因为能源工业是俄罗斯经济的基石，目前俄一半以上的外汇收入都来自能源出口，而且这几年俄罗斯经济快速复苏，40% 的拉动因素是油气资源出口，油气资源已成为俄罗斯复兴其经济、振兴其大国地位的战略利器和战略资产，这个局面还将继续下去。这在客观上为内陆能源供需格局的油气来源提供了支撑，这个支撑在半个世纪内应该是牢固的。

长期以来，俄罗斯的战略和经济重心在欧洲，因此其油气出口市场的重点也一直在欧洲。据英国 BP 公司的《世界能源统计报告》：2001 年欧洲进口石油的 31%、进口天然气的 45% 来自俄罗斯，保住并扩大俄罗斯油气资源在欧洲市场上的份额是俄罗斯所极力追求的。为此，俄罗斯政府于 2001 年用 18 个月修建成原本需要 40 个月工期才能完成的通向波罗的海普里莫尔斯克港口的输油管道，俄媒体称这条管道"打开了又一扇通往欧洲的大门"，由此可见俄罗斯力图稳住并强化欧洲市场的决心。俄罗斯实施了波罗的海海底"北溪"管道计划。然而，欧洲天然气市毕竟存在着激烈的国际竞争，这里首先有美国在欧洲的市场利益。

"北溪-1"管道的实施还算顺利①,"北溪-2"管道②的实施却遇到了美国的制裁,因它与美国的"长臂管辖"相抵触,与美国液化气欲占领并垄断欧洲市场的企图相冲突。2019年12月20日,美国总统特朗普签署了2020财政年国防授权法案,法案包括对"北溪-2"及"土耳其流"等天然气管道项目的制裁,宣称给予30天的宽限期,过后将取消所有参与该管道建设的公司与个人的美国签证,冻结其在美国的金融资产。尽管这遭到俄罗斯与德国的严重抗议,且项目已经接近完成,可美国政府咄咄逼人的气势仍然使一些欧洲公司就此罢手,与项目脱钩。此后,俄罗斯宣布,俄罗斯独自也能完成项目。对俄罗斯来说,尽管巩固欧洲天然气市场不尽如人意,但它还是强硬熬过了困境。令人想象不到的是,为俄罗斯扛过艰难,完成"北溪-2"项目助上一臂之力的竟然是一家中国造船公司③。

此外,在欧洲,俄罗斯石油还面临着与中东石油和北海石油的传统竞争,以及来自西非新对手的竞争。20世纪90年代以来非洲撒哈拉以南的石油"处女地"得到加速开发,质地优良、易于加工的西非石油轻而易举地就近涌入欧洲市场,对俄罗斯在欧洲石油市场上的地位有所冲击;此外,欧洲油气市场也日渐趋于饱和,市场潜力已十分有限。这些都使得俄罗斯要为其逐年扩大的油气产量寻找新的市场出路。于是,俄罗斯在稳住其传统的欧洲市场的同时,把目光投向了具有巨大潜力的亚太油气市场。

如果说,普京在20世纪末提出的"新东方政策"是俄罗斯实行欧亚平衡

---

① "北溪-1"天然气管道第一条支线2011年1月8日正式投入使用。当日上午在卢布明市举行的庆祝仪式上,德国总理默克尔和到访的俄罗斯总统梅德韦杰夫象征性地旋开管道阀门,标志着"北溪"天然气管道正式向欧洲供气。法国总理菲永、荷兰首相吕特以及德国前总理施罗德共同出席了庆祝活动。

② 起点选在俄罗斯维堡,终点在德国东北部的格赖夫斯瓦尔德,全长2 400千米,设计年输送能力为550亿立方米,满足德国40%以上的天然气需求,而且经过德国,俄罗斯的天然气还可输送到欧洲其他国家,这是一个多方互利共赢的项目。

③ 事情是这样的:2016年俄罗斯天然气工业股份公司以10亿美元收购了荷兰-尼日利亚在中国广州定制的一艘海洋天然气管道铺设船,并命名为"切尔斯基院士号"(Экадемик Черский),原本是用来在鄂霍次克海铺设管道的。遇上2019年美国对"北溪-2"进行制裁,改为在波罗的海作业,广州造船厂加紧赶造出这艘管道铺设船,及时派上了用场,为"北溪-2"的继续铺设立下汗马功劳,故而俄方报道称"幸好有广州造船厂出口这艘天然气管道船填补了工程,帮助了俄罗斯和德国"。

全方位外交的开始，那么 2000 年俄罗斯天然气工业股份公司公布的"俄联邦 21 世纪发展亚太地区能源（以天然气为主）市场战略"的研究报告则进一步表明了新世纪俄罗斯能源战略积极东向转移的经济和战略意愿。该报告特别指出"亚太地区是 21 世纪上半叶俄罗斯最重要的地缘经济战略方向之一"，为此，"需要依靠开发西西伯利亚、东西伯利亚、萨哈自治共和国、鄂霍次克海大陆架的后备油气资源，以便稳定地向亚太地区输出石油和天然气"。

21 世纪之初，俄罗斯的"东向"能源出口战略之所以会加速启动，还受到两方面因素的强烈驱动：一是随着最近几年俄罗斯石油产量迅速提高，俄罗斯能源大国的国策进一步确立；二是作为世界上石油、天然气储量和生产大国，俄罗斯长期以来资金严重短缺，长期投资不足，设备陈旧，采油技术落后。为了把现有的地质储量变为探明储量，再变为可采储量，俄罗斯急切地试图同中国、日本等亚太能源消费大国开展能源合作，融入资金，从而充实能源大国地位的基础。

当然，俄罗斯"东向"能源出口战略最大的驱动因素是亚太国家对能源的巨大需求以及相关各国对能源安全的强烈关注。油气东向出口不仅能使俄罗斯获得又一个振兴国内经济的资金来源，而且可使三分之二领土在亚洲的俄罗斯得到融入亚太经济圈的机遇，并提升其在亚太地区事务上的发言权。2020 年 11 月 15 日，涵盖亚太地区 15 个成员国的区域全面经济伙伴关系协定（RCEP）签署，标志着全球最大自贸区的诞生，东亚经济一体化迈出关键的一步。这一形势必将吸引俄罗斯强化其东向能源出口战略。

据 BP 公司的《世界能源统计报告》，2001 年欧洲对石油的需求为 5.7 亿吨，而亚太地区对石油的需求为 7.64 亿吨，即亚洲对石油的需求量比欧洲对石油的需求高出 34%，且需求量还在快速增长。又据 BP 公司在世界能源展望报告中的预测，俄罗斯在未来 20 年内将成为世界上最大的石油和天然气出口国[①]。俄罗斯有能力予以担当，满足这个新兴的东方油气市场的需求。俄罗斯

---

① 俄罗斯卫星通讯社："俄罗斯｜未来 20 年展望：2040 年前俄将成为世界最大石油出口国"，2019 年 2 月 21 日，mini.eastday.com/a/190221171128650.html。

油气专家认为，俄罗斯天然气的开采高峰将于2030年到来，其爆发力还将表现在今后。

构建内陆能源供需格局符合上海合作组织成员国的共同利益，而由此得到它们的共同支持和维护，它还会为东北亚、东南亚带来便利的油气来源，为亚洲能源消费国提供地缘经济通道并改善地缘政治环境，其结果是将营建出一个泛丝路经济带，促进中俄、中亚、西亚乃至南亚的经济繁荣。

第四章

中亚铀资源及其在世界核能源格局中的地位

第一节　世界铀资源需求及储量概况

一、世界铀资源的一般状况

随着石油和天然气的储量耗减，核电的成本低廉及环境修复投入较少的优势引发了世界范围的核能兴起。尽管有过 2011 年日本福岛核电站在地震中发生核泄漏事件，"日本福岛核震之鉴"成为世界话题，核电安全警示演化为舆论压力，但"核能复兴"的总趋势仍然没有改变。这不仅是因为有"后石油时代"能源危机对人类的警醒，同时也有环境恶化对人类追求清洁能源的驱动，还因为核电安全技术在"核震之鉴"的刺激下有了新的发展。许多国家仍然在致力于发展核能，新的核动力基地仍然在崛起。世界上有 70 个国家正在进行核电发展运作，截至 2019 年 5 月，世界上正在运行的核反应堆共 452 个，据国际原子能机构（IAEA）预测，到 2030 年将会完成 300 座，总功率将达到 5.79 亿千瓦（579 ГВт），功率增加 50.7%。根据世界核能协会（WNA）的预测，到 2032 年世界上铀的需求量将翻番[①]。

中国在发展核电上处于世界领先地位。截至 2019 年 10 月底，中国已建成并投入商运的核电机组有 47 台，累计装机容量 4 875 万千瓦；在建核电机组 16 台，共计装机容量 1 754.5 万千瓦；到 2025 年装机容量达到 7 000 万千瓦，将超过法国位居世界第二，仅次于美国。据国际原子能机构资料，2015 年世界上建核电站 10 个，其中 8 个在中国，1 个在俄罗斯，1 个在韩国。在中国各

---

① Смирнов С. Урановый шанс Казахстана, «Атомная энергетика», https://informburo.kz/mneniya/sergey-smirnov/uranovyy-shans-kazahstana.html. Более 70 стран мира начали или планируют строительство энергоблоков АЭС. Ожидается, что к 2020 году будет завершено сооружение около 130 таких энергоблоков, а к 2030 году их число достигнет 300. По данным Всемирной ядерной ассоциации, в 2032 году в мире будет 650 действующих атомных реакторов и объёмы потребления ими урана удвоятся.

种能源结构中，核电占比仅为2%，而世界平均水平是16%~18%。比如，同时期英国核电在各种资源发电量中占比19%，德国17%，韩国29%，俄罗斯16.5%，法国73.28%，美国10%，加拿大15%。所以，如果要达到世界平均水平，中国核电发展的空间还相当大①。

随着核电站的一路发展，世界对铀资源的需求将会一直增长，2009年为6.8万吨，到2030年将增长到10.3万吨。然而，铀矿的采掘水平并不能与此相适应。近年来，世界铀产量的增长态势远远落后于预测指标，年平均增长4%~5%，而不是预测的10%~12%。

到2030年，铀的年均产量预计增加约一倍，计入所有新矿投产，或许会达到11.7万吨。继而，由于已采矿山的储量消耗，将会出现铀产量停滞风险。

此外，世界消耗了约25万吨的储存铀，在2013年，ВОУ-НОУ（高浓缩铀提炼技术）计划结束，据RBC资本市场（RBC Capital Markets）的资料，二次铀供应届时将减少到占23%，据国际原子能机构评估，2020年二次铀供应下降到10%以下。这样，原始来源铀的需求将呈增长趋势。从铀矿床直接取得铀资源的竞争将强化起来。

世界已探明铀资源储量有多少，是世界核电发展所关心的问题。

据世界核能协会（WNA）2011年的资料，47个国家产铀，但澳大利亚、哈萨克斯坦、俄罗斯、加拿大、尼日尔、南非、巴西、纳米比亚、美国、中国、乌克兰、乌兹别克斯坦、蒙古和约旦14个国家占据世界铀储量的约96%。世界主要铀资源分布见于表4-1。

---

① 同第84页注①。Сегодня в Китае не только эксплуатируется 30 атомных энергоблоков общей мощностью 28,31 млн КВт, но и идёт строительство ещё 24 энергоблоков. За 2015 год, по данным МАГАТЭ, было введено в строй 10 реакторов（восемь в Китае, по одному-в России и Южной Корее）общей установленной мощностью 10,2 ГВт. По данным МАГАТЭ, в мире работает 442 реактора общей установленной мощностью 384, 2 ГВт. Более 70 стран мира начали или планируют строительство энергоблоков АЭС. Ожидается, что к 2020 году будет завершено сооружение около 130 таких энергоблоков, а к 2030 году их число достигнет 300.

表 4-1 世界主要铀资源分布表（采矿成本低于 130 美元/千克）

	国家	铀储量(吨)	占世界百分比
1	澳大利亚	1 661 000	30.9%
2	哈萨克斯坦	629 000	11.7%
3	俄罗斯	487 200	9.1%
4	加拿大	468 700	8.7%
5	尼日尔	421 000	7.8%
6	南非	279 100	5.2%
7	巴西	276 700	5.1%
8	纳米比亚	261 000	4.9%
9	美国	207 400	3.9%
10	中国	166 100	3.1%
11	乌克兰	119 600	2.2%
12	乌兹别克斯坦	96 200	1.8%
13	蒙古	55 700	1%
14	约旦	33 800	0.6%
	其他	215 129	4%
	总计	5 378 200	100%

铀资源遍布世界各地，集中产于亚洲、大洋洲、非洲和南、北美洲。

铀主要用作核电站的能源。除了用作能源外，铀和由其派生的钚被用于制造核武器。已确知的铀矿物多达 170 余种，主要有氧化铀（уранинит）、沥青铀矿（настуран）、铀沥青焦油（урановая смолка）、铀硅酸盐

（ураносиликат）、钛酸和钛铀矿（браннерит）等。铀矿物分为内生成因和外生成因两大类。内生成因铀矿又分为岩浆成因和热液成因类型，外生成因又分为沉积成因和淋滤成因类型①。

按储量（千吨）铀矿床分为大型（>20）、中型（5～20）和小型（0.5～5）铀矿。按铀矿含量又可分为富矿（>1.0%）、常规矿（0.1%～1.0%）、贫矿（0.03%～0.1%）和瘦矿（小于0.03%）。

二、中亚在世界铀资源供需格局中的地位

中亚铀资源在丝绸之路经济带的建设中能起到什么作用？为回答这个问题，先要弄清楚中亚铀资源在国际核资源供需格局中所占据的地位。从2006年以来世界主要产铀国家的铀产量的动态变化，可看出哈萨克斯坦近年来的铀产量在急剧蹿升。2006年，哈萨克斯坦产铀5 279吨，居世界第三位，列在加拿大（9 862吨）和澳大利亚（7 606吨）之后，到2009年，哈萨克斯坦以14 020吨的年产超过了加拿大（10 173吨）和澳大利亚（7 140吨），位居世界第一。此后，哈萨克斯坦的铀产量又逐年拉大与它们的距离。2012年，哈萨克斯坦产铀21 317吨，加拿大产铀8 999吨，澳大利亚产铀6 991吨；2013年，哈萨克斯坦产铀2 2574吨，加拿大产铀9 332吨，澳大利亚产铀6 350吨；2014年，哈萨克斯坦产铀23 127吨，加拿大产铀9 134吨，澳大利亚产铀5 001吨，哈萨克斯坦铀产量一路领先。表4-2是这几年来世界前三位产铀国家铀产量的对比数表：

---

① 按化学性质，铀与第六组元素（钼、钨、铬）有许多共同之处。在水热过程中，铀以铀碳酸盐复合物的形式做动态迁移。铀矿物形成的温度区间为100～200℃，有时（如铀云母）达到300～350℃。外生过程中，铀具有在含氧水中运移的属性，并在吸附剂（сорбент）的作用下沉淀。铀元素（U）的克拉克值（元素在地壳中的平均含量）为$-2.5×10^{-4}$%，其在磷灰岩和碳酸质页岩中的最大浓度为30～200克/吨。由于放射性衰变，铀在地壳中的含量一直在减少。

表 4-2　2006—2015 年世界前三大产铀国年产量比较表①

单位：吨

序号	国家	2006年	2007年	2008年	2009年	2010年	2011年	2012年	2013年	2014年	2015年
1	哈萨克斯坦	5 279	6 639	8 520	14 020	17 803	19 400	21 317	22 574	23 127	23 100
2	加拿大	9 862	9 476	9 000	10 173	9 783	8 690	8 999	9 332	9 134	13 278
3	澳大利亚	7 606	8 611	8 430	7 982	5 900	5 961	6 991	6 350	5 001	6 668
4	2+3	17 468	18 087	17 430	18 155	15 683	14 651	15 990	15 682	14 135	19 946
5	1－(2+3)	－12 189	－11 448	－8 910	－4 135	2 120	4 749	5 327	6 892	8 992	3 154
6	1/(2+3)	0.302	0.367	0.489	0.772	1.135	1.324	1.333	1.439	1.636	1.158

不难看出，哈萨克斯坦在 2008 年以年产 8 520 吨略超澳大利亚（8 430 吨）后，于 2009 年强势提升到 14 020 吨，而一举超过了加拿大（10 173 吨）。自此，哈萨克斯坦的铀年产量总体上保持着强势增长。只是 2013 年因受到日本福岛核电站在海啸中发生核泄漏事件的影响，在 2014 年后略有减少，但仍然遥遥领先于世界其他产铀国家。哈萨克斯坦的铀产量又何以能高速蹿升？

由表 4-2 的第 5 行可以看出，从 2010 年开始，哈萨克斯坦的年产铀量超过了加拿大和澳大利亚两国之和，是年超过 2 120 吨；由表中第 6 行可以看出，从 2010 年开始，哈萨克斯坦的年产铀量为加拿大和澳大利亚两国之和的 1 倍以上（1.135 倍），2014 年为 1.6 倍多。

这是因为哈萨克斯坦不仅有巨大的铀资源储量，而且其中相当一部分是用井下渐取法开采的铀矿，成本相对低廉，有雄厚的优质铀资源作为后盾；更是因为哈萨克斯坦在世界经济全球化中占据了优越的地缘优势，有良好的经济环境支撑。

---

① 表中 2006—2010 年的数据取自张书成："2000—2010 年世界铀产量"，《世界核地质科学》，2011 年第 4 期。2011—2015 年数据取自世界核能协会（WNA）。

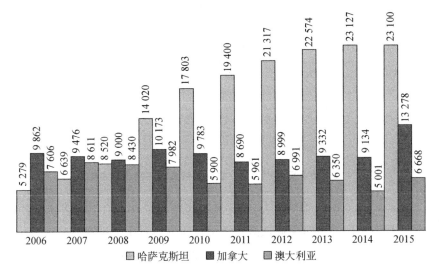

图 4-1　2006—2015 年哈萨克斯坦与加、澳铀产量对比（单位：吨）

三、中亚铀资源在世界能源格局中的地位高于其油气资源地位

当说到中亚的能源资源状况时，人们往往会以中亚的油气资源为首选，并以"中亚是第二个波斯湾"一言以蔽之，其实这是对中亚能源状况缺乏全面了解所致，是一个偏颇的说法。实际上，中亚更是一个核能资源潜力巨大的地区。中亚的油气资源，连同煤炭资源在内，尽管对一个地区来说是十分丰富的，但放到全球领域内，并不十分显眼。就拿中亚第一石油大国，同时也是煤炭资源大国的哈萨克斯坦来说，如图 4-2 所示，其探明的石油储量只占到世界的2.3%，排名世界第 12 位，所探明煤炭储量占世界的 3.5%，排名世界第 9 位，这二者都不十分突出，更谈不上"第二个波斯湾"，因波斯湾的实际油气储量几乎是中亚的 10 倍，不在一个量级上①。而哈萨克斯坦的铀储量约占世界的11.81%，处于世界第二位。

烃经济时代正在慢慢走向终结，核能是一个很好的接替能源，相对于烃

---

① 杨德刚、杜宏茹等：《中亚经济地理概论》，气象出版社，2012 年。中亚的石油储量在世界排名第 12 位，天然气排名世界第 4 位，煤炭排名世界第 9 位。

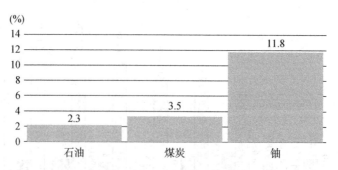

图 4-2 哈萨克斯坦石油、煤炭和铀资源在世界所占比例

能源,尤其是煤能源,核能不仅将具有比化学能高出几个量级的巨大能量,尤其是还具有洁净性。对中亚核能资源进行研究具有重大现实意义。

中亚学界已开始认知,中亚不论是石油,还是天然气,甚至连同里海大陆架的油田开发在内,都不能在国际能源供需格局中起到撬动作用,煤炭资源的分量也是如此①。在"烃经济时代正慢慢走向终结"的今天,更应看重中亚核能资源在未来世界能源格局中所能起的接替作用。如果说,中亚确有一种能够牵动全局的能源资源,那就是其核能资源,储量居世界前列,产量自 2009 年以来,接连 8 年稳居世界之冠,2015 年占到全球铀矿产量的 40%。因而在说到中亚的矿物质能源资源在世界的地位时,应该首推其核能资源,油气连同煤炭资源的世界地位还不能与其相提并论。实际上,中亚依托石油带动经济振兴的模式已经过去,寻求经济发展的新增长点已是摆在中亚面前的一个务实问题。在国际油价长时间低位停滞的今天,哈萨克斯坦的智囊已经做出"靠石油利润继续推动经济增长已成为不可能,这种模式已经终结"的结论,并认为必须寻求经济发展新的增长点,"核工业将是新增长点之一"②。

---

① Шибутов М. Казахстан и Средняя Азия-ведущий регион добычи урана, http://ostkraft.ru/ru/articles/250,"но надо отметить, что в общем производстве, как нефти, так и газа регион даже с учетом освоения месторождений шельфа Каспия не играет существенной роли. Тоже самое и с углем. Но есть один энергоресурс, который играет крайне важную роль в мировой энергосистеме-это уран."

② Смирнов С. Урановый шанс Казахстана, https://informburo.kz/mnenjya/sergey-smirnv/uranovyy-shans-kazahstan.html. Ситуация, сложившаяся с нефтяными котировками на мировом рынке, показала, что дальнейший экономический рост Республики за счёт нефтяной ренты невозможен. Эта модель развития себя исчерпала, необходимы новые точки роста. Одной из них может стать урановая промышленность.

据世界核能协会（WNA）2011年的资料，哈萨克斯坦铀矿的探明储量为62.9万吨，在澳大利亚（166.1万吨）之后，处于世界第二位，这就是哈萨克斯坦核产业快速发展的后盾，如将中亚看作一个总体，加上乌兹别克斯坦的9.62万吨，中亚的铀资源为72.52万吨[①]。

世界上许多国家，包括美国、俄罗斯、日本、韩国等核电发达国家，竞相涉足中亚铀资源开发，不仅仅是因为中亚铀资源丰富，更因为中亚铀资源相当一部分是淋滤砂岩型的，非常适合于用井下酸浙取法进行开采，不仅使开采成本大为降低，而且能维护生态安全。

看看铀和油、气的热当量比较，一千克铀所发出的热量相当于3 000吨标准煤发出的热量，约相当于2 100吨石油。中亚约72万吨的铀储量能折成多少吨石油？算出来这是一个惊人的数字，它是现有中亚石油储量的几百倍。哈萨克斯坦现年产铀2.4万吨就相当于500亿吨石油，为中亚石油的探明储量的10倍。因而在中亚应该奉行油气资源、煤炭资源与核能资源并举开发的方针。

四、世界核武军备竞赛掀动中亚铀资源开发

中亚是世界上最早的核资源开发地区之一，这和20世纪40—50年代苏联发展核武器计划密切相关。

1938年底，德国物理学家奥托·哈恩和弗里茨·斯特拉斯曼用慢中子轰击铀核，铀核裂变，释放出极高的能量[②]。这一重大发现不仅预示了人类核能时代的到来，而且为制造核武器提供了实施途径。在第二次世界大战期

---

① 这里还没有包括中亚曾经的产油国家——塔吉克斯坦和吉尔吉斯斯坦的铀矿资源在内。
② 铀的科学发现大事记：
1789年，德国化学家马丁·海因里希·克拉普罗特第一次发现铀，他误认为是纯金属二氧化铀，并以天王星的名字为其命名。
1841年，法国化学家欧仁·佩利戈特第一次得到金属铀。
1896年，法国物理学家贝克勒尔意外地发现了铀的放射性现象。
1934年，法国研究人员艾琳和弗雷德里克·约里奥-居里发现人工放射性。
1939年3月，弗雷德里克·约里奥-居里将中子作用在铀235同位素上得到连锁反应。
1939年底，德国物理学家奥托·哈恩和弗里茨·斯特拉斯曼进行人工铀裂变实验获得成功。

间，两位一生热爱和平的科学家的划时代发现，首先并没有用来开启核能的和平利用，而是成为交战国制造大规模杀伤性武器的实际开端。1939年，美、英等国紧随德国也开始了核武器研制行动。苏联在得知德、美、英研制核武器的情报后，也紧跟动态，秘密部署了自己的核武研制规划。1942年年中，苏联在贝利亚及卡弗塔诺夫提交两份有关原子弹的报告后，下定了制造原子弹的决心，同年9月28日，斯大林签署了《关于组织铀研究》的第2352号国防委员会密令，一个苏联制造核武的计划秘密启动。赶在德国之前制造出核武器已成为一场生死拼搏，美、俄之间抢占滩头的较量也在暗中进行。获取一吨浓度为40%的浓缩铀需要约2 000吨的铀矿石，苏联当时还没有工业型的铀矿开采矿山和铀提炼工厂，这致使苏联在核武器制造研究上明显滞后于美国。当时，开辟铀矿规模化采掘基地已是苏联的当务之急。

吉尔吉斯斯坦费尔干纳谷地于19世纪末和20世纪初即已开采的秋雅慕云铜矿中有铀矿伴生，于是该矿就成了苏联第一个铀矿开采矿山。由于此后在其附近又陆续发现麦利-苏等四个铀矿，费尔干纳谷地成了苏联第一个铀矿开发基地（并于1951年建立了卡拉-巴尔庭矿山联合企业）。地质工作由西天山向帕米尔高原推进，在塔吉克斯坦又有多处铀矿山被发现。1942年年底，在塔吉克斯坦的塔博沙尔铀矿基地建立了苏联第一个铀资源开发联合公司，直属全苏有色金属人民委员会，可见级别之高。苏联大规模的铀资源普查、勘探起始于1945年，吉尔吉斯斯坦的伏龙芝和塔吉克斯坦的列宁诺巴德都曾是苏联铀勘探基地的知名城市。此外，中亚第一大城市阿拉木图也是苏联的知名铀勘探队的基地城市（还有新西伯利亚、克拉斯诺亚尔斯克、伊尔库茨克、斯维尔德洛夫、基甫等城市）。因苏联曾集中力量在吉尔吉斯斯坦寻找铀矿，这里成了铀矿地质队的大本营，后来在哈萨克斯坦及乌兹别克斯坦勘探铀资源的地质队往往带有吉尔吉斯斯坦的番号。

就这样，历史让中亚走进了当时世界上少有的几个铀矿生产基地的行列。苏联与美国开展核武器研制竞赛，促使中亚成为世界上铀矿开采最早的地区之一，首先是吉尔吉斯斯坦，跟随其后的还有塔吉克斯坦①。哈萨克斯坦与乌兹别克斯坦作为铀资源生产基地，那是后来的事，且是后来居上。这已经是中亚铀矿资源的第二轮开发，与前一次不同的是，这一次主要是世界核电发展所需，不像20世纪40—50年代为发展核武器所需。

吉尔吉斯斯坦是中亚铀资源开发最早的国家。为了能在核军备竞赛中走在前面，当时苏联的指导原则是"不惜一切代价"②，这导致了铀资源的粗放式开采，留下了数以亿吨计的尾矿和废石堆，坦露于大自然，造成严重的区域性放射性污染。据吉尔吉斯斯坦政府开列的清单，在其境内有92处尾矿，共计2亿5 400万立方米（4.57亿吨）③。这至今都是一个难以治理的跨国环境污染问题，以至于在2012年10月24日召开了"共同致力消除中亚铀尾矿风险国际会议"，会议上吉尔吉斯斯坦第一副总理奥托尔巴耶夫承认，吉尔吉斯斯坦铀尾矿堆给整个中亚带来了水资源污染④。同时也对吉尔吉斯斯坦铀矿地质情况有了深层次掌握，尤其是对砂岩型铀矿床的地质产生条件的认识，为此后在哈萨克斯坦和乌兹别克斯坦找到可用井下析出法进行开采的大型砂岩型铀矿提供了重要线索。

---

① 1942年年底，苏联的第一个铀联合公司在塔吉克斯坦的塔博沙尔地区铀矿所在地建立。

② Белферман М. История уранового производства, Использование американской армией первых двух атомных бомб в момент изменило советские приоритеты. Руководство Советского Союза решило: в короткие сроки — любой ценой создать атомное оружие!, 2014.08.22, http://maxpark.com/community/13/content/2935211.

③ Картмов И. Реки Кыргызстана несут урановые отходы во все регионы Центральной Азии. Напомним, по данным государственного кадастра отходов горнорудной промышленности Кыргызстана, на территории республики расположено 92 хвостохранилища общим объемом 254,4 млн куб метров（457 млн тонн）отходов горнодобывающей промышленности. 2012.10.24, http://www.islamsng.com/kgz/news/5590.

④ См.там же. Загрязнение водных ресурсов Кыргызстана отходами урановых хвостохранилищ подвергает опасности весь Центрально-Азиатский регион. Об этом сообщил первый вице-премьер-министр Кыргызской Республики Джоомарт Оторбаев на международной конференции "Урановые хвостохранилища в Центральной Азии: Совместные усилия по снижению рисков" 24 октября. "Региональные риски деградации и разрушения урановых хвостохранилищ связаны с целым рядом факторов, поскольку многие отвалы расположены в непосредственной близости к водным ресурсам, и находясь у истоков формирования рек, потенциальная катастрофа может привести крупным массовым и экологическим бедствиям и долгосрочным влиянию на здоровье миллионов людей, расположенных в низовье",-сообщил Оторбаев Д. Ж. Реки Кыргызстана несут урановые отходы во все регионы Центральной Азии.

第二节　哈萨克斯坦铀资源

哈萨克斯坦是继吉尔吉斯斯坦和塔吉克斯坦之后中亚在核资源开发上的后起之秀，它的历史地位已不再是苏联参与世界核武竞赛的核资源基地，而是参与世界核能和平利用的全球最大铀燃料供应地。

哈萨克斯坦铀资源的地质储量为174.3万吨，C1、C2级探明储量为94.3万吨，P1、P2级预测储量80万吨，探明储量中按开采成本分级情况如下：低于40美元/千克者，4.44万吨；低于80美元/千克者，47.55万吨；低于130美元/千克者，62.9万吨；低于260美元/千克者，83.2万吨。哈萨克斯坦铀矿的探明储量占全球储量的11.7%，居世界第二位，列于澳大利亚之后，位居加拿大之前。需要特别指出的是，哈萨克斯坦许多铀矿床产出在砂岩中，这使其可使用地下析出法进行开采，开采成本在世界上最低。

哈萨克斯坦铀资源的96%集中在6个主要成矿区中：①南部的楚河-萨雷苏河铀矿成矿区（占60.5%）；②北哈萨克斯坦成矿区（占16.5%）；③锡尔河铀矿成矿区（占12.4%）；④伊犁铀矿成矿区（占6%）；⑤里海铀矿成矿区（占0.4%）；⑥巴尔喀什成矿区（占0.4%）。

南部的楚河-萨雷苏河铀矿成矿区和锡尔河铀矿成矿区均在南哈萨克斯坦州，二者占72.9%，是哈萨克斯坦最主要的铀成矿带。这个矿带在地质成因上属中生代、新生代外生矿床，已探明铀矿约60个，绝大部分可采用地下浸出法进行开采，成本低，生态安全。北哈萨克斯坦成矿区、巴尔喀什成矿区为内生成因矿床，需要进行坑道或是露天开采，成本太高，会在地表留下废矿、尾矿矿堆，成为污染水源和大气的源头。对此，吉尔吉斯斯坦和塔吉克斯坦的粗放式铀矿开采造成严重环境后果，就是前车之鉴。

哈萨克斯坦的大型铀矿北霍拉善（Северный Хорасан）铀矿床，储量16

万吨，位于距冉那阔尔甘（Жанакоргана）34千米的锡尔河北岸，地下井析出法开采；英凯（Инкай）铀矿床，储量7.59万吨，地下井析出法开采；莫英库姆铀矿床，储量4.37万吨，也位于南哈州苏扎克斯克区（Сузакский район），地下井浸出法开采。哈萨克斯坦有两个大型铀加工企业——草原矿山化工联合企业（Степногорский горно-химический）和乌里宾冶金厂（Ульбинский металлургический завод）。

哈萨克斯坦丰富的铀矿资源及优越的开采条件引来众多的外国投资者，美国、欧洲、俄罗斯、日本和中国等均有投资，1996—2007年外来投资已超过16.5亿美元，2007年投资达6.9亿美元，2008年达7.46亿美元。

自2003年以来，加拿大、澳大利亚和哈萨克斯坦的铀矿产量一直稳居世界前三，占全球总产量约67%。哈萨克斯坦的产量一直保持增长，2005年产铀4 360吨，2006年5 279吨，2007年6 937吨，2008年8 800吨。2009年哈萨克斯坦产铀12 826吨，超过加拿大（11 100吨），跃居世界第一，占世界铀产量的35%。2015年哈萨克斯坦产铀23 800吨（较2014年增产4.3%），占世界总产量的40%。2016年计划生产24 080吨，2017年哈萨克斯坦KazAtom宣布为将产量与需求保持一致，从2018年起将削减铀产量，2017年产铀22 150吨，2018年产铀21 699吨，2019年又反弹回升，产铀22 742吨，仍保持世界领先地位。

世界上80%的铀矿资源曾为几个主要发达国家的铀矿公司所垄断。哈萨克斯坦的铀资源开发将在全球铀资源市场上起到新的平衡作用。今后世界对核能的需求量将以年均1.4%的速度增长，哈萨克斯坦的铀资源可采时间将少于40年，并不比其油气资源的可采时间乐观多少。中亚的油气能源资源及铀矿能源资源的竭尽之日不是遥远的。

哈萨克斯坦总统在《哈萨克斯坦-2050》中，将矿山采掘部门定位为国家经济发展的优先部门。铀是一种具有神秘性质的金属，其天然放射性是将其广泛应用于医学、农业、工业和生物学的基础。铀分布广泛，但含量极少，从未发现其单独存在形式。从矿石中提取铀是一个艰难复杂的过程，一吨矿石只能提取几克铀。一千克铀所包含的能量相当于300万千克煤所含的能量。

由于连锁反应，核反应堆中裂变的原子分离出巨大的热量。这些热量可用来驱动透平，控制发电机，产生电量。

将近20个砂岩工业类型铀矿床位于图兰台地东部的舒-沙勒苏伊和锡尔河谷地。它们集中于白垩纪和古第三纪的前沿。舒-沙勒苏伊和锡尔铀成矿省组成巨型东图兰成矿省，按储量其为世界上最大的铀成矿带之一。其基本部分在南哈萨克斯坦州和克孜勒奥尔达州，有一个储量和面积都不大的小矿热特扩努尔位于卡拉干达州。这里有几个其他地质类型的非工业矿床，它们是铀-钼-钒多成因沉积的乌鲁塔乌斯矿床及其他矿床。

西哈萨克斯坦地区的铀矿以具有生物吸附成因的滨里海铀矿和若干外生多成因土壤-淋滤型铀矿为特征，而位于北哈萨克斯坦的却基本上是热液型铀矿床，其开采需用矿山挖掘手段（露天开采）。

此外，北图尔盖和彼得帕弗罗夫-滨额尔济斯一带有库尔干-帕夫洛达尔铀成矿带。由以上可知，哈萨克斯坦铀原料的优势产区是东图兰的层状淋滤型成矿省。锡尔成矿省铀矿集中在氧化层的前沿部位，铀矿储量占哈萨克斯坦全部铀储量的12.4%，在其北部和南部卡拉姆隆（Северный и Южный Карамурун）、霍拉善（Хорасан）及伊尔阔利（Ирколь）等铀矿均用地下浸出法进行开采。

卡拉姆隆（Карамурун）铀矿是一个氧化层控淋滤型矿床，位于锡尔盆地的东北部，于1972年由全苏地质勘探总局"红色丘陵"地质考察大队第27分队在钻探前景地区时发现。前中生代侏罗-老第三系粗碎屑岩嵌入上石炭（C_3）地堑中。上白垩系沉积包括：杂色森诺曼卵石沉积，厚度达到50米；晚白垩红色-咖啡色泥岩、粉砂岩（厚50米）；微白-浅灰砂-卵石沉积，夹以细粒砂和粉砂岩互层（厚60米）；杂色闪通砂泥岩沉积（约80米）；坎帕尼亚的冲积土和砂矿层（20米）；马斯特里赫特沿岸海沙滩（达40米）；古近系岩由古新世白云岩、白云质泥岩、粉砂岩、钙质砂岩、石膏、硬石膏和灰岩组成，中二叠海绿石砂岩和暗灰色黏土（30～34米）；棕灰色泥灰岩和黏土（50米）；含矿白垩纪组合为土伦、科尼亚克、桑托和坎帕尼亚-马斯特里赫特各期含水层，水流方向指向西北，流速 1～10 米/年。铀矿化与坎帕尼亚-马斯特里赫特含水层的氧化带边界有关，其底部深达 427～718 米，矿层厚度为 0.1～24.6 米，含量变化大，在 0.01%～2.0% 之间摆动。矿床的特点是具有发育良好的硒矿带，分为层控氧化带铀矿分区和无矿分区。由此看来，卡拉姆隆铀矿是一个硒-铀矿床。铀矿物有科芬矿、含二硫化铁沥青铀矿、亚硒酸盐和自然硒，泥质矿物组成 1%～5%，泥-粉沙充填物，矿石为非碳酸盐和少碳酸盐型。上述一切保证了使用硫酸法对铀元素的高提取率（70%～90%）。

霍拉善矿（Месторождение Хорасан）是哈萨克斯坦的大型铀矿床，位于锡尔河左岸，距冉那阔尔甘 34 千米。由全苏地质勘探总局"红色丘陵"地质考察大队第 23 分队（партией №.23 Краснохолмского ПГО）发现于 1971 年。矿脉长 10～12 千米，厚 200～250 米，延深 200～800 米。由于矿床过长，被分为两个矿段：霍拉善-1 和霍拉善-2。估计铀矿储量为 16 万吨，年开采量为 180 吨，井下浸出法开采。克孜尔库姆公司掌控开发许可证，哈萨克斯坦原子工业集团公司控股 30%，日本的电力财团——亚洲能源公司（Energy Asia Ltd）控股 40%，Ur Asia London Ltd 控股 30%。含矿复合体（建造）为冲积物（占储量的 30%）、坎帕纳复合体（占储量的 30%）和马斯特里赫特复合体（占储量的 30%～40%），厚 150 米，覆盖在谢隆、图隆和扩利亚大陆建造上（总共 175～200 米），由古近纪的海洋沉积物覆盖。构造上矿床属于卡拉姆隆凹陷。含矿建造与两个承水层有关：卡姆潘-马斯特里赫特和桑托，矿层厚度在 1～8.2 米之间摆动，铀含量 0.03%～0.1%，矿体埋深 600～700 米，硒-铀矿化。硅酸盐矿石主要是石英（70%～85%），夹带长石（7%）以及硅岩碎片。黏土矿物一般不超过 5%，黑云母和白云母 2%。硫酸井下吸取法已经过大量实验室试验。

伊尔阔利（Ирколь）铀矿位于克孜勒奥尔达州希耶利地区，发现于 1977 年。铀储量估计 1.89 万吨，2008 年开采 500 吨，井下析出法开采。开采许可证由铀合资企业谢米兹拜-乌掌控，哈萨克斯坦原子工业集团公司控股 50%、中国广东核电控股 50%。这是中哈在原子能矿山领域合作的第一个项目。联合企业谢米兹拜-乌是矿山的经营者，铀生产与卡拉姆隆铀矿相关，与希耶利地区直接有铁路、公路和电力线相连。从希耶利火车站到矿区建有柏油路面公路。

当今，铀是最重要的能源来源之一。发展原子能需要大量的铀资源，因此，铀资源量处于世界前列的哈萨克斯坦近年来特别重视铀矿开采。哈萨克斯坦铀资源的大部分储量位于该国的南部，矿床多为较大型，使用地下析出法开采，现在以及未来在经济上都是效益突出的①。

哈萨克斯坦在2009年铀产量超过加拿大成为世界第一产铀大国之后，连续8年高居世界第一（见表4-3）。

表4-3 2009—2016年哈萨克斯坦铀矿石产量表②

单位：吨

年份	2009	2010	2011	2012	2013	2014	2015	2016
产量	14 020	17 803	19 400	21 317	22 574	23 127	23 805	24 080
逐年增加值		3 783	1 597	1 917	1 257	553	678	275

哈萨克斯坦铀产量由2009年占全球的28%，到2016年的40%，成为世界产铀第一大国，产品销售到美国、中国、印度、韩国、日本、俄罗斯和其他欧洲国家，包括了世界上所有铀资源消费大国。

由图4-3可知，在2009—2016年8年中，哈萨克斯坦的铀产量一直处于上升状态，但总体上，上升幅度在逐年减少。这与日本福岛第一核电站1号反应堆核泄漏事件引起国际铀价格下降有关。这次核泄漏事件放慢了世界发展核电站的速度，使核资源的价格大幅下降（几乎是下降一半）③。这导致哈萨

---

① Касымов К. Е., Клышбаев М. Б. НЕКОТОРЫЕ ОСОБЕННОСТИ РУДООБРАЗОВАНИЯ ВБАССЕЙНА УРАНОВО-РУДНЫХ ЗОНАХ СЫРЬДАРИНСКОГО БАСЕЙНА, УДК 553.495（574）（Казахский национальный технический университет им. К.И. Сатпаева, Алматы, Республика Казахстан）.

② Daily News. kz: Бозумбаев К. Казахстану необходимо сохранить лидирующие иозизш в сфере добычи урана. Добыча урана в 2015 году составила 23 тыс. 805 тонн. Объем добычи урана за 4 месяца（2016 года）составил более 8,1 тысяч тонн, В 2016 году планируется добыть 24 080 тонн урана, -сказал К. Бозумбаев на отчетной встрече перед общественным советом топливно-энергетического комплекса и экологии во вторник,2016.06.06, http://www.express-k.kz/news/? ELEMENT _ ID=74376.

③ Смирнов С. Урановый шанс Казахстана, http://www. atomic-energy. ru/SMI/2016/06/29/67140. Падение（почти вдвое）мировых цен на уран после аварии на японской АЭС "Фукусима-1" ухудшило показатели производителей.

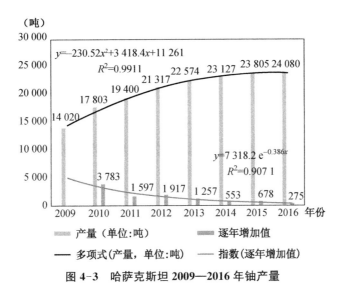

图 4-3 哈萨克斯坦 2009—2016 年铀产量

克斯坦主干核企业——哈萨克斯坦原子工业集团公司（Казатомпрома，以下简称"哈原工"）下决心调整其产业结构，把发展目标定在了制造终极高端产品上，拿下几个中间环节，生产可直接投入核反应堆使用的"燃料组件"（ТВС-тепловыделяющая сборка），大幅提升产品附加值，以平衡国际铀半成品价格走低所带来的经济损失，并重新获得利润，振兴国内核工业。从氧化铀到"燃料组件"中间还有若干个高端技术环节，"哈原工"决心生产"铀燃料组件"，并在此基础上建设自己的核电站。尽管苏联时期有哈萨克斯坦工程技术人员参与过铀燃料组件生产的全过程，有相应的技术人才，但时隔二三十年，这些技术都已落后，其产品不再具有当今的国际竞争力。"哈原工"决定改变这一切，实行新的发展战略，到 2025 年生产出终极产品——"核燃料组件"[①]。此外还有巨大的资金支持问题，寻求国外合作伙伴，求得新技术和资金引入已经是一个迫在眉睫的问题。于是"哈原工"开始了历时两年的与西方核能公司艰难的谈判历程，发现这些公司对于向哈萨克斯坦提供高端前沿技术并不感兴趣，它们更为关心的是自己的高额利润，以极低的价格购买

---

① 同第 98 页注③。В прошлом году в компании приняли новую стратегию, согласно которой до 2025 года "Казатомпром" должен начать производить конечный продукт-топливо для атомных электростанций.

铀半成品，以便自己加工成"核燃料组件"，再高价出售。2015年底，哈萨克斯坦终于找到了自己的合作伙伴——中国广东核电集团，看到了走出"死穴"的希望①。

第三节　乌兹别克斯坦铀资源

乌兹别克斯坦是中亚第二铀矿资源大国，拥有40个铀矿床，大型矿床有北部山区的乌奇库杜克（Учкудук）和肯迭克尤布（Кендекъюб），资源量5.1万吨；沙格聂利（Сагрельское месторождение），资源量3.8万吨。苏联时期产量曾经达到年3 800吨，现在减产到年2 500吨。如能更新工艺，产量可提高到年产5 000吨。最大的铀加工厂是纳沃伊矿山冶金联合企业（Новойский горно-металлургический комбинат，下文简称НГМК）。

2009年已探明的铀储量按开采成本分级为：开采成本低于80美元/千克者，8.62万吨；开采成本低于130美元/千克者，11.46万吨；开采成本低于260美元/千克者，14.46万吨②。

---

① 同第98页注③。Остаётся надеяться, что с помощью Китая дело сдвинется с мёртвой точки.

② Шибутов М. Казахстан и Средняя Азия-ведущий регион добычи урана, 2013.01.21, https://stanradar.com/news/full/186-ostcraft-kazakhstan-i-srednjaja-azija-veduschij+ region-dobychi-urana.html. В Узбекистане подтвержденные запасы урана в 2009 году составляли: дешевле 80 долларов/кг-86 200 тонн, дешевле 130 долларов/кг-114 600 тонн, дешевле 260 долларов/кг-144 600 тонн. Они распределены по 40 месторождениям с большими запасами урана, основу же узбекской урановой базы составляют 20 месторождений, находящихся в пустыне Кызылкумы. Добычу урана ведут 4 комбината: «Учкудук» в Северном горнорудном районе с месторождениями «Учкудук» и «Кендекъюб» ресурсами в 51 000 тонн; «Зарафшан» с Сагрельским месторождением в 38 000 тонн; «Зафарабад» в Центральном горнорудном районе с месторождениями: Северный и Южный Букинай, Бешкак, Люблюкан, Тохумбет в 52 000 тонн; «Нурабад» в Южном горнорудном районе с месторождениями Самирсай, Кетменчи, Шарк, Улус с запасами в 13 000 тонн. Есть около 10 перспективных урановых площадей. Добыча переходит на метод подземного выщелачивания, что снижает затраты. Максимальная добыча в советский период была около 3 800 тонн в год, а сейчас она снизилась до 2 500 тонн в год.

据世界核能协会，乌兹别克斯坦的铀探明储量居世界第 12 位。据该国国家地质和矿产资源委员会信息中心估计，乌兹别克斯坦铀资源总量达 18.58 万吨。随着铀资源需求和价格增长，乌兹别克斯坦一直在寻求买家。

乌兹别克斯坦历年的铀生产量见表 4-4。

表 4-4 乌兹别克斯坦铀生产量（吨）

年份	1994	1996	2000	2001	2002	2003	2004	2005	2006	2007	2008	2009
产量	3 000	1 700	2 200	1 962	1 860	1 598	2 016	2 300	2 260	2 320	2 338	2 429

资料来源：世界核能协会（World Nuclear Association）。

由表 4-4 可知，1994—2009 年乌兹别克斯坦的铀矿生产历经了一个下降转而上升的过程。1994 年乌兹别克斯坦的铀产量曾达到高峰，年产 3 000 吨，此后下降，2003 年达到最低点，年产 1 598 吨，此后一直缓慢上升，至 2009 年达到 2 429 吨。

乌兹别克斯坦第一个铀矿在 1952 年发现于乌奇库杜克，经过 6 年，在此建成乌兹别克斯坦最大的铀矿生产企业——纳沃伊矿山冶金联合企业，1964 年开始铀氧化物和过氧化物的工业生产，1980 年达到生产高峰，年产 3 800 吨，自 1985 年开始进行铀盐溶液地下浸出开采，引入全新的无试剂浸出技术。

20 世纪 90 年代中期，乌兹别克斯坦国家地质队的地质学家们确认乌奇库杜克矿为中亚最大的铀矿。此后，国际原子能机构①重新测算了乌兹别克斯坦铀资源量，估计为 23 万吨。

乌兹别克斯坦是中亚第二大铀储量国家，共有 40 个铀矿，其中 27 个位于克孜勒库姆沙漠，构成该国的铀资源支柱，北部山区的乌奇库杜克矿区，拥有乌奇库杜克铀矿和肯迭克尤布矿，铀资源量 5.1 万吨；泽拉夫尚矿区，拥有萨格列里铀矿，资源量 3.8 万吨；中央矿山区有扎伐拉巴德铀矿（Зафарабад）；北部和南部的布肯乃（Букинай）、别斯卡克（Бешкак）、柳夫柳坎

---

① 国际原子能机构（Международное агентство по атомной энергии，МАГАТЭ）是和平利用核能的最高国际论坛，1957 年在联合国的框架内设立。

（Лювлюкан）和托胡姆别特（Тохумбет）等铀矿，资源量 5.2 万吨；南部努拉巴德（Нурабад）矿区的萨米尔散（Самирсай）、克特门奇（Кетменчи）、沙尔克（Шарк）和乌鲁斯（Улус），资源量 1.3 万吨。

由于没有自己的原子工业，乌兹别克斯坦将开采出的全部铀矿均用于出口。自 1992 年以来，美国"核化学"公司成为乌兹别克斯坦铀矿的垄断买方。美国进入乌兹别克斯坦是因为有利可图，他们看重的是：第一，НГМК 在采掘的同时还进行初步加工——获得铀精矿；第二，由于 НГМК 采用的是高效工艺，成本比在美国低 50%，不到 34 美元/千克，乌兹别克斯坦铀矿的加权平均价格比世界上所有生产铀的大厂家的最低价还要低 15～16 美元/千克。此外，乌兹别克斯坦的铀矿价格低下，还因为其国内除生产铀精矿外，并不进行铀金属深加工。

因有固定大宗买主，乌兹别克斯坦的铀产量逐年增加，1991 年为 2 095 吨，1992 年为 2 700 吨，1993 年为 3 050 吨，1994 年为 3 000 吨。自 1994 年开始，乌兹别克斯坦销往美国的铀矿价格被锁定。随即产量下降，1996 年滑到 1 700 吨。这和 1995 年美国对铀进口实施刚性限制有关。乌兹别克斯坦实际上失去了铀销售的大宗市场，只是向法国和加拿大出口为数不多的批量。

第四节 中亚其他国家铀资源

由于特殊的历史情况，吉尔吉斯斯坦与塔吉克斯坦是中亚最早开采放射性矿产的国家。中亚各国曾是苏联的加盟共和国，而且是其战略后方与自然资源库。早在 20 世纪 50 年代，为发展核武器，苏联即在中亚开采铀矿。起初是在吉尔吉斯斯坦、塔吉克斯坦，当其发现哈萨克斯坦和乌兹别克斯坦是更有前景的铀矿产地后，便将铀资源开发的重点移向了哈、乌两国，形成庞大的铀工业体系。苏联解体后，留下了一大批铀矿矿山和铀产品加工企业，对铀原料进行深度加工的乌里滨冶金厂即为其中的特大型企业之一。这些企业的改造翻新成为今日俄罗斯再次涉足中亚铀资源开发的实际切入点,2016年哈俄两国达成协议,就乌里滨冶金厂进行恢复和扩建就是一个明显的例证。俄罗斯倡导的欧亚经济联盟也是促成这一合作的现实推动因素,俄罗斯进入中亚进行铀资源合作开发有轻车熟路之便。俄对中亚的铀资源开发有历史影响,因此中国与中亚的核能合作需周全考虑俄罗斯因素。

一、吉尔吉斯斯坦铀资源

吉尔吉斯斯坦在1907年即已开始放射性矿产开采,20世纪50年代中期曾是苏联最大的铀矿生产基地,迈鲁乌-苏铀矿曾达到年产3 000吨八氧化三铀(U_3O_8)的规模①,在苏联核武器的原料供应上起到了关键性作用,但成本过于高昂,随着苏联解体而关闭。

铀呈矿显示遍及吉尔吉斯斯坦各地,已知铀矿床和铀呈矿显示者达数十处。主要有:①阔克-莫伊诺克矿(Месторождение Кок Мойнок);②阿拉姆辛矿(Месторождение Арамсинское);③切肯得矿(Месторождение Чекенды);④阿奇克台呈矿显示(Рудопроявление Ачиктай);⑤克孜尔塔斯Ⅱ号矿(Рудопроявление Кызылташ Ⅱ);⑥别斯塔克矿(Рудопроявление Бешташ);⑦卡普奇台矿呈矿显示(Рудопроявление Капчигай);⑧萨雷贾兹矿(Месторождение Сарыджазское);⑨库尔勉特矿(Рудопроявление Курменты);⑩贝塔姆塔尔矿(Рудопроявление Байтамтал);⑪卡瓦克矿(Кавакское);⑫德任斯矿(Джильское);⑬得热尔嘎兰矿(Джергалан);⑭卡瓦克斯克矿(Месторождение Кавакское);⑮吉利斯矿(Месторождение

---

① Шибутов М. Казахстан и Средняя Азия — ведущий регион добычи урана/21.01.2013 00:09, http://ostkraft.ru/ru/articles/250."С 1907 по 1970 - е годы месторождения радиоактивных руд и минералов Кыргызстана около 100 лет служили в качестве единственных источников радиевого и уранового сырья в дореволюционной России, а затем из руд этих месторождений был получен первый советский радий. Начиная с середины 50 - х годов, Кыргызстан был крупнейшим производителем урана в бывшем Советском Союзе. Месторождение Майлуу - Суу и горно-химическое производство, размещенное здесь же, играли при этом важнейшую роль. Ежегодно в республике добывалось порядка 3000 тонн U_3O_8".

Джильское）；⑯杰尔加兰矿（Рудопроявление Джергалан）；⑰阿特贾依洛-乌托尔-图尤克斯克矿（Месторождение Атджайлоо-Утор-Тююкское）；⑱昆杜克-布拉矿（Кундук-Бура，含铜砂岩型矿），这种类型铀矿尚未开采；⑲克孜尔-布拉克矿（Месторождение Кызыл-Булак，含铜砂岩型）；⑳麦利-苏矿（Месторождение Майли-Суу）；㉑谢拉非莫呈矿显示（Рудопроявление Серафимовское）；㉒科克秋别矿（Рудопроявление Коктюбе）；㉓沙卡普塔尔矿（Месторождение Шакаптар）；㉔谢拉非莫矿（Серафимовское）；㉕阔克丘别矿（Коктюбе）；㉖沙卡普塔尔矿（Шакаптар）；㉗图亚慕云喀斯特淋滤型矿（Туямуюн Инфильтрационные в карстах），主要矿物为钒钙铀矿，U_3O_8含量为1.5%，镭含量31微克/吨，铀储量60吨，该矿曾开采镭；㉘克孜勒-奥姆普利铀砂矿群（Кызыл-Омпулькая группа россыпей），储量和推断资源量——铀13 432吨，钍30 238吨。其中，①—⑦为内生型铀矿床，多生于花岗正长岩、酸性火山岩中；⑧—⑩为硅质页岩型铀矿①；⑪—⑬产出于侏罗纪煤层（煤层内含沥青铀矿）；⑭—⑱为砂岩型；⑲—㉖为砂岩-泥岩型铀矿，含沥青铀、钾钒铀矿化，矿都不大，储量和预测资源量一般在数十至数百吨之间，一般情况下，铀富集于含有机质的灰质泥岩中，其中较大者为麦利-苏矿、沙卡普塔尔矿。

这当中，尽管没有大型矿床，但属于中型矿床的有萨雷贾兹铀矿（储量8 222吨，平均含铀量0.022%）和克孜勒-奥姆普利铀砂矿群，此二者是有较好开发前景的铀矿。此外，还有如阔克-莫伊诺克铀矿，储量2万吨，理论储量5万吨，也是具有一定开发意义的铀矿床。

吉尔吉斯斯坦建有卡拉巴尔庭铀矿加工矿山联合企业，目前还仍在运行，主要是对来自哈萨克斯坦的铀精矿进行加工。吉尔吉斯斯坦的铀矿开发在中亚起步最早，其中大部分经过详探或者预探，因而研究程度也最高。铀矿在吉尔吉斯斯坦是一种储量超过呈矿显示预测量的少有矿产。

该国较大铀矿的各级储量总和为31 171.6吨（B级756.6吨，C1级5 590.4吨，

---

① 关于地质年代及地层表见附录二。

C2级7 405.4吨，P1级16 520，P2级899.2吨)①。钍矿的各级储量共计29 252吨，可采储量6 800吨，其中3 380吨位于塔什-布拉克，嵌入阔克-莫伊诺克铀矿中。

麦利-苏、卡瓦克、沙卡普塔尔、秋雅姆云（Тюямуюн）、卡德日塞（Каджисай）等铀矿山由于储量殆尽，目前处于关闭状态。尽管有些矿体已开采殆尽，在吉尔吉斯斯坦恢复铀矿生产仍然具有一定潜力。萨雷贾兹铀矿和克孜勒-奥姆普利铀砂矿群均具有较好前景，前者是铀、钒、钼兼有，有较好的综合经济价值，后者敏感的环境问题是一个负面因素，但储量较大，对这二者都应进行必要的地质-经济评价。此外，阔克-莫伊诺克矿也有一定开发前景。

萨雷贾兹铀矿位于伊塞克-库里斯克州阿克苏地区铁列斯克山脉东部南坡，萨雷贾兹河南侧，距萨雷贾兹矿井25千米，有公路与卡拉阔尔城相连，矿区绝对高程2 900～3 500米。该地区正处于开发阶段，用酸浸法提取金属铀，铀矿矿石量为3 739.1万吨，铀储量8 222吨。矿床的上部已经过露天开采，矿床实际上已处于开发状态，有开发前景，需要周密的经济分析。该矿发现于1946年，1950—1957年进行了预探和详探，绘有大比例地质图，进行了矿石性质研究。矿区地段由贾克勃罗特（джакболотской）、寒武-早奥陶统别尔库特组（беркутской）、早-中奥陶统奥尔焦拜组（олджобайской）及中奥陶统铁兹斯组（тезской）等地层组成，赋存于晚元古界粗粒萨雷贾兹花岗岩组合之上。基本矿化岩石为炭质页岩-碳沥青，含矿炭质夹层1～1.5米，可沿

---

① 储量分级在20世纪70年代发展为资源和储量分类。1910年，在国际地质学会第十一次会议上，提出了用数字指数即A、B、C表示。苏联自1928年起，也采用A、B、C表示不同的储量级别；又从经济的角度，将矿产储量分为平衡表内与平衡表外两类。1981年，苏联的储量和资源分类新增了P1、P2、P3三级预测资源量。此外，平衡表内储量细分为有经济效益储量和国家特别措施支持下的可采储量两个亚类；平衡表外储量也划分为两个亚类：(1) 符合表内要求，限于矿山技术、法律、生态等条件不能利用的储量；(2) 质量低或开采复杂因而经济上不合理，通过技术进步是可以改变的。中华人民共和国成立初期，采用了苏联的储量级别。1959年，地质部全国矿产储量委员会制定了中国第一个《矿产储量分类暂行规范（总则）》。它将固体矿产储量分为四类（开采储量、设计储量、远景储量、地质储量）五级（A1、A2、B、C1、C2）。其中开采储量一般为A1级，设计储量一般为A2、B、C1级，远景储量即为C2级，地质储量为远景资源量。关于储量分级详见书后所列附录五"矿产资源储量分级"。

其东北走向追踪 15.7 千米。铀-钼-钒矿化主要赋存于厚度为 250～400 米的硅质、硅-泥质、炭-硅质、炭-泥质页岩中。

克孜勒-奥姆普利铀矿位于伊塞克-库里斯克州通斯克地区与纳伦州阔奇克斯克地区，克孜勒-奥姆普利山的南坡（此山是吉尔吉斯山脉东端的支脉），奥尔托托阔水库的北侧。该地区开发程度高，绝对高程 1 720～2 260 米，附近有河流、道路、机场及居民点，距铁路 40 千米。砂矿组群发现于 1951 年，由塔什布拉克、巴克、乌准赛、奥特土克和屯杜克 5 个砂矿组成。1964—1966 年对前两个组进行过预探，并计算了 C1 和 C2 级储量，对于其余的组进行了普查评价，计算了 P 级预测资源量。砂矿形成于山间冲积扇和洪积地段，砂矿物质来源为具有较高辐射（50～150 伽马）的粗晶正长岩：方铀钍石（ураноторианит）、硅酸钍矿（торит）、褐帘石（ортит）、锆石（циркон）、曲晶石（циртолит）、楣石（сфен）、钽-铌酸盐（танталo-ниобат）、白钛石（лейкоксен）、磷灰石（апатит）。砂矿主要矿物是铀、钍、锆、磷灰石、磁铁矿和长石。克孜勒-奥姆普利铀砂矿群曾是吉尔吉斯斯坦最大的铀矿开发项目。其主要矿物组分含量都偏低。然而，只要注重各种有用矿物组分的综合提取，项目开发是有利可图的。

阔克-莫伊诺克矿（Кок-Мойнок）位于伊塞克-库里斯克州通斯克地区，吉尔吉斯山脉东端的科兹洛姆珀尔山地，北距奥尔托托阔水库 6～8 千米。该地区经济上已开发，绝对高程 2 200～2 300 米，距公路、河流、机场 8 千米，距居民点 18 千米。1953 年发现，1953—1957 年对其进行了普查、预探和详探，研究深度达到 450 米。矿床位于下二叠系花岗正长岩侵入体的东南部位。主要矿带沿同一断裂延伸 489 米，厚 0～52 米，包含 4 个矿体，长 90～250 米，厚 7～16 米，矿石矿物有沥青铀矿、赤铁矿、黄铁矿；非矿石矿物有绿泥石、绢云母、石英。矿石量为 2 247.5 万吨，C1+C2 铀储量为 1 473 吨。

二、塔吉克斯坦的铀资源

1945—1995 年在塔吉克斯坦北部的奇卡洛夫斯克（Чкаловск）、塔波莎尔

（Табошар）城及阿德拉斯曼（Адрасман）村地区开采铀，在列宁纳巴德矿山化学联合企业（Ленинабадский горнохимический комбинат）进行加工。留下1.7亿吨的废石和5 500万吨的放射性尾矿石，总放射量达5 500居里。核废料处于河流上游，造成严重的核污染。现在已停止核资源生产。对5 500万吨的放射性尾矿石进行二次开发是今后较理想的核资源开发项目。

在塔吉克斯坦的莫果尔套-卡拉马扎拉、吉沙罗-卡拉铁吉纳和帕米尔地区有几处铀矿，尚缺乏勘探。此外，该国中部地区已发现60多处矿田和矿床，也都需要勘探落实。

还有一些推断性的资料，比如，该国帕米尔地区的莎瑟克湖的水中含有大量铀元素、这一地区的花岗岩和其他岩石中含有占世界铀储量14%～40%的铀资源等，这些都是未经勘探证实的，不能作为开发依据。正如有的学者所指出的，这如同说月球上有氦-3一样，它的存在是一回事，将其拿到手是另一回事。

第五章

中亚国家寻求铀资源合作开发伙伴的历程

哈萨克斯坦巨大的铀资源潜力吸引着国外投资[①]，尤其是其中易于使用低成本的地浸法进行开采的一些大型、特大型砂岩质铀矿，都被相继投入到合资开发，且外资占有相当数量的股权：加拿大矿业能源公司在北霍拉善与英凯铀矿开发上，取得60％的项目股份；法国阿海珐等集团在莫英库木、托尔特库杜克铀矿的开发上，持有49％的股份；日本住友商务（Sumitomo）与关西集团（Kansai）持有阿帕克公司（Appak）35％的股份；俄罗斯企业与哈萨克斯坦原子能工业集团公司（"哈原工"）建立了3家合资铀开发公司，开发卡拉套等铀矿，持有50％的股份等。哈萨克斯坦与多国合资规模化开发其大型铀矿，涉及其全国探明铀储量的一半以上，合资企业的年产量也超过其铀矿年总产量的一半，这促使哈萨克斯坦铀产量自2009年以来快速增长，跃居世界第一。这些铀矿合资开发项目主要集中在哈萨克斯坦南部易于用地浸法进行开采的铀矿黄金地段，以较少的投入即可获取较大的利润，正是这一点被西方核能企业看好，它们最为关心的就是利益的最大化，并不关心铀资源高端产品的产出。原本哈萨克斯坦寻求铀资源开发合作伙伴的最终企求，是找到合作生产核燃料产业链上终端产品——核燃料棒的可靠伙伴。但这方面的谈判举步维艰，合作结果不尽如人意。2010年，"哈原工"与法国阿海珐签订协议联合组建核燃料组件企业，生产线于2012年开工，2014年投产，到期并没见核燃料棒生产出来，随后又与两家公司于2017年签订了继续合作协议，前景至今尚不可知。2008年6月，"哈原工"与加拿大矿业能源公司达成协议，在乌里宾冶炼厂（Ульбинский металлургический завод）建一座年产1.2万吨六氟化铀转化厂，加方持有49％股份，并由加方提供所需技术。10多年过去，此项目一直被拖延搁置。这些都表明，西方核能公司与哈萨克斯坦核能公司的最终企求不相一致。

[①] 2008年的国际金融危机后，哈萨克斯坦在尝到国内经济过度依赖油气出口的弊端与风险而实施多元化资源开放后，更是加速了国外资本向哈萨克斯坦的铀资源开发的投资转移。纳扎尔巴耶夫于2013年9月10日在阿斯塔纳举行的发展中市场欧亚论坛上的讲演中，指出"油气开采应支持国家经济发展，但不应继续成为国家的主要收入来源"。哈萨克斯坦学界更是明确提示"依靠石油利润，进一步提升哈萨克斯坦的经济增长，已是不可能的事了，依托油气振兴经济增长的模式已经结束"，因而需要"寻求新的经济增长点，其中之一就是铀工业"。

乌兹别克斯坦在20世纪90年代即已开始与国外谈判铀资源合作开发，由于种种原因，成效远不如哈萨克斯坦。1992年美国核化学冶金公司（以下称"美核化"）、2006年韩国资源公司和俄罗斯技术设备出口公司、2007年日本伊藤忠株式会社都先后进入乌兹别克斯坦。但乌国提供的合资开发铀矿多为不便于使用地浸法开采的硬岩质中小型铀矿，开采成本高，经济效益差，投资动力不足，合资开发进展乏力，乌日、乌俄、乌韩谈判[①]无大的突破和实质性进展，加之安集延事件影响，乌美谈判实际上已中断[②]。

1996年，乌兹别克斯坦总统卡里莫夫访问华盛顿，尽管获得美国商业部准许，由"美核化"增加从乌兹别克斯坦进口铀配额，两年内按每千克高于12美元的价格由乌兹别克斯坦进口42.6万千克铀精矿，两年后，铀进口配额为27.2万千克，合同执行期间，使乌兹别克斯坦的铀年产量从2 000吨增加到3 000~3 500吨，同时建立铀开采合资企业。但合同到期，铀开采合资企业并未建成，"美核化"新总裁关于到2002年使乌兹别克斯坦铀产量翻一番的承诺也未能兑现，10多年的努力落空。2009年，乌兹别克斯坦找到中国广东核电公司，如期建立合资公司，章程资本460万美元，双方各占50%，款项很快得到中方落实，在最难啃的纳瓦依地区的布兹套地段的黑色页岩中如期展开铀资源勘探。

---

① Старчак М. "Урановый потенциал Узбекистана", 2011.06.11, http://csef.ru/ru/ekonomika-i-finansy/431/uranovyj-potencziaI-uzbekistana-2079. См. Там же. 2006年乌兹别克斯坦开始与"韩国资源公司"（Korea Resources Corporation）签订铀供应协议，因为国际铀价低迷而至今未能实施。2008年乌兹别克斯坦与韩国签署了于2011—2016年向韩国供应2 600吨铀的协议，被乌总理比作如同"只不过是猫的眼泪"的小项目。

② См. там же. 1992年"美核化"率先进入乌兹别克斯坦铀资源市场，1996年在美国和日本召开了组建乌兹别克斯坦核生产基地新闻发布会，向世界宣示了其为乌兹别克斯坦铀矿专属性购买者的身份，欲独揽乌铀产品进入国际市场。而乌兹别克斯坦则更希望能建立与之共担风险的铀开采合资公司，对此"美核化"并不热衷，在双方投资份额和股权分配方面提出苛刻条件，致使谈判中断。尽管双方后来达成协议并宣布，到2005年末由"美核化"投资2 500万美元，2006年再提供600万美元，全额用于纳沃依矿山联合企业（НГМК）的现代化改造，并同时向乌兹别克斯坦提供2 600万美元贷款，以换取Nukem Inc公司将乌兹别克斯坦的铀产品推向国际市场的专营权延长到2013年。但Nukem Inc公司并未兑现承诺，于是乌美第二次铀资源开发合作仍然没能成功。乌兹别克斯坦得出结论，美国公司的商业垄断并没给乌兹别克斯坦带来商业利益。安集延事件后，乌美铀资源合作实际上已停顿。

哈萨克斯坦总统带着同样的期待，于 2008 年访问核电大国日本，签署了《哈日关于共同研发核能技术的合作备忘录》。此后经 10 多年拖延，不见实际成效。2015 年，中国广核集团有限公司（以下称"中广核"）与"哈原工"签署了在乌斯季卡缅诺戈尔斯克共同生产核燃料组件（ТВС）的合同，2017 年即开始运行生产线，2019 年进行试生产，2021 年正式供应产品。与乌兹别克斯坦一样，哈萨克斯坦在比较中认可了中国伙伴。对此，哈有关学者发出了"借力中国的帮助走出死穴"的感慨。

第一节　中亚国家寻求铀资源开发国际合作伙伴的起步阶段

一、乌兹别克斯坦

乌兹别克斯坦历经与美国、日本、韩国、俄罗斯等国公司就铀加工企业技术更新的多年艰难谈判，均未见明显成效，仅与中国的"中广核"达成实质性组建铀矿开发合资企业的协议，并立即投入实施。

1. 与美国谈判止步于投资股份及利润分成矛盾

1996 年，"美核化"敲开了乌兹别克斯坦铀资源对外开放的大门，成为捷足先登者，于同年在美国和日本面向世界召开了组建乌兹别克斯坦核生产基地的新闻发布会。但在此后的谈判中，该公司越来越强调其要成为乌兹别克斯坦铀矿产品的专属性购买者的身份，独家掌控乌兹别克斯坦铀产品进入国际市场，后来双方在投资份额和股权分配方面产生分歧，而致使合作一度中断①。

---

① 此举迫使乌兹别克斯坦不得不将已有铀产品卖给乌克兰和韩国，并与后者签订了向其供应 500 吨铀的长期合同。

此后，乌兹别克斯坦为了更新建于苏联时期的纳沃依矿山联合企业（НГМК）的技术装备①，又一次寻求国外合作伙伴。没料到，首先响应的仍然是"美核化"公司，双方经谈判达成协议宣布，到2005年末由"美核化"公司投资2 500万美元，在克孜勒库姆沙漠的巴尔哈斯—东托克托内克地段（Балхаши-Восточно-Тактоныкской площади Кызылкумах）进行地质勘探和铀矿开采。"美核化"许诺于2006年再提供近600万美元，全额用于矿山现代化改造，并同时向乌兹别克斯坦提供2 600万美元贷款，以换取"美核化"公司将乌兹别克斯坦的铀产品推向国际市场的专营权延长到2013年。但该公司并未兑现承诺，加之其提出的条款过于苛刻，致使纳沃依矿山联合企业无利可图。于是乌兹别克斯坦与"美核化"的第二次合作仍然没能成功。由此乌兹别克斯坦得出结论："美国公司的商业垄断并没给乌兹别克斯坦带来商业利益"，并由НГМК的代表宣布："近期没有与'美核化'商讨建立合资企业的计划"，而终结了与美国公司的合作。

2. 与俄罗斯的谈判陷入目标矿床选定分歧

2006年，俄罗斯技术设备出口公司（Техснабэкспорт）进入乌兹别克斯坦的核能市场②，与纳沃依矿山联合企业（НГМК）签署了铀矿地质勘探与采掘合同，开发对象为阿克陶矿（Актау）。后俄方以阿克陶黑页岩型铀矿开采成本较高为由，提出要求改换矿山，遭到乌方拒绝，俄乌铀资源开发合作因目标矿床选定分歧而拖延。

3. 与日本谈判久拖未决

2007年10月，乌兹别克斯坦与日本伊藤忠株式会社（Itochu Corp.）签

---

① 该企业装备老龄化，致使乌兹别克斯坦铀年产量的世界排名由第五位下滑到第七位。
② 俄罗斯对乌兹别克斯坦的铀资源的关注，可由其负责人斯米尔洛夫的评价看出，他认为与加拿大、澳大利亚及南非用矿井开采铀矿相比，乌兹别克斯坦的铀可用地下渗取法开采，成本要低得多，且相当一部分是属于低于40美元/千克者，在乌兹别克斯坦进行铀矿开采应该是最具有前景的。

约，在克孜勒库姆沙漠中部铀矿进行工业开发的技术经济论证，对产业发展进行了可行性研究。据 2009 年的研究成果，达成建立年采铀 700 吨的合资企业协议，后因缺乏经济效益而夭折。2008 年，乌兹别克斯坦又与日本三井集团（Mitsui Corp）及双日株式会社（Sojitz Corp.）签署了合作生产铀的合资意向书，在西括克帕塔地区两公司分别获得括克帕塔铀矿及中-克孜勒库姆第 4 区段铀矿床的开采权。但在全球经济危机背景下铀价格走低，日本公司以无前景可言而退却，与日本企业的合作也就此止步。

4. 与韩国的合作计划搁浅于铀价低迷

2006 年，乌兹别克斯坦开始与韩国积极合作，签订了铀供应协议，并与"韩国资源公司"（Korea Resources Corp.）共同表达了建立合资企业的意向，对储量为 7 154 吨的准图阿尔铀矿（Джантуарское）进行开发，同样因为国际铀价低迷，设计至今未能实施。2008 年，乌兹别克斯坦与韩国签署了于 2011—2016 年向韩国供应 2 600 吨铀的协议，合同额 4 亿美元。但乌兹别克斯坦需要一个更大的和更长期的客户，尤其需要投资者。

5. 与"中广核"组建铀合资企业一举成功

从 1996 年起，乌兹别克斯坦即已开始寻求铀资源开发的合作伙伴，历经 13 年没有找到能共担风险、具有诚信的合作伙伴。然而，当它转向与中国公司进行谈判时，却取得了成功。

2009 年 8 月，乌兹别克斯坦政府批准了与中国广东核电公司建立合资公司，在纳瓦依地区的布兹套地段的黑色页岩中寻找铀资源。章程资本 460 万美元，双方各占 50%。乌兹别克斯坦的铀资源合作开发首选外国合作伙伴不是别人，而是中国。有了与中国的成功合作，乌兹别克斯坦总统卡里莫夫拒绝了俄罗斯等外国公司的再次合作意愿。

二、哈萨克斯坦

1."一拍即合"但又漫长曲折的哈日核能合作

日本是世界核电设备容量仅次于美国和法国的第三核电大国,核电机组达到 55 座,总发电量占其国内发电量的 28.6%,铀需求量大①,哈萨克斯坦看好日本的核电市场同时也看好日本的核电技术,把寻求铀资源高端开发合作伙伴的首选目标投向了日本②。2008 年 6 月,纳扎尔巴耶夫访问日本,核合作是一重点议题。纳扎尔巴耶夫称道"日本是当之无愧的高新技术强国"③,表达了引进日本核电技术的愿望④。于是日本东芝公司和"哈原工"签署了一个加强核能合作谅解备忘录。继而,两国相关部门于 2010 年 3 月 2 日,在东京又签署了"和平利用核能的合作协议",由哈萨克斯坦每年向日本提供稳定的铀原料供应(4 000 吨),并由日本向哈萨克斯坦转让核能和平利用的相关技术,提供包括核燃料组件生产、反应堆技术、核电站建设等高端技术,承担哈方核能人才培训等。并由此确立了哈萨克斯坦与日本的战略伙伴关系⑤。继

---

① 日本的铀原料主要来自澳大利亚与加拿大(占 60%),为摆脱这两国对铀资源出口的限制,日本以谋求从中亚进口铀原料作为一个突破口。为寻求生产高端产品的合作伙伴,从进入 21 世纪开始,哈萨克斯坦即先后与法国、加拿大、日本等国等进行了多轮长时间谈判,均因对方拖延提供生产高端产品的核心技术而无明显进展。

② Kazinform, Казахстан заинтересован в поставке урановой продукции в Японии-Президент РК, Как отметил на последней встрече в Токио президент Казахстана: "У нас есть уран, у вас-высокие технологии." 2015.10.27, http: inform.kz/ru/kazahstan-zainteresovan-v-postavke-uranoloy-produckii-v-yaponiyu-prezident-rk_a2832879.

③ "Глава государства также подчеркнул, что Япония по праву является державой высоких технологий." Казахстан заинтересован в поставках урановой продукции на рынок Японии, http://today.kz/news/kazahstan/2015-10-27/701211-kazahstan-zainteresovan-v-postavkah-uranovoj-produktsii-na-ryinok-yaponii/.

④ 此前于 2006 年有日本经济产业省资源能源厅关于"中亚铀矿资源对日本的战略意义"的报告对哈萨克斯坦铀资源的肯定。

⑤ 早在 2006 年 8 月日本前首相小泉访哈期间,两国就签署了一份核能合作谅解备忘录。2007 年 4 月,两国又签署了一系列高规格能源合作协议,其中包括哈向日供铀的相关协议,以及日向哈提供燃料循环开发和核反应堆建设技术援助的相关协议。"哈原工"准备从单纯的天然铀供应商转型为成品核燃料组件供应商。哈有意自 2010 年起以约 4 000 吨铀/年的速度向日本提供天然铀和成品核燃料,约占 40%的日本市场份额。

而又签署了《哈日关于共同研发核能技术的合作备忘录》① 《哈日关于在哈萨克斯坦建造轻水反应堆核电站的合作协议》《哈日关于在开采哈拉桑1号和哈拉桑2号铀矿领域建立战略伙伴关系的协议书》等一系列协议②。

就协议而言，哈日核能合作已经达到相当高的水平。但2011年震撼世界的日本福岛"3·11"核泄漏事件使日本一夜间回归到"零核时代"，同时引起世人对日本核电技术高端性和完备性，尤其是抗击重大自然灾害的安全性能的疑虑，这当然也撼动了哈萨克斯坦先前对日本核电技术先进性的认知，于是哈日核电合作历经了约三年的"沉寂"。2015年哈日重开谈判，"希望导入预防重大核事故的完善措施"③成为哈方的一个特别表示，最后达成由东芝公司提供第三代安全的核电设备AP1000水压反应堆（装机容量100万千瓦）的协议④。无独有偶，对哈日合作产生负面影响的还有另一件事，即福岛事件后，美国加利福尼亚州核电站因蒸发器换热组件故障导致反应堆废炉，美方就此向制造商日本三菱公司提出索赔要求⑤，这表明即便是日本第三代核电技术也不尽安全，其在中亚参与核电开发的信度和力度都将受到影响。至今又时过几年，有关哈日铀高端产品生产合作协议仍未得到哈方政府批准。

2. 与俄罗斯合作实施迟缓

俄罗斯进入中亚进行铀资源合作开发有轻车熟路之便。俄对中亚的铀资源开发有历史渊源，中亚五国曾是苏联的加盟共和国，而且是其战略后方与

---

① 由哈萨克斯坦每年向日本提供稳定的铀原料，并由日本向哈萨克斯坦转让核能和平利用的相关技术，确立了哈萨克斯坦与日本的战略伙伴关系。
② 王作葵、魏良磊："日本在哈萨克斯坦大规模采铀"，《瞭望》，2007年第20期。
③ 中华人民共和国驻福冈总领事馆经商室："日本利用废炉技术争夺哈萨克斯坦核电站订单"，http://news.bjx.com.cn/html/20140805/534257.shtml。
④ 毕文元："哈萨克斯坦有意采购日本东芝的核电反应堆"，2015年1月5日，http://www.dsti.net/Information/News/92258。
⑤ 王欢："美加州核电站因故障废炉拟向日三菱提出索赔"，2013年7月19日，http://world.huanqiu.com/exclusive/2013-07/4149976.html。

自然资源库。早在20世纪50年代，为发展核武器，苏联即已在中亚开采铀矿。起初是在吉尔吉斯斯坦、塔吉克斯坦，当其发现哈萨克斯坦和乌兹别克斯坦是更有前景的铀矿产地后，将铀资源开发的重点移向了哈、乌两国，营造出庞大的铀工业体系。苏联解体，留下了一大批铀矿矿山和铀产品加工企业，对铀原料进行深度加工的乌里滨冶金厂即为其中的特大型企业之一。这些企业的改造翻新成为今日俄罗斯再次涉足中亚核资源开发的实际切入点，2016年哈俄两国达成协议，就乌里宾冶金厂进行恢复和扩建就是一个明显的例证。俄罗斯倡导的欧亚经济联盟也是促成这一合作的现实推动力。但由于俄罗斯受困于经济实力，进展较缓慢。

3. 中哈核能合作适时走向高端化

这期间，哈方与中国"中广核"的谈判进展顺利。2015年12月，"中广核"与"哈原工"签署了在乌斯季卡缅诺戈尔斯克共同生产核燃料组件（ТВС）的合同，中方持股49％。2016年，组件厂开工建设，纳扎尔巴耶夫总统出席开工仪式。2019年3月，"哈原工"宣布于2021年向中国正式提供核燃料组件，较哈萨克斯坦计划2025年达到生产核燃料组件的预想目标提前了4年，并跨越了核技术人才准备期。这对于在铀矿生产上谋求合资伙伴走过艰难历程路的中亚其他国家来说，无疑是树立了一个国际合作的样板。哈萨克斯坦在失望中找到了中国伙伴，于是有了哈学者关于"借力中国的帮助走出死穴"的感慨。

4. 中亚找到铀资源合作的如意伙伴"中广核"

哈萨克斯坦为求得生产核燃料的终极高端产品生产的合作伙伴，先后和法国、加拿大及日本谈判，但碍于种种原因，都未能如愿以偿，最后与中国的"中广核"达成了提供相应的高端工艺技术的协议。

由铀矿资源低端产品到高端产品，大致需要经历铀矿开采、天然铀转化、核燃料芯块制作、核燃料组件生产等若干环节。多年来哈萨克斯坦的铀矿资源开发一直停留在铀矿开采和天然铀初级转化上，价格受限于缺乏高新技术含量。与"中广核"合作，一步跃升到生产铀资源终极高端产品——核燃料组件，这无疑是哈萨克斯坦铀资源开发模式的一次转折，也由此认可了其如意合作伙伴是中国公司。

哈萨克斯坦的有关专家日益认识到与中国合作的重要意义，认为如不与中国公司合作，"将会是另一番情景"，并认为"原子研究领域人才缺乏将会令人失望。包括缺乏核能项目设计、施工、生产的专家和核电站运行的技术管理人员，以及缺乏核辐射材料、核动力、氢动力、放射生态学、核医学等领域的人才。要培养这些高素质专家需要耗费约10年时间。人才培养需要先行。否则，哈萨克斯坦关于铀贸易的多元规模化拓展的后续计划只能是纸上谈兵"[①]。他们认为，与中国合作为哈萨克斯坦赢得了10年人才培养时间。

乌兹别克斯坦寻求合资开发其铀资源的国外伙伴，西方国家在国际铀价持续走低的情况下，不愿与其共担跌价风险，而久拖不决；哈萨克斯坦寻求生产铀燃料高端产品的国际合作伙伴，因西方国家不愿拿出或无力拿出核心技术，也是久拖不决，或是不了了之。这两个中亚核资源国家都在几经周折后，找到了有诚意又有经济实力的中国合作伙伴，谈判取得成功，合同落地生根，所有期待都如愿以偿。

---

① Смирнов С. Урановый шанс Казахстана, 2016.06.29, Есть и другие аспекты. В частности, вырисовывается неутешительная картина дефицита кадров для атомной отрасли. В том числе специалистов по проектированию, конструированию и строительству объектов атомной энергетики и промышленности, инженерно-технического персонала АЭС, радиационного материаловедения, ядерной и водородной энергетики, радиоэкологии, ядерной медицины. Поскольку на обучение одного квалифицированного специалиста требуется около десяти лет, то подготовка кадров должна опережать программы разработки и развития технологий, строительства ядерных объектов и их ввода в эксплуатацию. Иначе очередные планы Казахстана по масштабной диверсификации уранового бизнеса так и останутся лишь на бумаге. https://informburo.kz/mnenjya/sergey-smirnov/uranovyy-shans-kazahstana.html.

 第二节　中国核能企业走进中亚铀资源开发领域

中国公司在中亚与多国谈判中取得成功，是因为中国公司遵循新型大国地缘外交理念，严守在"共建丝绸之路经济带"、打造周边命运共同体总方针下的"睦邻、安邻、富邻"的周边外交准则，从而在谈判中能坚持正确的义利观，恪守"见利思义""行义在先、义利兼容"的原则。这个明确又强大的理念支撑着中国公司在谈判中能正定方向，取得成功。

当然，这一切又都是基于对发展趋势的科学分析①。义利是统一的，"行义在先"的实际结果是互利双赢，我们投资于伊尔科利和谢米兹拜伊铀矿开采，其产品又都是全部为中国核电站所用②。"核燃料组件"生产合同的实际效应也是完全一样的③。从2021年起，哈方将向中方供应核燃料棒。在中亚的铀资源合作开发谈判是一次新型大国地缘外交的成功践行。对此，哈国内给予了极高的评价，认为可以"寄希望于中国援助，以改变局面，走出困境"④，在比较与等待中，对中国抱有高度期待。此举不仅是中哈核能合作的一次大跨度升级，还是丝绸之路经济带建设的一个重大成果。同时预示着中亚优势资源总体综合开发出现了高端产能合作的现实可能性，具有极为深远的区域资源战略意义，也为地区发展树立了国际合作样板。

---

①　核能的洁净与廉价使其成为烃能源的最佳替代能源之一，这是个发展趋势。尽管发生了福岛"3·11"核泄漏事件，但它除了能促使提高核电的安全性能之外，并不能改变这个趋势。世界上共发生过三次最严重的核电事故，每一次都促进了核电安全性能的大幅提升：从1979年3月28日美国三哩岛核电站核泄漏事故到1986年4月26日苏联切尔诺贝利核电站4号反应堆发生爆炸历经7年，此后到2011年3月11日日本福岛第一核电站事故历经25年，表明核电的安全性能在提高。

②　彭勇："我国在中亚地区的首个铀资源项目开工"，新华网，2009年4月29日，http://news.xinhuanet.com/fortune/2009-04/29/content_11283307.htm。

③　我国进行铀矿开发投资，而且还带动了矿区所在地的经济发展和社会就业，仅伊尔科利铀矿就为克孜勒奥尔达州谢里区提供了460个工作岗位。

④　同第118页注①。

中国在中亚铀资源合作上胜出预示着一种转折，问题涉及的不仅是谁能在中亚支撑起铀资源开发，而是"共商、共建、共享"全球治理理念的一个具体实施，中亚对中国已开始寄予希望。在这里看到的是中国全球治理理念的一次成功实践。

一、中国公司率先与哈萨克斯坦合作建立高端铀产品合资企业

尽管中国公司涉入哈铀资源开发较晚，但先于日本等国公司，与哈萨克斯坦建立了高端铀产品——铀燃料棒生产的合资企业。2014年12月14日，中哈签署了《关于扩大和深化核能领域互利合作的协议》。2015年同日，在中国国务院总理李克强、哈萨克斯坦总理马西莫夫的共同见证下，中国广核集团有限公司与哈萨克斯坦国家原子能工业公司在北京签署了《关于在哈萨克斯坦设计和建设燃料组件制造厂和在哈萨克斯坦共同开发铀矿的商业协议》①。2016年，在乌斯季卡缅诺戈尔斯克建设核燃料组件（TBC）生产工厂，进行了核燃料组件试制。多年来哈萨克斯坦的铀矿资源开发一直停留在铀矿石开采和天然铀的初级转化上②，价格受限于缺乏高新技术含量，与"中广核"的合作使哈萨克斯坦铀产品一步跃升到铀产品链条的终极高端产品——核燃料组件，这无疑是哈萨克斯坦铀资源开发模式的一次跨越式升级。对此，哈萨克斯坦铀专家感慨："否则，哈萨克斯坦关于铀贸易的多元规模化拓展的后续计划只能是纸上谈兵"③。当哈日高端核能合作还逗留在纸面上，中哈合资生产的铀燃料棒已在中国核电站试运行成功。对此，哈方舆论发出了"期待着借力中国帮助以走出死穴"的反响。事实证明，中国核电技术国际竞争力强劲，已在中亚赢得诚信。由此，中国在中亚新能源开发国际合作与竞争中得以胜出！

---

① 杨漾："中广核布局铀矿大国哈萨克斯坦打破垄断谋求核燃料自主"，2015年12月15日，http://news.hexun.com/2015-12-15/181199460.html。

② 由铀矿资源低端产品到高端产品，大致需要经历铀矿开采、天然铀转化、核燃料芯块制作、核燃料组件生产等若干提升环节。

③ 同第118页注①。

二、中亚认可中国高端铀开发技术的前沿地位

长期以来，欧美及日本在人们心目中是高科技尤其是核心技术的当然拥有者，这几乎是一个固有的观念。

在高新技术引进上，哈萨克斯坦一直看好日本。2011年日本福岛"3·11"核泄漏突发事件暴露了日本核电生产安全保障的脆弱性；2012年美国加州核电站因故障废炉而向制造商日本三菱提出索赔事件①，表明即使是先进的日本压水堆技术的安全性能也是值得怀疑的。

中亚认可中国高端铀开发技术的前沿地位。近年来，中国核电技术突飞猛进，在总体上处于世界前沿。一是中国已是世界上能独立出口三代核电技术的国家之一，有在海外建核电站的成功经验。除巴基斯坦瓜达尔核电站已由中国承建外，英国、罗马尼亚、南非等都有引进中国核反应堆的意向。而且，宝钢特钢厂更是全球唯一具备核电蒸发器用镍基耐蚀合金生产能力的企业。二是中国核电的安全性能已跃居世界前列。在建的三门三代核电站就是为应对类似福岛核电非常事故设计的，可抵御民用飞机的恶意撞击，能顶住福岛核电站所经受的地震和海啸的双重打击。三是中国核电技术表现出明显的后发优势。在AP1000基础上消化、创新，形成具有完全自主知识产权的CAP1400核电技术，单机功率更大，技术更加先进，安全标准更高②，此外还

---

① 位于加州南部的圣奥诺弗雷核电站使用的是三菱重工制造的蒸发器，而由于发现管道发生破损和异常磨损，核电站已于2012年1月停止了运行。2013年6月，核电站所属电力公司由于入不敷出而决定废弃反应炉，向三菱重工送去了要求赔偿损失的文件。美电力公司方面以严重违反契约内容为由，对三菱重工书面提出了索赔请求。电力公司表示，废炉造成了450亿～650亿日元（约合27.5亿～39.8亿元人民币）的损失。如果三菱重工不履行合约，公司将使用提交仲裁等法律手段。http://www.hbrc.com/rczx/web-6018525.html。

② 王仁贵、孙婷婷、杨彬钶："中国核能2050年一次能源供给将提高到15%"，2012年9月12日，http://www.china5e.com/news/news-244572-1.html。中国在AP1000基础上消化创新后形成的CAP1400，具有完全自主知识产权，目前正准备到阿根廷进行投标。与AP1000相比，CAP1400机组功率更大，单机功率超过140万千瓦；机组可利用率更高，达到93%；技术更加先进，安全标准也更高，"对于中国'建设核电强国'意义重大"。

有华龙一号①。继而起步研制第四代核电技术，全球首座第四代核电站蒸发器换热组件完成交货②，跻身世界核电第一阵营，与美、法等核电强国比肩，以国家实力支撑我国核电走出国门，走向中亚。四是我国铀地浸开采技术已处于世界领先地位。在国内实现了铀矿的绿色开采，在矿区既见不到露天矿山的剥离工程和巨大采坑，也见不到坑道开采留下的废石场、尾矿库等，能见到的只是地面上的注液井和抽液井的进出口装置，还废除了矿山运、通、排、压四大工程。整个矿区为树木、草坪所覆盖③，这里注入地下的浙取溶液也不是通常所用的酸性溶液，而是溶有二氧化碳和氧气的水溶液，不仅成本大为降低，而且不会造成地下及地面环境污染。这是一场处于世界领先地位的铀矿采掘工艺革命。中国公司之所以能在乌兹别克斯坦承接其他外国公司不愿承接的高难开采的黑色页岩铀矿④开采工程，是因为有先进技术作为支撑，由此改变了乌兹别克斯坦对西方技术的青睐。这就是中国能在与中亚核能资源合作中取得优势的技术层面原因。哈萨克斯坦从认

---

① 蒋建科："华龙一号原创三代核电技术引人瞩目"，《人民日报》，2016 年 6 月 11 日第 1 版。中核集团与巴基斯坦原委会于 2013 年 2 月签订了卡拉奇 2、3 号核电项目华龙一号出口合同。2 号机组已于 2015 年 8 月 20 日实现核岛浇筑第一罐混凝土（FCD），3 号机组预计 2016 年 6 月中旬实现核岛浇筑第一罐混凝土。2015 年 2 月，中国和阿根廷签署了《关于在阿根廷合作建设压水堆核电站的协议》，标志着华龙一号自主三代核电技术成功出口拉丁美洲。此外，中核集团还与英国、苏丹、巴西、埃及、加纳、马来西亚等国家达成了合作意向，目前正在积极推进核能领域合作。

② 蒋梦蝶："全球首座第四代核电站蒸汽发生器换热组件'宜兴造'"，2016 年 4 月 8 日，http://epaper.wxrb.com/paper/wxrb/html/2016-04/08/content_555840.htm。

③ 孙浩："铀矿绿色开采让人耳目一新——新疆中核天山铀业应用地浸采矿技术把环保工作推上新高度"，2016 年 10 月 11 日，http://nnsa.mep.gov.cn/zhxx_8953/yjzx/201610/t20161011_365326.html。提炼地下的铀，通过注液钻孔将溶浸液注入地下矿层，使其在矿层与赋存在矿石中的铀发生反应，形成含铀溶液，再通过抽液钻孔用潜水泵将含铀溶液提升至地表，然后进行水冶处理，加工成铀的初级产品；提取铀之后的尾液又配制成溶浸液再注入地下矿层，这种技术称为地浸采铀技术——二氧化碳和氧气地浸采铀法。其实就是将二氧化碳和氧气含量更高的水注入矿层，既不会像酸性溶液那样使地下水环境有较大的改变，也不会对原有地层结构形成大的破坏，更不会在地表造成大面积的尾矿渣堆存、地面塌陷和次生环境污染，还节约了大量的矿山建设用地。

④ 黑色页岩铀矿质地致密，孔隙度和渗透率都较砂岩质铀矿差许多，开采成本较后者高出许多。中国公司之所以能接受黑色页岩铀矿开采是因为掌握应对其开采的技术手段——二氧化碳及氧气水溶液灌注，较之国际上通用的酸溶液有更好的渗透性能，能穿透相对致密的地层。也就是说，是因为有了技术底气，才有了接受勇气。

为日本是当之无愧的新技术强国到寄希望于中国开发高端铀产品,是对中国在中亚核能开发中引领地位的认知。中国公司在中亚新一轮能源开发中的地位与20世纪90年代油气资源开发时已不可同日而语。那时卡沙甘油田的外国股东一共有六个,中国公司占股8.4%,排在第五位,是后来者、跟跑者①。今天在中国-中亚能源合作中,中国正经历着由跟跑者向引领者的转变。

我国铀矿地浸开采技术连同第三代有自主研发产权的核电技术都是走出国门的世界级品牌。当哈日高端核能合作的协议还停留在纸上,中哈核能的高端合作已付诸实施。中国采用的压水堆,比福岛核电晚建二十年,具有技术后发优势②,现在正在建设的三门核电站AP1000三代核电技术③,更是针对了这次核事故暴露出的问题④。而且采用了三层安全保障,是世界第三代核电建设的前沿技术,安全性也是世界一流的⑤,为我国高端技术走出国门开拓了一条新路。

中国不仅以完善的战略理念引领世界治理,而且在新一轮的全球技术革命中已开始占据若干制高点。

---

① 股东意大利埃尼、美国埃克森美孚、荷兰壳牌、法国道达尔以及哈萨克斯坦国家石油天然气公司分别持有卡沙甘油田16.81%的权益,日本的Inpex持有7.56%的权益,而根据中哈两国达成的协议,美国康菲石油的8.4%股权通过哈萨克斯坦国家石油公司转入中石油名下。

② 一是压水堆采用三回路,如遇紧急情况需释放蒸汽减压,可将二回路不含放射性的蒸汽外排;二是新堆型已普遍装了氢复合装置,氢复合成水,不会发生福岛核电站那样的氢爆炸;三是压水堆有蒸发器,三个蒸发器中的水也可带走一部分热量。

③ 其为改进型压水堆技术——CPR1000方案。

④ AP1000采用爆破阀,在没有任何外界电源的情况下可自动爆炸,放出二回路蒸汽到顶上水箱减压,顶上水箱下泄水冷却,安注箱向压力容器内注水,另外设计上保证即使堆芯都熔化,压力容器也不会烧穿,将放射性物质控制在容器内,等等。所以中国选择具有非能动性的三代核电技术是十分正确的,即使发生日本福岛"3·11"核泄漏事件那样的极端情况也能有效应对。

⑤ 陈其钰:"中国采用第三代核电技术全球先进较为安全",南方日报,2011年3月15日,http://finance.huanqiu.com/roll/2011-03/1562789.html。

第三节　中国-中亚核能合作中的思索与启示

第一，核能的洁净与廉价使其成为烃能源的替代趋势不会改变①。尽管发生了福岛"3·11"核泄漏事件，但核电站事故给人类更多的是警示，促使着人类提高核电运行的安全性能，更加理性地对待核电发展，并不会改变核电复兴的趋势。这已为世界核电发展的历史所证实，从1979年3月28日美国三哩岛核电站核泄漏事故到1986年4月26日苏联切尔诺贝利核电站4号反应堆发生爆炸历经7年，此后到2011年3月1日日本福岛第一核电站事故历经25年，特别重大核电站事故发生的周期成倍延长，表明核电的安全性能得到提高。这段过程中，核电技术已由第一代安全性能较低的沸水堆发展到第三代安全性能较高的压水堆，直到出现AP1000强化第三代核电技术，安全性能更高的高温气冷堆第四代核电技术已开始试验性运行。实际上，日本在福岛核泄漏事件两年后，于2014年在其最新版的《能源基本计划》中，再次将核电定位为"基干电源"，也表明了这一点。事实上，在挺过了"3·11"核泄漏事件的艰难时刻之后，国际铀价已开始回升，专家预测其大幅增长期也即将到来，世界核能协会预测2050年核能将供应全球25%的电力。

第二，中国在中亚的成功是世界治理理念融合高新技术的综合效应。 如果"中广核"不掌握领先于世界的铀开采地浸技术以及先进铀燃料棒生产技术，在科技强国竞相出手的环境中，中国的引领地位是无法得到中亚认可的。除铀矿开采地浸技术、第四代核电技术外，我国能跟进世界技术前沿，或是已处于领先地位的技术还有高铁、常温中低速磁悬浮轨道交通、量子通信、超级计算机、云计算、大数据、物联网、5D研发、可再生能源开发、超级稻及其他农作物杂交、智能排灌等。这些都可作为走出国门的世界级品牌，其与全球

---

① 应该再次强调，此外还有更为重要的风能、太阳能、生物能、水能等可再生能源。

治理新理念的融合将为我国走向世界带来更多的机遇。习近平总书记指出，在一些科技领域，我国正在由"跟跑者"变为"同行者"，甚至是"领跑者"，同时也指出"我们也要清醒地看到，中国在发展，世界也在发展。与发达国家相比，我国科技创新的基础还不牢固，创新水平还存在明显差距"①。今天，新一轮的经济全球化是与新一轮的科技创新相并行的，纳扎尔巴耶夫在2017年的国情咨文中已经提出"数字哈萨克斯坦"的战略目标，瞄准了3D打印技术、在线商务、移动银行、数字化服务等②。这些高新技术为中哈经济合作提供了更多技术层面上的利益汇合点。

第三，秉承打造人类命运共同体，力倡"经济全球化"的理念是中国在复杂的经济竞争中得以胜出的战略依托。受到2008年国际金融危机严重冲击的西方国家越来越陷入经济保护主义，从"经济全球化"上退缩，在技术上变得自守"家门"。正如习近平总书记所说，"当前，世界经济复苏势头仍然脆弱，全球贸易和投资低迷，大宗商品价格持续波动，引发国际金融危机的深层次矛盾远未解决。一些国家政策内顾倾向加重，保护主义抬头，'逆全球化'思潮暗流涌动"。中国公司具有欧美、日韩等国公司所不具备的特质，这就是在"共建丝绸之路经济带"、打造周边命运共同体总框架下"亲、诚、惠、容"的周边外交原则，从而在谈判中能秉持正确的义利观，恪守"见利思义""行义在先、义利兼容"的原则，摒弃了过时的零和思维，懂得在经济全球化，区域一体化快速发展的今天，你中有我、我中有你，"只有义利平衡才能义利共赢"的道理③。这一理念支撑着中国公司在谈判中能正定方向，不

---

① 习近平在十八届中央政治局第九次集体学习时的讲话（2013年9月30日）。

② Необходимо развивать в стране такие перспективные отрасли, как 3D-принтинг, онлайн-торговля, мобильный банкинг, цифровые сервисы, в том числе в здравоохранении и образовании, и другие. Эти индустрии уже поменяли структуру экономикоразвитых стран и придали новое качество традиционным отраслям.В связи с этим поручаю Правительству разработать и принять отдельную программу «Цифровой Казахстан». См. Послание Президента Республики Казахстан Н. Назарбаева народу Казахстана, 31 января 2017 г., www.akorda.kz/ru/addresses/addresses_of_president/poslanie-prezidenta-respubliki-kazahstan-nnazarbaeva-narodu-kazahstana-31-yanvarya-2017-g.

③ 习近平在韩国国立首尔大学的演讲（2014年7月4日）。

磕碰在一时的既得利益上，同时也给了中国公司承担风险的谋略和勇气，这在与乌兹别克斯坦的谈判中表现得尤为突出。这是中国公司有别于西方公司的根本所在，是隶属于"资本"体系、奉行"逐利在先"信条的西方公司所不具备的。

第四，打造周边命运共同体与打造人类命运共同体是相互促进的。我国改革开放较之中亚国家先行一步，为后者积累了经验，产能合作也联动兴起。我们需要能源及矿产资源，中亚恰恰具有相应资源优势。哈萨克斯坦实施"走出去"战略，贯彻"光明之路"新政，疏通东出西往的通道与我国谋求西向通达南亚、西亚、欧洲、非洲的需求是融合一体的。这种深度互利联动将对中国-中亚利益共同体和命运共同体起到强化、夯实作用。中亚处于丝路经济带的核心枢纽部位，具有各向辐射功能，因而中国-中亚共同体将会产生多向扩展效应，这将为打造人类命运共同体提供一条务实切入途径。其间，中亚的新能源将起到推动作用，人类正处于由化石能源向后化石能源时代的过渡，中亚拥有促进这个过渡的雄厚新能源资源，中国-中亚以核能开发打头的新能源合作无疑会为打造人类命运共同体提供必需的能源支撑。

第五，世界能源结构将出现多形态化，这势必制约以石油美元体现的金融霸权。"共建丝绸之路经济带"、打造人类命运共同体、"共商、共建、共享"的全球治理理念胜过了以金融霸权控制全球和资本唯利是图的传统图谋。核能开发势必影响到国际金融体系的调整与重组。自1945年以来，美国接替英国成为世界金融霸主，美元通行世界，无处不到，无处不起制约作用。美国金融霸权是直接通过掌控世界能源推向世界的，它捆绑在石油上，以石油美元的形态通行天下。在中亚核能开发合作中，美国公司与乌兹别克斯坦铀资源的合作进程两起两落，最终退出，已表明其应对乏力，表现出石油美元疲软性的一面，暴露出美元霸主地位衰落的一面。当今，核能正在世界范围内复兴，加之可再生能源开发与之相伴兴起，世界能源结构将出现多形态化，这势必会分割石油美元的作用范围，制约石油美元体现的金融霸权，这会为建设丝绸之路经济带拓展空间，为打造人类命运共同体化解障碍、疏通渠道。

第四节　关于中国-中亚核能合作的几点建议

第一，周全近期与长远、核能与可再生能源的兼顾包容开发。一是拓展与哈萨克斯坦的核电建设。哈萨克斯坦面临改变煤电高比例（68%）的现状，有发展核电的愿望。中哈核能开发合作开局正顺，应顺势推进，以铀燃料棒合资生产取得圆满成功为契机，向核电建设合作推进，并同时拓展新的铀矿开采合作项目。二是铀资源毕竟是可竭尽的，中亚已探明铀储量约80万吨，按照年采3万吨计，约25～30年即可开采殆尽。因而我们在与中亚的核能合作中应实施核能与可再生能源资源的并举开发方针。三是中亚同时拥有丰富的铀矿资源与风能、太阳能等可再生能源资源。但由于风能、太阳能只能在就地将其转变为电能后，经由高压线路传输才能接入用户，不能像铀矿成品那样直接通过物流运输，满足遍及全球的核电需求。因而世界主要核电国家在中亚更乐于首选投资核资源开发，这在事实上导致中亚可再生能源开发滞后。有鉴于此，应周全近期与长远、核能与可再生能源的兼顾包容开发。

第二，扩大在南哈萨克斯坦的合作项目，并以此作为合作重点。一是哈铀资源开发黄金地段在其南部楚河-萨雷苏河及锡尔河铀矿成矿带。这里集中了哈萨克斯坦60.5%的铀矿床，且多为大型、特大型铀矿床，如北霍拉善储量16万吨、英凯储量7.59万吨、莫英库木储量4.37万吨、西门库杜克储量2.6万吨、托尔特库杜克储量2万吨，且都是可用地浸法开采的砂岩型铀矿，67%的开采成本在40美元/千克以下，法、意、俄、日等国公司的投资主要集中在哈铀资源的黄金地段。二是"中广核"与"哈原工"合作的重点项目——铀燃料棒生产基地乌斯季卡缅诺戈尔斯克位于哈北部，中哈核能合作重点须夯实在哈南部铀资源开发的黄金地段。因此，我国须策划将合作重点向南转移，使我国领先世界的地浸采铀技术得以更好施展，以求得最佳互利经济效益和环境效益。更为重要的是这样能接近农业大开发区，有利于实现共同打造中亚粮仓，开创丝路粮食大通道。

第三，发展核电与哈萨克斯坦农业现代化建设挂钩。一是从地理位置看，中亚耕地资源与铀资源具有地域邻近的特点。伊希姆河流域富饶的黑钙土和栗钙土邻近北哈萨克斯坦的铀成矿带，此处有哈萨克斯坦17%的铀矿资源。哈南部富饶的楚河平原与费尔干纳谷地邻近楚河-萨雷苏铀成矿带，占哈萨克斯坦铀储量的54%。锡尔河及阿姆河下游富饶的图兰低地邻近锡尔河铀成矿带，占哈萨克斯坦铀储量的20%，同时靠近乌兹别克斯坦卡拉库姆铀成矿带，而且楚河-萨雷苏铀成矿带及卡拉库姆铀成矿带的铀矿多为砂岩型铀矿，便于使用地浸法开采，成本极低，且生态安全。二是哈萨克斯坦倡导"农工综合体"。哈萨克斯坦大力推动农业现代化，遍布垦区的农工综合体对能源巨大而分散的需求是中亚可再生能源规模化兴起的最大推手，应抓住契机，可运筹以"农工综合体"为基点就地进行新能源开发为农业现代化提供动力支持，使中亚可再生能源的规模化开发得到一次新的驱动。三是在这些地区可考虑实施耕地资源与铀矿资源并举开发的方针，探讨在滨咸海地区建铀燃料棒加工厂及核电站的可能性，以核电来支持农业现代化及咸海治理，以取得最佳经济效益，并以此来支持打造中亚粮仓和创建丝路粮食大通道①。四是周全考虑俄罗斯因素。可在上合组织框架内运筹多边包容及携手共赢机制。关于哈萨克斯坦第一个核电站建设，哈方已经计议多年，初步选址在原谢米帕拉金斯克核试验基地部位，主要为日俄竞标。我们可回避争议，探讨选择在滨咸海地区等的建站可能。

助力中亚发展核电可策应农业现代化建设。《哈萨克斯坦-2050》战略十分重视农业现代化建设，强调"必须实现大规模的农业现代化"，"扩大耕地面积"，"大大提高粮食产量"，使哈萨克斯坦"成为纯生态生产领域的全球参与

---

① 徐海燕：“创建丝路粮食大通道的若干思考”，《国际问题研究》2016年第4期。该文详细论述了中亚具有打造世界级粮仓的潜力及开创丝路粮食通道的条件、方案及步骤。

者"等①。而农业现代化又牵连到咸海治理。笔者曾提出过农业现代化与咸海治理并举，粮食丰收与环境改善兼得的方案②。可这需要庞大的动力支持。中亚耕地资源区位与铀资源产地具有地域邻近的特点，前者可借力后者的开发得到动力支撑。

在这些地区可考虑实施耕地资源与铀矿资源并举开发的方针，就地建设铀燃料棒加工厂及核电站，取得最佳经济效益，以核电站来支持农业现代化及咸海治理，并以此来支持打造中亚粮仓和创建丝路粮食大通道③。

第四，**防范安全隐患，保障合作正常进行**。在中亚地区，"三股势力"寻机渗入，由此会增大社会动荡风险，比如借中亚水资源纷争等不安因素兴风作浪，引发社会动荡，影响合法经济合作的正常运行。对此应有防范意识。应与相关国家政府在签订商业协议的基础上再签订具有安全约束力的互惠条约，收紧法律约束；通过加强上合组织等机制框架下的地区反恐合作，将安全风险的影响降到最低。

---

① Послание Президента Республики Казахстан Лидера Нации Н. Назарбаева Народу Казахстана Стратегия «Казахстан－2050»: Новый политический курс состоявшегося государства».
② 徐海燕："咸海治理：丝绸之路经济带建设的契入点？"，《国际问题研究》2014年第4期；徐海燕：《绿色丝绸之经济带的路径研究》，复旦大学出版社，2014年。
③ 同注①。

第六章
中亚的可再生能源资源

第一节　中亚国家的可再生能源资源

中亚有着巨大的可再生能源潜力，仅太阳能一项即已十分可观。中亚卡拉库姆、克孜勒库姆、萨雷耶西克·阿特劳库姆、莫因库姆等沙漠总面积达83万平方千米，为中亚提供了沙漠产业——太阳能利用的广袤场所。

乌兹别克斯坦的太阳能资源相当于509亿吨石油热当量，为中亚已探明石油储量的10倍；土库曼斯坦的太阳能潜力为1 100亿吨标准煤燃料[①]，可折算成770亿吨石油当量，为中亚已探明石油储量的15倍；哈萨克斯坦的太阳年辐射能量为19×10^{17}千卡，折算为2 700亿吨标准燃料，这相当于1 882亿吨石油当量[②]，为中亚现已探明的石油储量的37倍。以上三者即为现在中亚已探明石油储量的62倍。由此可见中亚太阳能对中亚油气资源的接替潜力，着力开发中亚的太阳能资源，将为后化石能源时代迎来新的曙光。

一、哈萨克斯坦的可再生能源资源开发

据有关公布数据，2013—2028年哈萨克斯坦的可再生能源利用潜力为太阳能1.7万亿千瓦时、风能1万亿千瓦时、地热7 900亿千瓦时，具体见表6-1。

---

① Тешаев Д. М. Альтернативная энергетика в туркменистане: возможности и перспективы, http://studik.net/alternativnaya-energetika-v-turkmenistane-vozmozhnosti-i-perspektivy/.

② AstanaSolar, Қазахстан обладает значительными ресурсами солнечной энергии. Потенциально возможная выработка солнечной энергии в Қазахстане оценивается в 2,5 млрд кВт/ч в год. Около 70% территории Қазахстана относятся к районам с преобладанием солнечных дней в году. Годовой приход солнечной радиации на эту территорию составляет не менее 19×10^{17} ккал, что эквивалентно 270 млрд.т.у.т. http://astanasolar.kz.

表 6-1　2013—2028 年哈萨克斯坦可替代能源潜力①

可代替能源分类	潜力(10 亿千瓦时)	当前开发比例(%)	2020 年计划(%)
太阳能	1 700	0.000 016	0.000 412 5
风能	1 000	0.000 055	0.007 001 4
地热能	790	0	0
水能	600	0.004 466	0.006 948 1
生物能	2.6	0.000 001	0.000 001
技术创新能	8.1	0.000 062	0.000 062
合计	4 100.7	0.004 6	0.014

哈萨克斯坦国土面积 272.49 万平方千米，适于安装光电转换装置的地区不少于全部的 50%，即约为 136 万平方千米。

哈萨克斯坦有十大风区，发电潜力合计 1 万亿千瓦时，最有利于建设风电站的为南部地区的阿拉木图州、江布尔州、南哈萨克斯坦州，西部地区的曼吉斯套州和阿特劳州，北部地区的阿克莫拉州，中部地区的卡拉干达州。

哈萨克斯坦人均拥有风电量 6 万千瓦时/年，居世界第一。1999 年 4 月 9 日，哈萨克斯坦政府即已通过发展风电的决议。已建成的首批风电站有准格尔风电站（Джунгарская ВЭС），装机容量 4 万千瓦；舍列克风电站（Шелекская ВЭС），装机容量 14 万千瓦；萨雷欧杰克风电站（Сарыозекская ВЭС），装机容量 14 万千瓦；阿拉括利风电站（Алакольская ВЭС），装机容量 14 万千瓦；卡罗伊风电站（Каройская ВЭС），装机容量 2 万千瓦；申格力津风电站（Шенгельдинская ВЭС），装机容量 2 万千瓦；库尔岱风电站（Курдайская ВЭС），装机容量 2 万千瓦。这些风电站功率总计 52 万千瓦，年发电量为 18 亿～20 亿千瓦时，总投资 5 亿美元。2006—2009 年，联合国发展计划署对哈萨克斯坦的风电发展进行考察，并提出至 2014 年的风电发展建议，据这个建议到 2024 年哈萨克斯坦的风电产量应达到 50 亿千瓦时。

到 2020 年哈萨克斯坦太阳能及风能的发电能力达到 104 万千瓦。按照哈

---

① Антонов О. Б. «Зеленая энергетика Казахстана в 21 веке: мифы, реальность и перспективы», "Алматы", 2014г.

萨克斯坦的绿色能源计划，到 2050 年新能源将占全部电力的 50%。

按哈萨克斯坦 2013—2020 年可替代和可再生能源发展计划（哈萨克斯坦共和国政府 2013 年 1 月 25 日第 43 号决议），到 2020 年计划投产 31 个可再生能源项目，总装机容量为 1 040 兆瓦，其中风电为 793 兆瓦，太阳能为 170 兆瓦；SES 太阳能电站为 77 兆瓦。

2019 年哈萨克斯坦可再生能源发电 24 亿千瓦时，比上年增长 77.8%；2019 年投运可再生能源项目 21 个，截至目前可再生能源项目总数达 90 个，总装机容量为 1 050.1 兆瓦。2020 年新增可再生能源项目 18 个，总装机容量为 605.5 兆瓦。

回顾一下哈萨克斯坦的可再生能源开发历程。哈萨克斯坦高度重视可再生能源开发，于 2009 年 7 月 4 日颁布了《支持可再生能源利用法》，并于 2018 年 12 月 28 日做了修改补充，用法律条规支持可再生能源利用，使之在设备引进、电力并网以及电力销售等方面都可享受国家特惠待遇，确保可再生能源装置所生产的电力接入国家网等，无障碍、无歧视，在遇有电网负荷困难时，也要优先接入[1]。2012 年，纳扎尔巴耶夫在哈萨克斯坦 2012 年国情咨文——《哈萨克斯坦-2050》纲要中提出，"我们必须发展可再生能源，极力引入太能和风能利用工艺技术，对此我们具备一切条件。到 2050 年，在国内要使可再生能源和替代能源的利用比重达到不少于全部能源总消耗的一半"[2]。实际情况是，到 2020 年底可再生能源在全国总能耗的占比只达到 3%，照此下去，

---

[1] Закон Республики Казахстан О поддержке использования возобновляемых источников энергии (с изменениями и дополнениями по состоянию на 28. 12. 2018 г.), https: //online. zakon. kz/Document/, "Энергопередающая организация обеспечивает беспрепятственное и недискриминационное", " В случае ограничения пропускной способности электрических сетей энергопередающих организаций приоритет должен предоставляться передаче электрической энергии, произведенной энергопроизводящей организацией, использующей возобновляемые источники энергии".

[2] Послание Президента Республики Казахстан Н. Назарбаева народу Казахстана. 14 декабря 2012 г. www.akorda.kz/ru/events/astana_ kazakhstan/participation_ in_ events/poslanie-prezidenta-respubliki-kazakhstan-lidera-nacii-nursultana-nazarbaeva-narodu-kazahstana-strategiya-kazakhstan-2050-novyi-politicheskii-"мы должны развивать производство альтернативных видов энергии, активно внедрять технологии, использующие энергию солнца и ветра. Все возможности для этого у нас есть. К 2050 году в стране на альтернативные и возобновляемые виды энергии должно приходиться не менее половины всего совокупного энергопотребления."

2025年可达到6%，2030年达到10%。到2050年达到占比50%就难以实现了。2018年1月10日，纳扎尔巴耶夫又在年度告人民书中提出，"我们确定的任务是到2030年要使可再生能源利用的占比达到30%"，加大了推力，这显然是为了保证在2050年到来时，可再生能源在全国总能耗占比确实能达到不少于一半所做的中间铺垫，目的在于加速这一进程。

事实上，这一进程在此后加速了。按哈萨克斯坦2013—2020年可替代和可再生能源发展计划（哈萨克斯坦共和国政府2013年1月25日第43号决议），到2020年投产31个可再生能源项目，总装机容量为1 040兆瓦[①]。实际上，到2019年完成了90个可再生能源项目（注重小型可再生能源项目）[②]，总装机容

图6-1 "哈萨克斯坦可再生能源发展：2019年总结，2020年规划"主题会议[③]

---

① 其中风电为793兆瓦，太阳能为170兆瓦，SES太阳能电站为77兆瓦。
② 这90个已完成的可再生能源项目中，风能源项目占19个，太阳能项目占31个，水电项目占37个，生物能源项目占3个。
③ «Развитие ВИЭ в Казахстане: итоги 2019 г. и планы на 2020 г.», https://eenergy.media/2019/12/11/razvitie-vie-v-kazahstane-itogi-2019-g-i-plany-na-2020-g/, Зеленая энергетика / Новости / Энергоправо. "Аукционные международные торги 2018－2019 годов проведены в электронном формате для проектов суммарной мощностью 1 255 МВт. В торгах приняли участие 138 компаний из 12 стран. Участниками аукционных торгов было предложено заявок на реализацию проектов установленной мощностью около 3 900 МВт, что превысило спрос в 3,2 раза."

量为1 050兆瓦，处于提前超额完成趋势。其中有20个项目是在2019年完成的，装机容量为476.55兆瓦，占45.38%，几乎翻了一番。到2024年，哈萨克斯坦可再生能源发电量将达到3 000兆瓦。

为了吸引更多的国外投资，2019年12月11日哈萨克斯坦国家能源部会同该国太阳能协会，以"哈萨克斯坦可再生能源发展：2019年总结，2020年规划"为主题召开了哈萨克斯坦可再生能源拍卖圆桌会议（见上页图6-1），参加者有绿色工艺与项目投资国际中心（IGTIC）、联合国开发计划署（ПРООН）、可再生能源投资风险防控组织，以及在哈萨克斯坦实施可再生能源项目的商业机构代表、国际金融组织、发展研究院以及国家机关代表等。哈对总装机容量为1 255兆瓦的可再生能源项目，以电子平台方式实行国际拍卖，来自12个国家的138家公司参与拍卖。实际申报为3 900兆瓦，是原来的3.2倍[①]。

为推动相关目标的实现，以及吸引企业投资可再生能源项目，哈萨克斯坦自2018年起建立可再生能源项目拍卖机制。哈萨克斯坦政府采取了支持可再生能源发展的一系列措施，由国家统一购电单位——哈萨克斯坦结算金融中心与可再生能源项目公司签订15年长期购电合同。为确保可再生能源项目生产者利益和保护其积极性，依据哈萨克斯坦《可再生能源利用支持法》，按照拍卖价格由可再生能源项目作保障性购电，并确保将生产的可再生能源接入电网[②]。首个试点项目为位于突厥斯坦州奥特拉尔地区萨乌利迭尔村、占地100公顷的50兆瓦太阳能电站项目[③]。

---

① 同第135页注③。Зеленая энергетика / Новости / Энергоправо. "Аукционные международные торги 2018 – 2019 годов проведены в электронном формате для проектов суммарной мощностью 1 255 МВт. В торгах приняли участие 138 компаний из 12 стран. Участниками аукционных торгов было предложено заявок на реализацию проектов установленной мощностью около 3 900 МВт, что превысило спрос в 3,2 раза."

② 同第135页注③。Зеленая энергетика/ "Законом РК «О поддержке использования возобновляемых источников энергии» определяются меры поддержки в виде гарантированной покупки электроэнергии от объектов возобновляемых источников единым закупщиком электроэнергии — Расчетно-финансовым центром по 15-летнему договору по аукционному тарифу, а также обеспечение подключения объекта к электрическим сетям."

③ 同第135页注③。"В этом году таким пилотом стала солнечная электростанция （СЭС） установленной мощностью 50 МВт. Площадка под строительство СЭС расположена в Отырарском районе Туркестанской области, поселок Шаульдер, площадь земельного участка 100 Га."

从可再生能源的申请装机容量超出需求 2.2 倍看，发展中亚可再生能源项目一直为国际投资者所看好。为推进哈萨克斯坦可再生能源开发，自 2019 年起，哈萨克斯坦每年都要举办国际可再生能源节（Международный деловой фестиваль по ВИЭ），并举行可再生能源高峰论坛。

再介绍一下哈萨克斯坦的国内光伏产业。哈萨克斯坦国内有着十分丰富的制作光伏电池所必需的原料，石英原料达到 2.67 亿吨，此外所需的稀土原料以及镓、锗、镉、砷等矿产一应俱全。

"哈原工"（Kazatomprom）下属的一个子公司——阿斯塔纳太阳能公司（Astana Solar）依托其国内光伏电池制作资源，于 2013 年建成哈萨克斯坦第一个光伏电池生产工厂。该厂近期生产 50 兆瓦光伏电池板产品，全部投产后将生产 100 兆瓦光伏电池板产品。

与此同时，哈萨克斯坦还启动了光伏电池改进研究。2017 年 1 月，哈萨克斯坦共和国国家科技门户网站称，哈萨克斯坦阿里法拉比国立大学物理和化学研究中心在光伏电池的研发上取得新进展，研发出能提高硅太阳能电池板光电转化效率的新技术。

"哈原工"与卡塔尔太阳能公司（Qatar Solar Energy）签署了一份框架合作协议，在哈萨克斯坦制造硅片和电池，并运往卡塔尔进行太阳能电池组装①。

二、中亚其他四国的可再生能源资源开发

1. 土库曼斯坦

土库曼斯坦 86% 的领土为卡拉库姆沙漠所占据，沙漠产业在国家发展中的重要性越来越受到政府高层的重视。为加速发展沙漠产业，土库曼斯坦总统古尔班古雷·别尔德穆罕默多夫于 2014 年特颁布命令成立国家太阳能研究所，直属土库曼斯坦科学院，以深入研究土库曼斯坦的太阳能潜力，完善太阳能资源开发工艺技术，并以将其投入生产为宗旨。由此在土库曼斯坦太阳

---

① 付京霞、于惠："哈萨克斯坦新能源行业现状及发展潜力分析"，2018 年 3 月 3 日，https://www.docin.com/touch_new/preview_new.do?id=2087839411。

能研究被纳入了科技研发和国家经济发展管理的最高层面。

土库曼斯坦的太阳能资源量估计相当于1 100亿吨标准煤燃料，土库曼斯坦的太阳日照时间为2 768～3 081小时/年，平均辐射强度每平方米600瓦。土库曼斯坦每年所生产的全部电力约为140亿千瓦时，可以由一个占地数十平方千米的太阳能发电站生产出来。尤其是，它是环保的、无碳的，无任何有害物质被抛向大气。如土库曼斯坦的沙漠产业得到顺利发展，则居住在大片沙漠地区的土库曼斯坦居民将不再需要通过铺设管道引进石油、天然气等能源。

开阔的沙漠地区同时还是风力畅行无阻的地方，因而风力发电也同时受到重视。"风力发电机在运行过程中不需要消耗化石能源，因而它是洁净的，更要引起重视，一个百万瓦的风力发电机20年内能节约2.9万吨煤炭，或者9.2万桶石油。"这是中亚学者不久前发表的一段见解，从中已能感受到中亚人士对可再生能源的认同和新能源意识的深度觉醒。

图6-2　土库曼斯坦的一处太阳能发电站

2. 乌兹别克斯坦

乌兹别克斯坦的能源状况不容乐观。乌兹别克斯坦经济研究中心称，2020年后乌兹别克斯坦的石油短缺量将继续增长，2030年前国家的能源安全将受到威胁，短缺将达到 450 万吨石油当量。2020 年以后，天然气产量的增长趋势将会停止，在国内消费增长的情况下，天然气的出口将受到压缩，与 2020 年相比，2030 年将减少 100 亿立方米。2030 年后，为保证国家能源稳定，需要 1 200 万～1 300 万吨石油当量的接替能源，是现在国家能源平衡表的 21%。中亚地区天然气大国乌兹别克斯坦已感受到天然气生产高峰即将过去，而这个生产高峰过后的能源威胁就在眼前。因而在 2015 年 4 月初，当乌兹别克斯坦纳曼冈州 130 千瓦的太阳能电站投入运行时，乌兹别克斯坦学者亚历山大·阔萨切夫发表文章，称这是"乌兹别克斯坦迈出'走向太阳'的第一步"①，由此不难看出中亚学界的先知先觉者已经感受到"烃经济时代正在走向终结"的趋势，为拉开接替能源应用时代的帷幕而欢呼。乌兹别克斯坦的太阳能估计为 509 亿吨石油当量②，并计划到 2050 年在能源生产中将烃能应用减少 50%③。

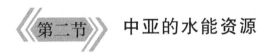

第二节　中亚的水能资源

一、中亚的地面径流

中亚的地表水资源分为内陆水系和外洋水系。帕米尔高原和西天山是中亚的一大高山水源地，冰雪融水由东向西流去，流经塔吉克斯坦、吉尔吉斯斯坦、乌兹别克斯坦、土库曼斯坦和哈萨克斯坦的南哈州，流入流域盆地的最低点——咸海，构成中亚最大的水系——咸海内陆水系，流域面积 150 万平

---

① Косачев А. Узбекистан сделал первый шаг «к солнцу», 2015-05-05, http://territoryengineering.ru/uzbekistan-sdelal-pervyj-shag-k-solntsu/.

② Яков З. В Туркмении создали Институт солнечной энергии, 2014.06.30, http://zeleneet.com/v-turkmenii-sozdan-institut-solnechnoj-energii/z6609/.

③ 同上。

方千米。哈萨克斯坦北部的额尔齐斯河连同其支流伊希姆河和托博尔河构成哈萨克斯坦境内的北冰洋水系,流域涉及阿克莫拉州、库斯塔奈州、北哈萨克斯坦州、科克切塔夫州、巴甫洛达尔州、塞米巴拉金斯克州、东哈萨克州和卡拉干达州等上百万余平方千米。以上两大水系构成了中亚的基本水系,年径流量合计2 196.2亿立方米。此外,哈萨克斯坦境内西部有里海流域,含乌拉尔斯克州、古里耶夫州和阿克纠宾斯克州。哈萨克斯坦东部的阿拉木图州属巴尔喀什湖流域。哈萨克斯坦中部的萨雷苏河、自图尔盖轴部向南流出的图尔盖河、塔拉斯河等均消亡于沙漠。径流是水的动能载体,是流动着的能源库,这些河流携带着能被当今技术开发的能量达4 600亿千瓦时/年,可平均开发率还不及10%,且流域水量分布极不均匀,91%集中在塔吉克斯坦和吉尔吉斯斯坦。

二、中亚水力资源

中亚水力资源十分可观,阿姆河(Амурдарья)的源头河流喷赤河(Пяндж)和瓦赫什河(Вахш)都源于塔吉克斯坦境内海拔4 500米以上的帕米尔高原冰川,穿流于深山峡谷,落入克尔基漫滩,在其流域内积蓄了6 400万千瓦的水电潜力,约相当于3个三峡水电站[①],人均水能资源高居世界第一。吉尔吉斯斯坦境内的锡尔河(Сырдарья)源于其境内西天山冰川,居高临下,流经费尔干纳盆地,其流域水电潜力为1 200万千瓦[②]。塔吉克斯坦的水电开发率为5.4%,吉尔吉斯斯坦为14%。

在咸海流域库容超过1亿立方米的水库有80多个。为了调节径流水量,在河床上或河床外,修建了调节水库(补偿水库),库容总计达到600亿立方米。其中440亿立方米为主动型,属阿姆河流域的有170亿立方米,属锡尔河流域的有270亿立方米。

---

① 三峡水电站共安装32座功率为70万千瓦的发电涡轮,装机容量为2 240万千瓦,年发电量约为1 000亿千瓦时。

② Петров Г. Гидроэнергетические ресурсы Таджикистана. Центральная Азия и Кавказ, №3, 2003.

咸海流域共建有45座水电站，各电站容量在5万～270万千瓦之间变化。最大的水力发电站是努列克水电站（位于塔吉克斯坦瓦赫什河），容量270万千瓦。另有托克托古里水电站（位于吉尔吉斯斯坦纳伦河），容量120万千瓦。塔吉克斯坦和吉尔吉斯斯坦在苏联解体后，由于缺乏自己的油气资源而发展缓慢，未来发展寄希望于开发水电资源，在建与拟建水电站主要有：罗贡水电站（见图6-3），装机容量360万千瓦；努拉巴德-1水电站，装机容量35万千瓦；桑格图达-2水电站，装机容量22万千瓦；卡姆巴拉-1水电站，装机容量190万千瓦；卡姆巴拉-2水电站，装机容量40万千瓦；克克梅列-1水电站，装机容量36万千瓦；克克梅列-2水电站，装机容量91万千瓦。

图6-3 在建中的罗贡水电站

塔吉克斯和吉尔吉斯斯坦都严重缺乏财政资源，项目的实施依赖国外投资，仅罗贡水电站就需22亿美元资金。但寻求合适的投资者是一段艰难的历程，因为有些西方投资的初衷与其说是经济上的，还不如说是政治上的。如项目资金落空，塔吉克斯坦和吉尔吉斯斯坦经济发展都会陷入困境。

在苏联时期，中亚锡尔河与阿姆河流域的下游是农业发展区，是作为苏联的"棉库"和菜蔬、瓜果生产基地设计的。其中，农产品和能源调配是由中央政府相应的管理机构统一调整的。苏联解体，统一调整管理机构失去效应，当下游国家春夏需要农业用水时，上游国家却为冬季发电而关闸蓄水，造成下游用水紧缺；当冬季到来，下游国家不需用水时，上游国家却因发电而开闸，造成下游水患，矛盾激发，罗贡水电站建设严重受阻即为突出一例。为解决矛盾需要寻求新的利益汇合点，在此基础上建立新的平衡调节机制。作者曾经在相关论文中探讨，打造中亚粮仓，实际上是在开发未来的金山，或许能构成中亚国家新的利益汇合点，并由此而建立新的调节机制，疏通理念，调解矛盾，平息纠纷。

第三节 中亚的生物能源资源

中亚的生物能源资源潜力巨大，这和中亚光照条件优越，为植物充分的光合作用提供了保证有着直接关系。

哈萨克斯坦的农业生产废弃物的能源加工潜力，估计每年达350亿千瓦时和4 400万卡路里的热能[1]。由此哈萨克斯坦十分重视生物能源的利用。粮食作物的秆茎等生物质是哈萨克斯坦最重要的生物能源资源，1990年其产量接近3 700万吨。哈萨克斯坦每年利用余粮、劣等小麦生产32亿升生物乙醇，约有30亿升可用于出口。哈萨克斯坦每年产生畜禽废弃物达2 210万吨，相当于1 400万~1 500万吨石油当量。

生物能源的实用性在于它的易获得性，通过生物气体产生装置，生物气能很容易地从现有的废物中产生出来。将农作物的秆茎、牲畜粪便、造

---

[1] Комитет государственного энергетического надзора и контроля МИНТ РК, Биоэнергетика, 2006г., old.kzzee.kz/energoeffektivnye-texnologii/bioenergetika/.

纸制糖过程中产生的废弃物置于生物气体产生装置中，经过液化、发酵处理，即可得到甲烷气体。甲烷是很好的燃料，其所产生的能量可以达到原始材料的60%～90%，而剩下的残渣将是很好的有机肥料。农业废弃物的处理效果，是一举两得的。由于生物气体的产生方法简单，装置规模已小型化，很适合于农村、农家以及有关企事业单位单独使用，因而越来越多的农民、企业、公用事业都在密切关注这一领域的技术创新进展①。

依据目前的油气资源消耗趋势和油气资源的剩余储量，乌兹别克斯坦有关部门预测，到2030年其能源短缺可能占到总需求的65.4%。因而寻求新能源对于乌兹别克斯坦已是迫在眉睫，开拓生物能源则是其解决问题的重要途径之一。

乌兹别克斯坦是中亚农业大国，同时也是养殖业大国，拥有约1万个畜牧业养殖单位（养牛、养羊、养猪场和养鸡场等），共养牛1 310万头、羊2 070万头、鸡7 980万只，是中亚处于领先地位的养殖大国。如将乌兹别克斯坦每年畜牧业产生的废弃物转变为微生物气体，其燃烧值相当于64亿立方米的天然气。如将其全部利用起来，一年能产生超过25.8亿千瓦时的电力，并同时产生5.19亿吨的生物化肥。这既能为农业地区的所有基础设施提供电力、热能，又能为农作物的高产提供高效有机肥料，还可恢复与提升土壤肥力②。

中亚的植被能源资源丰富。植被是太阳能的储存器，植被资源也是能源资源。尽管中亚植被面积占比不高，但光照条件好，植物长势良好，加之中亚地域广袤，植被总量还是可观的，是一个不可小觑的能源库。在哈萨克斯坦，森林占地超过1 000万公顷，占全国总面积的4%。1990年，哈萨克斯坦木材产量约为300万立方米，木材加工废物约为130万立方米或100万吨，木材废料的能量潜力超过20万吨石油当量③。

---

① 同第142页注①。

② Постановление кабинеа Минисмров Ресизблики Узбекистан, Концеиция развития биоэнергетики в Республике Узбекистан,2019.06.07,regulation.gov.uz/ru/document/4105.

③ АО Казахэнергоэкспертиза. Биоэнергетика Казахстана, http://old.kazee.kz/energoeffektivnye-texnologii/bioenergetika/.

第四节　运筹中亚能源的"双轨"引进机制

对中亚油气资源进口还能期待多少？中哈原油管道二期工程全部完工后的输油能力为 2 000 万吨，中国-中亚天然气管道 C 线完工后的输气能力为 550 亿立方米，后者折合 4 600 万吨油当量，总计 6 600 吨油当量。2012 年中哈石油管道输油 1 040 万吨，中国-中亚天然气管道于 2013 年 4 月达到 250 亿立方米/年的输气能力，折合 2 085 万吨油当量，二者相加为 3 125 万吨油当量，也就是说还可以有 3 475 吨的合同短缺可作为近年油气进口增额予以期待。哈萨克斯坦近年产油量出现小幅波动，2012 年产油 7 921 万吨，较 2011 年下降1.1％，2013 年计划产油 8 200 万吨，较 2012 年又提升 3.5％。由于超大型卡沙甘油田正式投产，哈萨克斯坦原油产量有望提升，3 125 万吨油当量短缺份额有望由此得到填补。再往后还能期待多少增加额？是否还会出现大幅提升，这是一个需要冷静掂量的问题。2011 年中哈贸易中非资源组分所占份额为3.9％，这与哈萨克斯坦发展纲要制定的非资源组分占40％的指标相去甚远，只能用抑制不可再生能源资源和矿产资源的出口来调节。哈萨克斯坦原本于 2007 年宣布了到 2015 年达到年产油 1.2 亿～1.3 亿万吨的指标，2017 年 4 月这个指标的实现被推到了 2020 年。2020 年 1 月 10 日，俄罗斯油气网称，2019 年哈萨克斯坦产油 9 050 万吨。2020 年因最大油田修复而下降，年产油 9 000 万吨，预计到 2024 年突破 1 亿吨，2017 年定下的目标也落空了。

中亚可竭尽能源出口被节制的日期到来会比仅用资源余存量推算出的要提前许多年，这催促我们尽快去运筹中亚能源通道在中亚"后石油时代"的接替机制，获得新的动力支撑。这已是一个关系到中国-中亚能源通道，乃至丝路经济带后续发展的迫切战略决断。

一、采取风电先行，风、光、生并举的合作开发模式

可再生能源合作开发应由一点到多点逐步稳妥摊开。在开发投资选项上应首选哈萨克斯坦风电，因这里风电开发投资条件最为成熟。2009 年，哈萨克斯坦通过了《支持可再生能源利用法》；2011 年，出台了哈萨克斯坦风能发展总规划，做好了国内先期开发和对外招商引资准备。2012 年，哈萨克斯坦萨姆鲁克能源公司（АО Самрук-Энерго）在阿拉木图州的舍列克走廊（Шелекский коридор）开建 30 万千瓦风电场（由我国广东核能公司为该风电场做出技术论证，计划于 2018 年完工），标志着哈萨克斯坦以风能开发为突破点拉开了可再生能源规模化开发的序幕。哈萨克斯坦 56% 的风力集中在只占 2% 国土面积的强风地带（风速达到 7 米/秒），其中包括准噶尔门户（Джунгарские ворота）、舍列克走廊（Шелекский коридор）、叶尔缅套（Ерейментау）、茹杰姆德科-恰杨（Жузымдык-Чаян）、阿特劳（Атырау）、阿尔卡雷克（Аркалык）、舍甫琴科堡（Форт-Шевченко）、阿斯塔纳（Астана）、科尔岱（Кордай）和卡尔卡拉林斯克（Каркаралинск）等 10 个风能开发区，这里可开发的风能资源约为 3.2 亿千瓦，初步规划开发风能只为 320 万～1 600 万千瓦，是其潜力的 1%～5%，后续开发投资前景广阔。随着中亚可再生能源资源的国际市场的开放，各国风能公司蜂拥而至，捷足先登的有德国维斯塔斯风电技术公司（Vestas Wind System A/S），它于 2011 年 10 月投资约 2 亿欧元，用于开发叶尔缅套风区项目，总装机容量 50 万千瓦。此外还有芬兰、瑞典、印度、韩国、日本等国公司相继进入中亚风电开发市场。

在太阳能开发投资上，应首选土库曼斯坦或乌兹别克斯坦。土库曼斯坦已开始建立太阳能开发试验站，启动了光伏电站、太阳能海水淡化厂及风能和太阳能废物处理装置工程。2009 年，乌兹别克斯坦建立了可再生能源技术园区，开放太阳能开发投资市场。在合作方式上，可选择光伏电池输出，合资建设光伏电站，也可选择在中亚建立光伏电池生产基地。

哈萨克斯坦每年农作物秸秆、茎叶、稻壳等纤维资源达数千万吨，我国

已有将农作物秸秆等生物物质冷压成高密度颗粒燃料技术，可考虑在哈萨克斯坦投资建厂。

二、规避水资源纠纷谋求两全兼顾方案

在中亚参与水电项目，应规避跨国河流纠纷，谋求两全兼顾方案。塔吉克斯坦、吉尔吉斯斯坦两国处于中亚最大的水电潜力河流——阿姆河和锡尔河的上游，为了能在冬季用电高峰季节维持水电站的正常运行，不得不在春夏水流高峰旺季蓄水，这时正是下游国家乌兹别克斯坦、哈萨克斯坦及土库曼斯坦农业生产灌溉用水高峰季节，从而产生上游备用蓄水与下游急用放水的矛盾和冲突。可尝试用生物能源和水力能源换季补偿的办法予以解决，即利用下游农作物秸秆、茎叶、稻壳等纤维资源生成高密度压缩颗粒作为冬季发电燃料，换取塔、吉两国在春夏正常放水，这是一个两全兼顾方案。还可考虑另一互利两全方案：我国新疆煤资源十分丰富，春夏由塔、吉两国将部分富余的水电电力输入我国新疆南疆地区，冬季将新疆火电输入塔、吉两国。

三、双轨引进是一个逐步接替过程

运筹双轨引进的最终目的是要用可再生能源资源接替可竭尽能源资源，但这是一个漫长的过程。欧盟是当今明确限定并公布可再生能源替换化石能源和核能能源时间表的国家集团，其时间表为：2020年前在电能来源中可再生能源的比重达到20％，2030年达到45％～50％，2050年全部取代化石能源。目前中亚用可再生能源生产的电力还不到全部电力的1％，由于起点低，经济实力有限，这个过程会更艰难、更漫长，要经过一个可竭尽能源和可再生能源互为补充的过渡期，逐步达到全面接替，"双轨引进"机制会长时间存在。核能也是洁净能源，哈萨克斯坦是核能储量大国，可加大从哈引进核能资源以弥补有可能出现的油气资源供应不足。

四、发挥新疆比邻中亚的地缘优势

我国新疆与中亚五国有着相同的自然条件，同处北半球风带，日照条件

相近，因而同样有着丰富的风能、太阳能和生物能资源。新疆风能年总量占全国风能总量的41.5%，太阳能年辐射总量位居全国第二，生物质能总量为3 000万吨标准煤。中央新疆工作座谈会促使新疆进入一个跨越式的发展阶段。"十二五"期间，在新疆已有约200万千瓦风电装机容量的基础上，再建1 000千瓦级的风电站；在已有20万千瓦光伏电站的基础上，再建300万千瓦规模光伏电站。中亚五国与新疆开发可再生能源的条件相似（比如同为沙尘暴严重地区），对风机和光伏组件都有适应同一自然条件的技术要求，我国新疆建大型风电场和光伏电站的经验可直接为中亚地区提供借鉴，所研制的风机、光伏电池对中亚地区有良好的适应性，有助于该地区可再生能源开发。新疆能源产业建设应以中亚能源的双轨引进和新疆能源的并举开发为依托，在产业链建设中，考虑中亚可再生能源市场对相应技术装备的需求，并加大建设力度。中亚有着极为丰富的生产光伏电池所必需的原料——石英砂，仅哈萨克斯坦克孜勒奥尔达州的高质量石英砂储量就超过5 000万吨。我国是世界上最大的光伏电池生产国，近年受欧美的"双反"压制，向中亚分流我国光伏电池的产能有助于我国光伏产业走出"双反"困境。

　　中亚可再生能源资源市场已形成国际竞争局面，但可再生能源资源利用具有很强的地域性，我国新疆与中亚有不可取代的相邻地缘优势。丹麦Riso风力实验室于20世纪90年代末在哈方一侧准噶尔风区安装了四台1 000千瓦级试验风机，得到该风区50米高空的风速为9.7米/秒、风力能量为1千瓦/平方米以及年有效发电时间为4 400小时的可靠资料，据此联合国评审专家认为准噶尔风区是世界上最有利于发展风电的地区之一。这个地区正好与我国新疆四大风口之一的阿拉山口-艾比湖风带相对接，同属阿拉套山和塔尔巴合台山的山间谷地，中哈各占了这个风区长廊的一端，我方一端长约100千米、宽约30千米。"国电新疆"已于2009年4月在此开建100万千瓦级阿拉山口风电场。我国可与哈方协商在哈方一端共建风电站，并架设跨国风电网，实现风力资源互利共享。另外，仅次于准噶尔门户的舍列克走廊50米以上的风速达到7.77米/秒，年有效风力发电时间为3 100小时，哈萨克斯坦已在此建风电试验场，由我国广东核能公司为该风电场做出技术论证，可与哈方商议由我方继续参与后续扩建。该风区在卡普恰盖（капчагай）水库的东南侧，距我国伊犁约200多千米，可架高压线将应得份额沿伊犁河谷引入伊犁地区。在水电方面，与我国比邻的穆尔加布河（塔吉克斯坦）和纳伦河上游河段（吉尔吉斯斯坦）靠近边境地区，如在这两条河流上建立梯级水电站，可将电力就近引入我国喀什和阿克苏边境地区。

如果说20世纪90年代末我国在中亚油气资源合作上做出了一次正确的决策，有了今日丝路油气能源通道的开通，那么今天我们在中亚面临一个新的战略决策，即将中亚可再生能源资源连同油气资源和核能资源一并纳入丝路能源通道，届时丝路能源通道将是一个可竭尽能源与可再生能源互为补充的可持续发展的"双轨"能源通道。风能、太阳能以及水能资源只有在变为电能时才能输送，因而在丝路能源通道上除油气管道外，还会出现跨国电网。如果说，上次的驱动尚不具备可持续发展的性质，那么这次驱动不仅是可持续的，而且具有永续发展的性质，这是对丝路能源通道的二次驱动。可再生能源不仅是可以再生的，同时就其本质来说也是洁净的，这是一个使中国-中亚能源通道和丝路经济带实现可持续发展，同时也使能源供给和环境保护达到统一的方案。

一个可再生能源宝库，为我们打开了应对中亚"后石油时代"的新思路，即将中亚可再生能源资源连同油气资源一并纳入丝路能源通道，构建"双轨"能源通道。我国新疆是一个能源大省区，油气资源几乎占全国的三分之一，煤炭资源占全国的44％，且与中亚五国一样具有可再生能源资源优势。在开发新疆能源资源的同时深化与中亚能源开发合作可收到倍增效果，为丝路能源通道的战略安全提供双重保证。丝路能源通道的二次驱动带来丝路经济带的二次振兴。中央新疆工作会议召开以来，全国19省市对口支援新疆，启动了包括新疆国际能源城在内的一系列大型项目，促进新疆进入跨越式发展。在能源产业链建设中，应加大可再生能源的开发力度，使之成为新疆龙头支柱产业，使其具有强力辐射中亚的功能。如果说在我国改革开放的初期沿海地区曾是前沿阵地，带动了全国的经济发展，那么今天新疆就是我国开启西向开放征程的一个新的经济增长极,将用跨越式的发展加快缩小与沿海地区的差距,并对内地沿海地区起到共同走西口的联动作用。新疆各族人民与全国人民团结奋进,共同实现中华民族的繁荣富裕,共建和谐稳定的边疆,促进我国与中亚各国的互惠互利交往,增进互信、理解和包容,共同营造和谐的周边。

  2009年12月14日,时任中国国家主席胡锦涛同土库曼斯坦总统别尔德穆罕默多夫、哈萨克斯坦总统纳扎尔巴耶夫、乌兹别克斯坦总统卡里莫夫共同出席中国-中亚天然气管道通气仪式。四个国家的最高领导人出席一个项目的竣工投产仪式,足以说明这个上合组织框架下的合作项目的重要经济意义和政治意义。中国-中亚能源通道不仅维持着中国与中亚五国互利相依的经济关系,而且是中国和中亚各国"互信、平等、协商"政治关系的经济纽带,丝路经济带的可持续发展有利于地区的持久稳定。在当前的周边局势下,稳定的中亚对我们来说具有极其重要的地缘安全意义,经济上的互惠互利发展能为我们营造和谐的周边关系和可靠的战略后方。中国-中亚内陆油气资源通道的出现意味着出现了一个有别于海湾型的油气生产和供应中心,意义深远。丝路能源通道不仅是一个通往中国的油气资源通道,而且是一个通往东北亚和东南亚的能源通道。

第七章

中亚耕地资源及打造粮仓的其他自然条件

处于"丝绸之路经济带"东西对接和南北延伸部位的中亚不仅具有地缘区位优势,尤其还具有突出的耕地资源优势及可再生能源优势,这两者使中亚具备了打造出世界级粮仓的天然禀赋。在世界粮食危机日益逼近的今天,营造中亚粮仓,构建丝路粮食大通道,将为缓解世界粮食危机、打造人类命运共同体做出重要贡献。

第一节 中亚耕地资源潜力

在中亚属北冰洋水系的额尔齐斯河连同其支流伊希姆河与托博尔河流域、咸海-锡尔河、阿姆河、楚河流域,以及巴尔喀什湖-伊犁河流域、里海-乌拉尔河流域,都有可观的大片耕地,此外,伊塞克湖流域还有少量耕地。中亚地势大致呈东高西低,帕米尔高原、西天山、阿尔泰山脉的连线约东北45°方向,中亚耕地主要集中在此连线以西的伊希姆河及额尔齐斯河流域,以及阿姆河和锡尔河流域。始于20世纪50年代的苏联大规模垦荒运动选中了哈萨克斯坦北部的伊希姆河流域和咸海的锡尔河及阿姆河流域[①]作为其在中亚的主要开荒地,这段历史促使这两个地区至今都是中亚的主要垦区。前者以种植小麦为主,成为苏联的重要粮仓之一;后者以种植棉花为主,成为苏联的重要棉花基地(被称作"白金计划"),还同时为苏联提供大米、蔬菜和瓜果等。今日我们讨论中亚耕地资源再开发问题,离不开这两片区域,在探讨中亚粮仓问题时,更是要以伊希姆河流域连同与其相邻的托博尔河和额尔齐斯河流域作为拓展思路的切入点。

---

① 因阿姆河与锡尔河曾是中亚文明的源头河流,尤其是阿姆河三角洲地区,约在3 000年前曾孕育过辉煌的"花剌子模"文明,从历史地理学的角度,学界有时将其称为"中亚两河流域"。为了不致与知名的西亚底格里斯河与幼发拉底河"两河流域"相混淆,特在前面冠以"中亚"二字。"花剌子模"曾经是中亚地区地域性文明的源头,苏联时期曾对其有过长达10年的考古发掘。

1. 昔日苏联粮仓——哈萨克斯坦北部伊希姆河流域

属北冰洋水系的伊希姆河是额尔齐斯河的支流，在俄罗斯境内与额尔齐斯河汇合，并继而与托博尔河汇合后，注入鄂毕河，是鄂毕河的二级支流。伊希姆河全长2 450千米，是世界上最长的二级河流，是20世纪50年代苏联"垦荒运动"中的主要垦区之一，旁及其东面的额尔齐斯河流域及其西面的托博尔河流域。据纳扎尔巴耶夫在纪念"垦荒运动"50周年大会上的讲话，这里曾垦荒2 600万公顷，使哈萨克斯坦的播种面积一跃达到3 650万公顷，比联邦德国的领土面积还要大①，使哈萨克斯坦一举成为苏联的一个仅次于乌克兰的重要粮仓，至今还为世界40个国家供应着粮食。开垦耕地中800万公顷后因严重风化失去肥力而退耕②，这里实际可耕地应约为2 000万公顷，主要分布在该流域的阿克莫拉、科斯塔奈、北哈萨克斯坦等州和东哈州，这里种植了哈萨克斯坦80%的小麦。哈萨克斯坦独立后，耕地面积减缩，现在的实耕土地约1 800万公顷。当人们抱怨、指责苏联在咸海流域垦荒失误时③，往往忽略其在哈萨克斯坦伊希姆河流域垦荒取得巨大成功的一面。当年，伊希姆河流域垦荒的成功不仅使哈萨克斯坦一跃成为苏联的重要粮仓，而且为今日打造中亚粮仓奠定了基础。当然今天的开拓已不是苏联时期粮仓可与之同日而语的，这里指的是在解决世界粮食危机问题上能助上一臂之力的世界级粮仓。应该说，当年的垦荒运动还留下了一笔"劳动光荣""创业光荣"的珍贵精神财产，当年数十万劳动者从俄罗斯、白俄罗斯、乌克兰等

---

① Доклад Н. А. Назарбаева на торжественном заседании, посвященном 50-летию освоения целинных и залежных земель, Астана, 6 февраля 2004 года, http://www. centrasia. ru/newsA. php? st = 1076274900. Благодаря трудовому порыву площадь посевов была доведена в Казахстане до тридцати шести с половиной миллионов гектаров. Это больше, чем вся территория объединенной Германии.

② См. там же. В результате отвальной вспашки из двадцати шести миллионов гектаров целинных земель Казахстана восемь миллионов утратили плодородие и были выведены из оборота. Без внедрения новой технологии обработки земель деградация почв могла принять необратимый характер и привести к катастрофе.

③ 咸海流域主要因取用咸海水源河流——阿姆河与锡尔河的径流水量的方式失误，致使在取得棉花丰收的辉煌，使苏联一跃而成为世界第一棉花出口大国的同时，也酿成引起世界高度关注的咸海危机，使咸海治理成为世界难题。

地来到伊希姆河的亘古荒原，以突击劳动立下了不朽历史功绩，其中 25 万垦荒者获得国家级奖赏，650 人被授予劳动金星英雄称号①。2004 年纳扎尔巴耶夫在阿斯塔纳举行的垦荒 50 周年纪念大会上称当年的垦荒是"20 世纪的宏伟社会经济工程，它举世无双"②，尤其提到当年的开垦铸就了哈萨克斯坦今日的首都③。今天打造中亚粮仓，开拓丝路粮食通道，同样需要这种顽强的劳动创业精神，历史上能办到的，今天应更能办到，而且能在更大的规模上、更高的层次上办到，因为今天是在"共建丝绸之路经济带"的宏伟蓝图下开展的务实行动，体现的是打造人类命运共同体的世纪担当。

2. 昔日苏联的棉花基地——咸海流域

咸海流域包括乌兹别克斯坦、塔吉克斯坦的全部领土，土库曼斯坦的大部分领土，吉尔吉斯斯坦的奥什、贾拉拉巴得和纳伦三个州以及哈萨克斯坦的克孜勒奥尔达州与南哈州，此外还包括阿富汗和伊朗的北部。这里所涉及的仅是前面五个国家，其地域介于东经 56°～78°之间，北纬 33°～52°之间，共 154.9 万平方千米。据咸海数据库资料（见表 7-1、表 7-2），这里有 5 900 万公顷适耕土地，实际开垦 1 000 万公顷，还有 4 900 万公顷的待垦潜力，其中约有 2 470 万公顷易于浇灌耕地，约 2 430 万公顷为难以灌溉的山坡地④。

---

① Доклад Н. А. Назарбаева на торжественном заседании, посвященном 50 - летию освоения целинных и залежных земель, Астана, 6 февраля 2004 года, http://www.centrasia.ru/newsA.php?st＝1076274900. Целина воспитала целую плеяду героев, ставших руководителями передовых предприятий, крупными учеными, государственными и политическими деятелями. Без малого 250 тысяч целинников удостоены высоких государственных наград, 650 из них имеют Золотую Звезду Героя Труда.

② См. там же. Освоение целины-грандиозный социально-экономический проект двадцатого века, аналогов которому в мировой истории не было.

③ См. там же. Главное, что именно тогда здесь был заложен потенциал, позволивший Целинограду сделать нашей новой столицей Астаной.

④ База данных по Аральскому морю, Информационная система, http://www.cawater-info.net/bd/header0.gif.

表 7-1 咸海流域耕地资源量

咸海	流域面积	154.9 万平方千米
	适耕土地	5 900 万公顷
	已耕土地	1 000 万公顷
	灌溉面积	790 万公顷（不含阿富汗）

表 7-2 中亚五国咸海流域土地资源拥有量

单位：公顷

	面积	适耕土地面积	已耕土地面积	实际灌溉面积
哈萨克斯坦*	34 440 000	23 872 400	1 658 800	786 200
吉尔吉斯斯坦*	12 490 000	1 257 400	595 000	422 000
塔吉克斯坦	14 310 000	1 571 000	769 900	719 000
土库曼斯坦	48 810 000	7 013 000	1 805 300	1 735 000
乌兹别克斯坦	44 884 000	25 447 700	5 207 800	4 233 400
咸海流域	154 934 000	59 161 500	10 036 800	7 895 600

* 本表仅列出属于咸海流域的土地面积。

咸海流域的土地可分为图兰平原和山区两大部分。咸海流域的西部和西北部属于图兰平原，部分为卡拉库姆和克孜勒库姆沙漠所覆盖。东部和东南部属于天山山脉及帕米尔高山地区。其余地区为冲积平原和山间谷地、干燥和半干燥草原。地势多样性决定了这些国家水资源、土地资源的占有关系以及居民分布特点。塔吉克斯坦和吉尔吉斯斯坦 90% 左右的领土为山地所占据，这一方面决定了其在咸海流域水资源的"垄断"地位，同时也决定了其适耕土地的不足。该地区的农业集中于"绿洲"（费尔干纳谷地、花剌子模、达沙乌兹、玛纳、泽拉夫尚、塔什干-奇姆肯特等）地区，"绿洲"占地面积不大，但由于具备适耕条件（水、降雨、肥沃的土壤等），自古以来即是人类活动和居住的中心。苏联时期将上游国家的水资源用于下游耕地开发，埋下苏联解体后地区水资源纠纷与对抗的隐患[①]。

中亚的适耕土地为 6 000 万公顷，约相当于我国红线内耕地面积的一半，

---

① База данных по Аральскому морю, Информационная система, http://www.cawater-info.net/bd/header0.gif.

是极为可观的。此外还有 3 500 万公顷开发难度更大的土地。

如 6 000 万公顷耕地的一半用来耕种粮食，以我国新疆生产建设兵团已经稳定的亩产 500 千克的 60% 即 300 千克计，中亚年产粮可达 1.35 亿吨，这将是一个世界级粮仓。如按人均预留粮 1 000 千克的高标准计，约有 6 500 万吨粮食投入国际流通，届时欧亚大陆腹地将出现一个丝路粮食大通道，支撑绿色丝绸之路经济带建设，并助力打造人类命运共同体。

第二节 中亚的土壤状况

一般概念中，中亚的土壤特征是土壤荒漠化，但由于中亚的地质-地理单元呈现多元化，地势与气候因素复杂，土壤呈现出多样性，从肥沃的黑钙土到贫瘠的荒漠土一并有之，土壤类别应视其所在地质-地理单元情况而具体判定。

一、土壤的一般概念

土壤是地壳能促使植物生长发育，并取得农作物收成能力的地表疏松层面，是由固相（矿物和有机物）、液相（土壤溶液）和气相（土壤空气）组成的复合体。恢复和提高土壤肥力是指使用各种作用在土壤上的手段，系统有效地提高土壤农耕增产性能的技术操作。使用何种提高土壤肥力的办法，这取决于土壤生态条件，当前最为基本的方法是用施加有机和矿物肥料、合理轮作来改善土壤的水-物理性质。

土壤中有机质主要是指腐殖质在土壤形成过程中聚集起来的复杂有机物的组合，其与土壤的矿物组分处于不间断的相互作用之中。除腐殖质外，有机质还包括动、植物的鲜活个体及部分分解残留物，以及死去的有机个体。通常，新鲜残留物少于土壤中有机质的 1/10，其余为腐殖质。土壤的潜在肥力以及物理、生化性质取决于腐殖质的构成和数量。土壤中腐殖质的数量取决于土壤的耕作方式、种植的农作物、所施肥料、微生物等因素，其含量可以调控。腐殖质的积累可以在初始有机质或腐殖质本身的需氧和厌氧分解过程中进行。在先进的农业技术和种植工艺的条件下，腐殖质的数量呈上升趋势。

土壤是一种独特的自然财富，人们可将其用于农业和林业，从而为自己提供食品，为动物提供饲料，为工业提供原料。土壤的形成是一个漫长的过程。由母岩形成具有生殖力的土壤层（18厘米），在最有利的情况下也需要数千年，而毁灭它却只需要很短的时间。有两类土壤侵蚀，即风蚀和水蚀。风蚀主要发生在干旱草原，水蚀只发生在山坡地段。

二、中亚土壤资源概况

土壤是能发育成土壤的母质在气候、生物、地形等因素的共同作用下长期形成的。中亚土壤母质、气候带、生物带以及地形都具有多样性，从而决定了中亚土壤的多样性，使中亚的土壤展现出由贫瘠的沙质土壤系列到肥沃的黑钙土和栗钙土系列的复杂空间分布。

中亚土壤具有明显的纬度分带性和地区多样性。北纬52°以北为黑钙土分布带，包括淋溶与灰化黑钙土、普通黑钙土、南方黑钙土。北纬48°～52°为栗钙土带，包括暗栗色钙土和栗色钙土、暗栗色与栗色钙碱土组合、浅栗色碱性土、浅栗色与碱化钙土组合。北纬48°以南为褐色、灰褐色土壤带，包括褐色半漠碱化土、褐色半漠碱性土组合、灰褐色漠土组合、经大面积灌溉改造的灰色土壤等。在湖泊、沼泽等特定的低洼地区嵌入具有特定地理特征的土壤：沼泽土壤、草甸黑钙土、碱土组合、含碱土组合、盐沼土与碱土组合、龟裂土与龟裂块组合、冲积和草甸土、沙和弱发育砂质土壤等。此外还有里海、咸海干燥土特定性土壤。总之，中亚土壤在总体上具有明显的纬向带状展布特征。此外，阿尔泰山脉、萨乌尔-塔尔巴嘎台山脉、西天山山脉和帕米尔高原上的土壤有明显的高程垂向分布特征，展布着山地苔原土、山地未经灰化酸质土、山地森林灰色土、山地草甸土、山地草甸-草原土、山地黑钙土和山地栗钙土、山地灰-栗色和山地栗色土、山地灰钙土、高山荒漠土、冰川土等。

三、哈萨克斯坦的土壤资源

纳扎尔巴耶夫在 2012 年国情咨文——《哈萨克斯坦-2050》战略中指出："我们有广阔的生态洁净土地，我们可以生产出生态洁净的农产品，我们完全有能力造就一个高质量的农产品市场。"① 现任总统托卡耶夫在他上任后的第一个告人民书中也指出："我们有相当的潜力，用以生产有机的、生态洁净的农产品，不仅能满足国内要求，而且还能满足国外需求。"② 哈萨克斯坦第一任、第二任总统都强调哈萨克斯坦能生产出生态洁净农产品，依托的是哈萨克斯坦优越雄厚的土壤资源。

哈萨克斯坦的土壤层由北向南呈水平与垂直分带性，这与生物-气候、地区地质岩石性质以及地理地貌条件有关。

哈萨克斯坦的土壤主要分为六大类：南方黑钙土、普通黑钙土、深栗色土、浅栗色土、棕漠土和灰棕漠土。土壤覆盖依据地区的气候、植被、地质情况而变化，由北向南变化明显，存在着纬向分带性，在哈萨克斯坦的平原地区，土壤大致可分为三个分区：北纬 52°以上为黑钙土壤，北纬 48°~52°之间为深栗钙土壤，北纬 48°以南为褐色和灰褐色大漠土壤、荒漠沙质土壤及龟裂土壤的大片交替。在山地土壤类型由山坡向山顶变化，存在着垂直分带性。

黑钙土分布在哈萨克斯坦的最北部分，展布于北纬 52°~53°之间，包括北哈萨克斯坦州的全部、科斯塔奈州大部分、阿克莫拉州、巴甫洛达尔州和阿克托

---

① Официальный сайт президента Республики Қазахста сайт, Послание Президента Республики Казахстан Н. Назарбаева народу Қазахстана. 31 января 2017 г.: «Третья модернизация Қазахстана: глобальная конкурентоспособность», www. akorda. kz/ru/addresses/addresses _ of _ president/poslanie-prezidenta-respubliki-" Мы обладаем огромными экологически чистыми территориями и можем производить экологически чистые Продукты питания. Нам вполне по силам совершить качественный рынок в сельскохозяйственном производстве."

② Токаев К. Ж. сентября 2019 Послание Главы государства Қасым-Жомарта Токаева народу Қазахстана конструктивный общественный диалог — основа стабильности и процветания казахстана, https://www. akorda. kz/ru/addresses/addresses _ of _ president/poslanie-prezidenta-respubliki-kazahstan-nnazarbaeva-narodu-kazahstana-17-yanvarya-2014-g, "Мы имеем значительный потенциал для производства органической и экологически чистой продукции, востребованной не только в стране, но и за рубежом."

别州及东哈萨克斯坦州的北部。黑钙土由于腐殖质含量高，被称作"土壤沙皇"，将其握于手中，稍加捏挤，会在手掌上留下黑色油脂印记。

黑钙土分为三个亚带：淋淤黑钙土，占据森林-草原带的最南端；普通黑钙土和南方黑钙土，为草原带所特有。所有黑钙土壤都十分肥沃，前两种黑钙土和南方黑钙土的腐殖层分别占土壤厚度6%～8%、4%～6%。黑钙土分布在湿度高的波状起伏的平原地区，年降雨量在300～600毫米之间，植被发育。黑钙土覆盖地区适于种植谷类农作物，是哈萨克斯坦的基本产粮区（见图7-1）。

图7-1 北哈萨克斯坦翻耕后的黑钙土耕地

黑钙土在哈萨克斯坦共计2 550万公顷，占哈领土的9.5%。2 550万公顷折合3.825亿亩，相当于我国18亿亩红线内耕地面积的21.25%，规模可观。

我国黑土系列的土壤主要集中在东北地区，纬度与哈萨克斯坦的黑钙土分布纬度一致，黑钙土特别适宜于发展农业，黑龙江的"北大仓"用全国十分之一耕地生产出全国四分之一商品粮。2011年农作物播种面积达到2.06亿亩，产粮1 114.1亿斤，折合5 570万吨，平均亩产540斤。

栗钙土壤分布于黑钙土带的南面，是哈萨克斯坦南部、干旱草原、半荒漠的主要土壤类型，总计9 060万公顷，占哈萨克斯坦领土的34%（见图7-2）。栗钙土带分为三个分带：弱干旱草原深色栗土、栗钙土及干旱草原-半漠浅色栗土。栗钙土产生于湿度不足、水汽不稳定的环境中，年降雨量为200～300毫米，地势起伏不大，植被低矮稀疏，腐殖质存量较少，深色栗土、栗土含腐殖质3.0%～4.5%，浅栗土含腐殖质2.0%～3.0%，土壤的肥力由北向南减退。

图7-2　哈萨克斯坦广阔的栗钙土耕地

深色栗钙土和栗钙土适合种植高品质硬质小麦①（见图7-3）、玉米、小米、向日葵等。为了确保作物持续丰产，土壤保墒尤为重要。浅栗色土壤的水分状况不佳，仅在灌溉或积雪融化带来补充水分的情况下才可得以利用，一般将其用于种植耐旱作物（无浇灌）和作为牧场。

---

① 硬质小麦是指角质率不低于70%的小麦，反之为软质小麦。硬质小麦胚乳易与麸皮分离，磨粉时麸星少，色泽好，灰分少，出粉率高。

图 7-3　哈萨克斯坦待收的小麦

硬质小麦蛋白质含量高，面筋成分多，适合于制作优质通心粉，发酵后具有很好的弹性，尤其适合做出口感好的优质面包，因而哈萨克斯坦的硬质小麦面粉很受具有欧洲饮食习惯人们的欢迎，是哈萨克斯坦进入欧洲市场的一张品牌名片①。

在栗钙土的南面（北纬 48°以南），是褐色和灰褐色土壤带，位于哈萨克斯坦南部，约合 1.2 亿公顷，占哈萨克斯坦国土面积的 44%。褐色和灰褐色土壤腐殖质含量较低，在 1%～2%之间，在地表 15～25 厘米以下，可见有盐碱化和碳酸盐层位母岩为石膏充填，这是由土壤溶液上升蒸发所致。褐色和灰

---

① Официальный сайт президента Республики Казахста сайт, Послание Президента Республики Казахстан Н. Назарбаева народу Казахстана. 31 января 2017 г.: «Третья модернизация Казахстана: глобальная конкурентоспособность», www. akorda. kz/ru/addresses/addresses _ of _ president/poslanie-prezidenta-respubliki-kazakhstan-nnazarbaeva-narodu-kazakhstana-31-yanvarya-2017-g, "Вместе с тем мы должны стать так называемой «хлебной корзиной» по производству зерна на всем евразийском континенте. Нам необходимо обеспечить переход от сырьевого производства к выпуску качественной, переработанной продукции. Только тогда мы сможем конкурировать на международных рынках."

褐色土壤具有砂质黏土结构，质地松软。褐色和灰褐色土壤产生于夏季炎热、冬季寒冷的大陆性气候条件下，平均降水量在 80～100 毫米之间，土壤肥力较差，一般用作草场。但在精心灌溉、施加矿物肥料的条件下，可得到棉花、稻谷、蔬菜和水果丰收。

山地土壤带分为山地黑钙土、山地栗色土和山地栗钙土，其特点是土层薄、多石块。将其用于种植，需先除去石块。山地土壤可有选择地用于种植粮食、蔬菜和水果。山地土壤具有高程分带的特点，例如在天山山区，随着高程趋高，分出灰钙土壤、山地栗色土壤、山地草甸土壤、亚高山和高山土壤；在萨乌尔-塔尔巴嘎台和阿尔泰山区，可分离出山地栗钙土壤、山地黑钙土壤、山地草甸土壤、半山灰色森林土壤及高山草甸土壤等①。

据哈萨克斯坦国家科学院土壤科学研究所的资料，哈萨克斯坦超过 7 000 万公顷的土壤遭受侵蚀，占该国领土面积的 26%。其中 5 200 万公顷为风蚀，1 800万公顷为水蚀。

风蚀频发是因为：第一，哈萨克斯坦大多数区域地势平坦；第二，大风频繁；第三，土壤组分质轻（沙土、沙壤土）。因此，需要细心对待这类土地的开发。在哈萨克斯坦垦荒中开垦了易受到侵蚀的土地，例如，1955—1958 年在巴甫洛达尔州开垦了质地轻薄的暗栗色土壤，导致 80.5 万公顷耕地受到侵蚀而退耕。在科斯塔奈州的奥里耶夫地区，不少耕地也遭到相同的厄运。

水蚀被称作是流水对土壤表层的冲洗。雨、暴雨以及雪消融后流水还没来得及侵入土壤，带着泥沙流冲而去，形成冲刷。当水力强大，即形成深深的冲沟——沟壑。它会减少耕地面积，给农田耕作带来障碍。

不论是土壤的风蚀还是水蚀，都是人们随意使用土地资源的结果。哈萨克斯坦北方土壤风蚀研究所和南方土壤水蚀研究所提出了防范土壤侵蚀的具

---

① Каратабанов Р. А., Байметова Ж. Р. Закономерности размещения почв Казахстана, География. 7 класс, https://www.opiq.kz/kit/87/chapter/5018.

体措施：水土保持轮作、土壤合理耕作、造山坡梯田、造防护林、建沟壑加强工程等。

塔吉克斯坦、吉尔吉斯斯坦以及乌兹别克斯坦的花剌子模、撒马尔罕、费尔干纳出现"耕地短缺"。耕地与水资源短缺酿成国家、地区、种族乃至社会的摩擦与矛盾。

在中亚咸海流域1.549亿公顷土地中有3 260万公顷的土地适于灌溉，实际灌溉只有790万公顷，占适灌土地的24.23%。这表明，只要解决好灌溉问题，咸海流域的农业发展前景广阔。

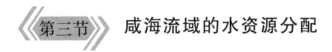 第三节　咸海流域的水资源分配

咸海流域水资源包括地表水和地下水，也包括回归水（废排水）。咸海流域包括北面的锡尔河和南面的阿姆河两大流域，它们之间还有此前曾是阿姆河支流的泽拉夫尚河流域。

一、锡尔河与阿姆河概况

地表径流分为三个分区：径流形成区（山地供水区）、径流过境及分流区和河口三角洲区。在径流源头区无显著人类活动影响，但由于在此区域的边界上建筑有大型水坝和水库，对下游径流状态有明显影响，流经和分流区的水力状态受到源头区域的影响，为了灌溉而拦截取水，并将带有盐碱和农药的回流水又投放入河流中。

锡尔河在中亚水量第二，长度第一。从纳伦河源头算起，长3 018千米，流域面积21.9万平方千米，发源于西天山冰川，在纳伦河与卡拉河汇合后，称作锡尔河，源头由冰川和积雪供水，每年4月份开始的春、夏为汛期，6月份水量最大，75.2%水量来自吉尔吉斯斯坦，而后穿过塔吉克斯坦与乌兹别克斯坦，在哈萨克斯坦境内注入咸海。锡尔河约15.2%径流量出自乌兹别克斯

坦，6.9%出自哈萨克斯坦，2.7%出自塔吉克斯坦。

阿姆河是中亚最大河流，从喷赤河算起，长2 540千米，流域面积46.5万平方千米，由喷赤河与瓦赫什河汇合处起称为阿姆河，其中段有三大右支流（卡菲尔尼干河、苏尔汉河和谢拉巴德河）和一条左支流（昆杜兹河），此后直到注入咸海再无支流。

河水主要由融水供给，因而最大流量出现在夏季，最低在1月和2月。这样的径流年度分配对于农田灌溉十分有利。由肯尔奇到努库斯沿谷地流去，阿姆河因蒸发、渗透和灌溉失去大部分径流。阿姆河的浑浊度在中亚位居第一，在世界上也名列前茅。阿姆河的基本径流量形成于塔吉克斯坦（约74%），然后沿阿富汗、乌兹别克斯坦边界流去，进入土库曼斯坦，又重新回到乌兹别克斯坦境内，注入咸海。阿姆河13.9%的径流量形成于阿富汗境内，8.5%形成于乌兹别克斯坦境内。

注入咸海的河流平均径流量为116立方千米/年，包括阿姆河的79.4立方千米和锡尔河的36.6立方千米径流。由于多水年份和枯水年份的径流量有变化，阿姆河的径流量在109.9～58.6立方千米/年之间，锡尔河在51.1～23.6立方千米之间摆动。

二、咸海流域地表水分配

塔吉克斯坦独占咸海流域水资源量的51.5%，吉尔吉斯斯坦占有25.2%，这两国占咸海流域水资源的76.7%，乌兹别克斯坦占10.6%，哈萨克斯坦与土库曼斯坦占有咸海流域水量极少，分别为2.2%和1.2%。另外，阿富汗和伊朗占有9.3%，此二者不在本书讨论范围内。具体水资源占有量见表7-3。

表 7-3 咸海流域地表水资源

单位：立方千米/年

	河流流域		咸海全流域	
	锡尔河	阿姆河		
哈萨克斯坦	2 516	—	2 516	2.2%
吉尔吉斯斯坦	27 542	1 654	29 196	25.2%
塔吉克斯坦	1 005	58 732	59 737	51.5%
土库曼斯坦	—	1 405	1 405	1.2%
乌兹别克斯坦	5 562	6 791	12 353	10.6%
阿富汗和伊朗	—	10 814	10 814	9.3%
咸海流域总计	36 625	79 396	116 021	100%

沿着两条河流，有许多灌溉取水设施，常年取水，缩减入注咸海的水量。河流径流量日益减少，剩余水的质量却在恶化，由农田排灌系统流出的含盐碱和农药洗田水又回流河中，而造成河水污染。除了来自农业非点源的盐碱和农药残留物的污染外，还有工业和城市生活排放点的污染，特别是在大都市地区。

三、中亚的地下水资源

咸海流域的地下水分为两类：来自山地或集水区的自然成因的地下水；由水利工程和水浇地渗透的地下水。总共探明可作为取用水源的含水层339层。咸海地区地下水的预测储量为31.17立方千米。其中约14.7立方千米在阿姆河流域，约16.4立方千米在锡尔河流域。由于地下水的开采可能影响到地表径流量，因此必须对地下水进行认真的定量评估，以确定其对地表水不产生实质性影响的取用储量。允许开采的储量为13.1立方千米，实际开采量为10立方千米。地下水的含盐量在1～3克/升，几乎一半适宜于生活饮用，70%适宜于农用。30%的地下水具有跨国性质，需在国际层面上协商调节使用。咸海流域各国地下水储量及利用情况详见表7-4。

表 7-4 咸海流域各国地下水储量及利用

单位：百万立方米/年

国家	地下水			各种用途					
	资源量	可采资源量	实采水量	生活供水	工业	灌溉	垂直井	抽水试验	其他
哈萨克斯坦	1 846	1 224	420	288	120	0	0	0	12
吉尔吉斯	862	670	407	43	56	308	0	0	0
塔吉克斯坦	6 650	2 200	990	335	91	550	0	0	14
土库曼斯坦	3 360	1 220	457	210	36	150	60	1	0.15
乌兹别克斯坦	18 455	7 796	7 749	3 369	715	2 156	1 349	120	40
咸海流域总计	31 173	13 110	10 023	4 245	1 018	3 164	1 409	121	66

四、关于中亚是否缺水的辨析

中亚是个干旱地区，这是人们通常对中亚的认知。这有道理，但不尽然。中亚是一个约有400万平方千米的广袤地域，有降雨量小的干旱荒漠地区，也有降雨量大的山区和平原湿润地区。中亚是一个水资源分布极不均匀的地区，同时又是一个水资源极度浪费的地区，对于中亚是否缺水应当从整体上进行综合评议。瑞典水文学家M.富肯玛克依据联合国公布的1990年人口统计和2050年人口预测数据，在对世界上149个国家的水资源进行调查研究的基础上提出了一个"水紧缺指标"：如果一个地区的"年人均用水"低于1 000立方米，则该地区可定为缺水地区；如这一指标落入1 000~1 700之间，则该地区可定为用水紧张地区；如大于1 700，则该地区应定为富水地区。这个指标为许多学者所接受，也得到世界银行的认可，曾为国际人口行动组织《可持续利用水》报告所采用。如将M.富肯玛克指标应用于中亚，即可判断出中亚并不缺水，其两河流域更不缺水。中亚内陆河流乌拉尔河、楚河、塔拉兹河、锡尔河、泽拉夫尚河、阿姆河和伊犁河的年径流量为1 246.2亿立方米，中亚人口为6 644.6万人(2013年)，求得中亚人均拥有地面径流量为1 875.5立方米，不仅超过1 000立方米的"缺水"指标，而且大于1 700立方米的"富水"指标。这就是说，按 M.富肯玛克指标，中亚已属"富水"地区。实际上，中亚人均占有水量应大于此数据，因在计算时没有将流经哈萨克斯坦 1 000 多千米的额尔齐斯河径流量计算在内。

咸海流域（中亚两河流域）的地面径流量由楚河、塔拉兹河、锡尔河、泽拉夫尚河和阿姆河构成，其径流总量为 1 040.2 亿立方米。中亚两河流域的人口为 5 290.44 千万[1]。由此计算得两河流域人均拥水量为 1 966.19 立方米，高于中亚的平均水拥有量，更是显示其属于"富水"地区。中亚"缺水"是因为，粗放式的农业开发造成了大量的水浪费流失。只要科学管理用水，实施高效节水农业，中亚的水资源对于农业的中、长期发展应该是够用的。但在中亚水分布极其不均匀，其两河流域的地表水主要集中在塔吉克斯坦（占 51.5%）和吉尔吉斯斯坦（25.2%），这二者占了咸海流域地表水径流量的 76.7%，乌兹别克斯坦占 10.6%，土库曼斯坦占 1.2%，哈萨克斯坦在咸海流域只占 2.2%（哈萨克斯坦大部分国土不属于咸海流域，而是属于额尔齐斯河流域、巴尔卡什湖流域和里海流域）。

五、灌溉

20 世纪 50 年代的大规模垦荒运动中，在中亚营建了规模庞大的灌溉网系，灌溉网总长 31.635 万千米，其中作业灌区间 4.775 万千米，作业灌区内 26.86 万千米（见表 7-5）。

水利工程包括库容为 190 亿立方米的托克托古尔水库，坝高 100~350 米的恰尔瓦克、安集延和努列克水利枢纽，长 1 400 千米，秒流量 600 立方米的世界上最大的卡拉库姆自流运河，提升高程 180 米的卡尔希多级运河。

---

[1] 中亚两河流域的人口统计要复杂一些，这是因为：第一，哈萨克斯坦只有其南部的南哈萨克斯坦州、江布尔州和克孜勒奥尔达州属于中亚两河流域，其并入两河流域的人口只应是这三州的人口 378.79 万；第二，土库曼斯坦（人口 683.6 万）阿姆河流域原本只囊括土库曼斯坦北部，但由于卡拉库姆运河的修建，阿姆河三分之一的径流量流经了土库曼斯坦南部，使其全境并入阿姆河流域。此外，乌兹别克斯坦（人口 2 889.7 万）、吉尔吉斯斯坦（人口 558.3 万）、塔吉克斯坦（人口 780.05 万）全境均属于中亚两河流域。以上合计人口为 5 290.44 千万。徐海燕：《绿色丝绸之路经济带的路径研究》，复旦大学出版社，2014 年。

表 7-5 咸海水利工程与灌溉网系表

灌溉网	灌溉网总长	31.625 千米
	作业区（灌区）间	4.775 万千米
	作业区（灌区）内	26.86 万千米
	垂直排水井	86.5 万口
	集-排网总长	19.19 万千米
	其中：覆盖段	4.79 万千米
电力	生产电力	1 260 亿千瓦时
	其中：水电	345 亿千瓦时

第四节 中亚的气候条件

中亚为典型的大陆性气候，气候干燥炎热，雨量稀少且分布不均。日夜和季度温差大，太阳辐射强度大，相对湿度低，地形差别大，海拔由 0 米到 7 500 米，微气候差异大。位于东部和东南部的山地是形成水资源和径流的中心。尽管该地区也处于湿润风带的作用下，但大部分湿气为山区所捕获，致使流域的其他地区雨量稀少。

低海拔谷地和沙漠地区 7 月份的平均温度由北部的 26℃ 到南北部的 30℃，最高温度达 45～50℃。1 月份的平均温度，由南部的 0℃ 到北部的 −8℃，最低达到 −38℃。降雨量在低地及谷底为年 80～200 毫米，降水主要发生在冬季和春季。同期山前地带的降水量为 300～400 毫米，在南部和西南山区为 600～800 毫米。区域气候变化与地理和地貌条件有关，这决定了灌溉需求的差异。

夏季原有绿洲与新垦水浇地之间的湿度相差悬殊，前者为 50%～60%，而后者为 20%～30%，这导致原来的沙漠、现今的灌区较之绿洲地区，夏天对水的需求更大，不稳定的春季气温、降水波动以及晚霜冻和冰雹（发生在

6月，大面积毁坏棉花植株和蔬菜幼芽）是影响农业生产的重要因素。

表7-6详细显示了中亚的气候分带。

表7-6 中亚气候分带

气候带	蒸发量(m³/ra)	降水量(m³/ra)	平均气温(℃)	
			1月	7月
N-Ⅰ	400	500＞3 000	−7.39	27.61
N-Ⅱ	600	500＞3 000	−4.58	28.27
C-Ⅰ	1 000	600＞3 000	−0.94	29.0
C-Ⅱ	1 200	700＞3 000	0.59	26.57
S-Ⅰ	1 400	900＞3 000	2.86	29.21
S-Ⅱ	1 600	1 000＞3 000	2.29	29.5

第八章
中哈农业合作开创丝路粮食通道

2012年哈萨克斯坦公布了《哈萨克斯坦-2050》战略（以下简称《哈-2050》战略），提出"必须推行大规模的农业现代化，尤其是在对农产品全球需求增长的形势下"①，而且将此看作是"事关国家对第三次工业革命进行准备的根本性问题"②，对农业的关注被提升到国家发展战略的高度。针对世界粮食危机的日益逼近，还提出"大大提高粮食产量"，凸显对粮食生产的高度关注。

《哈-2050》战略还提出"到2050年，可替代能源和可再生能源所占的能耗比重不少于全部能耗的一半"的新能源发展目标。由于可再生能源具有突出的因地制宜性，其大范围开发无疑将为遍布其国土的农工综合体（агропромышленные комплексы）这个农业现代化的基层依托，提供就近可得的动力支持。农工综合体建设和可再生能源开发两者彼此支撑，相得益彰，支撑起哈萨克斯坦的农业现代化。

第一节　哈萨克斯坦："农业应该成为经济发展新的驱动器"理念的提出

2017年1月31日，纳扎尔巴耶夫在题为《哈萨克斯坦的第三次现代化：

---

① Послание Президента Республики Қазақстан Н. Назарбаева народу Қазақстана. 14 декабря 2012 г., СТРАТЕГИЯ «Қазақстан – 2050», "необходима масштабная модернизация сельского хозяйства, особенно в условиях растущего глобального спроса на сельхозпродукцию. Для того чтобы стать лидером мирового продовольственного рынка и нарастить сельскохозяйственное производство, нам необходимо: Увеличить посевные площади. Отмечу, что такую возможность имеют далеко не все страны. Обеспечить значительный подъем урожайности, прежде всего за счет внедрения новых технологий. Мы имеем большой потенциал для создания кормовой базы животноводства мирового уровня. Мы должны создать национальные конкурентоспособные бренды с акцентом на экологичность. В результате я ставлю задачу перед нашим агропромышленным комплексом-стать глобальным игроком в области экологически чистого производства."

② См. там же. "Сейчас я поднял самые принципиальные вопросы, от которых будет зависеть подготовка страны к третьей индустриальной революции."

全球竞争力》的国情咨文中,提出"农业应该成为经济发展新的驱动器"的理念①,这是哈萨克斯坦自独立以来经济发展的经验总结,是哈萨克斯坦经济发展战略的一次历史性转折。这无疑为打造中亚粮仓和营建丝路粮食通道提供了发展战略支撑。

哈萨克斯坦在其独立后,面对国家经济复兴,最能依托的就是苏联解体留下来的油气产业。适逢世界能源危机,油气价格飙升,哈萨克斯坦适时对其油气资源进行了大规模开放式开发,"油气兴国"的经济发展模式应运而生。时至2012年,一方面,面对着油气产业对人均GDP的贡献比重快速加大,"从1997年的3.7%增长到2006年的14.7%,继而增加到2011年的25.8%"②,这导致得出"油气综合体是哈萨克斯坦经济整体的火车头"的结论。但2013年以来的油价动荡走低,又导致在2015年的国情咨文中做出"石油超级创收在今天已经不复存在"③的论断。这时的哈萨克斯坦已经着手调整其此前确定的核心发展战略。

自2012年以来,哈萨克斯坦已经把调整的目光投向了农业开发。2012年2月出台的《2010—2014国家加速工业创新发展纲要》把农业放在了7个优先发展方向之首④。在此后的历年国情咨文中,都把发展农工综合体放在重要的位置上,一改过去把油气资源出口放在出口首位的做法,提出"要使食品成为

---

① Послание Президента Республики Казахстан Н. Назарбаева народу Казахстана.31января 2017г.,«Третья модернизация Казахстана: глобальная конкурентоспособность», Официальный сайт президента Республики Казахста сайт, www. akorda. kz/ru/addresses/addresses _ of _ president/poslanie-prezidenta-respubliki-kazahstan-nnazarbaeva-narodu-kazahstana-31-yanvarya-2017-g , "Аграрный сектор должен стать новым драйвером экономики".

② СТРАТЕГИЯ «Казахстан-2050» ЭНЕРГЕТИЧЕСКИЕ РЕСУРСЫ. 14 декабря 2012, HTTPS://SATPAEV.GOV.KZ/RU/POSLANIE_, "Наблюдается устойчивая динамика роста доли нефтегазовой отрасли в ВВП страны, которая выросла с 3,7% в 1997 году до 14,7% в 2006 году и 25,8% в 2011 году."

③ Послание Президента Республики Казахстан Н.Назарбаева народу Казахстана. 30 ноября 2015 г. HTTP://KRGAUDIT.GOV.KZ/RU/2015G, "В-третьих, нефтяных супердоходов сегодня нет."

④ 哈萨克斯坦国家领导人提出了7个优先发展方向:发展农工综合体和农产品加工、发展冶金业、发展石油加工和石油天然气基础设施、发展电力、发展化工和制药、发展建筑业、发展运输交通和信息通信。张圣鹏:"哈萨克斯坦积极发展创新工业",中华人民共和国商务部网站,2012年2月21日,http://www.mofcom.gov.cn/article/i/dxfw/jlyd/201202/20120207976253.shtml.

哈萨克斯坦的主要出口商品之一"①。时至 2017 年元月，提出"农业应该成为经济发展新的驱动器"②，同时还提出了"在粮食生产上，我们应该成为整个欧洲大陆的'面包篮子'"的企求目标，对粮食生产给予了特别关注；提出"我们必须确保由原粮生产向高质量加工食品的过渡，只有这样我们才能在国际市场上一争高下"③。由此已不难看出，哈萨克斯坦看准了世界对粮食需求的新机遇，发挥其在粮食生产上的潜力优势，规划一条农业富国之路已成为其经济发展的又一战略思考。

由"油气综合体是哈萨克斯坦经济整体的火车头"到"农业应该成为经济发展新的驱动器"，是哈萨克斯坦经济发展战略的一次历史性转折。哈萨克斯坦实施"油气兴国"战略，有现实的驱动原因，也有其经济发展的历史根由。现实的驱动就是，当时适逢世界能源危机，油气价格飙升，刺激了哈萨克斯坦对其油气资源的大规模开放式开发；历史根由则是，苏联时期经济体系的分工布局，使中亚成为油气及其他矿产资源的供应地，铸就了中亚主要工业用品依赖俄罗斯的依赖型产业结构。在其独立后，面对国家经济振兴，所能依托的主要是油气及其他矿产资源。历史根由与现实机遇相碰合，使"油气兴国"战略应运而生。

其执行结果是，尽管人均 GDP 翻了三番，但同时也使国家陷入资源依赖型的经济模式，主导产业单一、可持续发展缺乏多元化驱动、生态环境恶化等经济内生性缺陷凸显，经济转型成为发展的内在需求。加之"烃经济时代正在慢慢走向终结""自然资源枯竭""能源危机""水资源匮乏"等全球性

---

① 邵希炜："纳扎尔巴耶夫：食品应该成为哈萨克斯坦主要出口商品之一"，中国经济网，2012 年 12 月 15 日，http://intl.ce.cn/qqss/201212/15/t20121215_ 23944146.shtml。

② Послание Президента Республики Казахстан Н. Назарбаева народу Казахстана, 31 января 2017г., www.akorda.kz/ru/addresses/addresses _ of _ president/poslanie-prezidenta-respubliki-kazahstan-nnazarbaeva-narodu-kazahstana-31-yanvarya-2017-g，"Аграрный сектор должен стать новым драйвером экономики"。

③ См. там же. «Вместе с тем мы должны стать так называемой «хлебной корзиной» по производству зерна на всем евразийском континенте. Нам необходимо обеспечить переход от сырьевого производства к выпуску качественной, переработанной продукции. Только тогда мы сможем конкурировать на международных рынках."

挑战向正在实施"油气兴国"战略的哈萨克斯坦发出了警示①，使其有了重新审视经济发展模式的现实感与紧迫感，由此哈萨克斯坦进入经济发展战略的调整期，实施经济发展战略转型，提前18年于2012年宣布《哈萨克斯坦-2030》战略"落到了实处"，并同时出台了《哈萨克斯坦-2050》战略，实施农业现代化被提升到哈萨克斯坦国家发展战略高度。

其实，这个转移在此前已经有了前期预热准备。比如，2009年哈政府颁布《关于修订和补充哈萨克斯坦粮食市场调控法》，制定《粮食安全技术章程》，将粮食强制认证转变为申报制，保证关税同盟境内粮食的自由流通；2012年1月19日哈政府颁布《粮食法》，明确市场行为管理法律法规，为粮食市场有序发展奠立法律基础；实施种粮补贴政策；推出低息粮食生产贷款。哈萨克斯坦政府于2008年10月23—24日在哈萨克斯坦首都阿斯塔纳②主办了"第一届国际农业投资论坛"。联合国粮农组织、国际金融机构、哈萨克斯坦农业部、大型专业农业公司以及来自几十个国家的代表共计250余人出席了本次论坛。这是通过论坛的形式探讨哈萨克斯坦如何应对全球粮食保障等问题。近年来还举办了哈萨克斯坦农业及食品工业展览、食品包装机械展览，通过展览会了解国际粮食生产动态与市场信息，获得其他国家粮食生产者宝贵的管理和经营经验，为哈萨克斯坦本国粮食加工企业提供更多走向世界的机会。

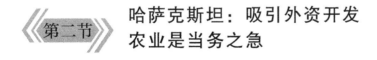

第二节 哈萨克斯坦：吸引外资开发农业是当务之急

引进外资租赁土地，在哈萨克斯坦是一个敏感的社会问题。哈萨克斯

---

① 纳扎尔巴耶夫2012年国情咨文中一共列举了关于当前世界经济发展的十大警示，此处所列为其中的四条。

② 2019年3月，哈萨克斯坦首都更名为努尔苏丹。

坦 2015 年 11 月通过《土地法》修正案，因修正案中增添了将外国人租赁土地的期限由过去的 10 年改为 25 年等条款，而引发社会各界的强烈不满，致使一些民众于 2016 年 4 月底至 5 月 5 日上街游行，抗议政府通过该修正案。总统纳扎尔巴耶夫迫于形势，于 5 月 6 日签署了《关于冻结土地法修正案部分条款》的法案①。其实，哈政府修订的《土地法》并没有明文允许外国人购买哈农用土地的相关条款，只是提到"与哈萨克斯坦公民共同开办的合资公司可购买哈萨克斯坦的农用土地"，依据此条款，脱离哈萨克斯坦公民这个前提，包括合资公司瓦解，任何外国人都是得不到土地的。部分哈民众对修订后的《土地法》存在误解，受到偏颇情绪的怂恿而走上街头。

三年过去，新任总统托卡耶夫在 2019 年的告人民书中以"在农业生产中吸引外资是当务之急"的明确表态②，对《土地法》修正案引起的这场风波做了裁决，并披露"有关谈判正在进行中，政府需要的是取得具体成果"。托卡耶夫称想就这个触动社会的问题表明态度："作为国家元首，我再次声明，我们的土地是不会卖给外国人的，我们不允许这样做，各种猜测应就此止步"，进而表示："我们所做的一切，都是为了保证土地的充分利用，而土地的有效利用变得日益紧迫。"③ 由此看来，引进外资合作开发哈萨克斯坦的农业资源，已经取得哈萨克斯坦各界及多数人的共识，并已能汇集在总统的告人民书中。这无疑将为哈农业开发国际合作开拓出新的局面。

在农业生产中吸引外资已成定局。这就为包括中国公司在内的外资投入

---

① 哈萨克斯坦总统纳扎尔巴耶夫于 2016 年 4 月 26 日在首都阿斯塔纳视察总检察院时表示，哈政府机构需要向民众解释包括《土地法》在内的各种法律，让民众了解各种法律的内容。2015 年哈政府修订的《土地法》并没有允许外国人购买哈农用土地的相关内容，部分哈民众对修订后的《土地法》存在误解。

② Токаев К. Ж. сентября 2019 Послание Главы государства Касым-Жомарта Токаева народу Казахстана,"Актуальной задачей является привлечение в сельское хозяйство иностранных инвесторов Переговоры уже ведутся, Правительству нужно достичь конкретных результатов."

③ См. там же. "Хочу отдельно остановиться на волнующем общество земельном вопросе. Как Глава государства еще раз заявляю: наша земля продаваться иностранцам не будет. Мы этого не допустим. В этом вопросе нужно прекратить все домыслы. При этом наша задача — обеспечить эффективное использование земель.Вопрос неэффективного использования земельных ресурсов становится все более актуальным."

哈萨克斯坦农业清除了障碍，为投资者解除了后顾之忧。但合作的前提是不涉及哈萨克斯坦土地的外卖。这也正是中国公司一直坚守的原则，所以中哈农业合作的大前提是一致的，这就奠定了中哈农业合作的基础。其实，中国公司在与哈方农业合作的摸索中，已经创造出"合资不控股"以及"订单农业"等适合于哈萨克斯坦国情、受到哈方欢迎的合作模式。

中哈农业合作有很强的互补性。哈萨克斯坦历年的总统告人民书中都强调农工综合体建设，农、工结合，农产品自行加工，自行销售。哈萨克斯坦的农工综合体是一个集农、工、商于一体的综合体，就这一方面的功能而言，与我国新疆生产建设兵团的经营方式有共通之处。哈萨克斯坦总统的国情咨文还强调"我们需要发展农业科学，建设农业创新基地"①，这与我国杨凌农业高新技术示范区的"农科教一体""产学研结合"以及"把科技优势迅速转化为产业优势，依靠科技示范和产业化带动，推动我国干旱、半干旱地区农业实现可持续发展"的理念相兼容、契合。因而近年来，哈萨克斯坦农工综合体与新疆生产建设兵团以及与杨凌农业高新技术示范区的合作进展顺利，取得了可喜的互补成果。

 哈萨克斯坦在世界粮食市场中的地位

国际谷物理事会（IGC）和欧盟统计局对 2013—2014 年度和 2012—2013 年度全球十个最大的小麦出口国做了统计，2012—2014 年哈萨克斯坦小麦出口连续两年居于世界第 8 位。详见表 8-1。

---

① 同第 176 页注②。"Нам необходимо развивать аграрную науку, создавать экспериментальные аграрно-инновационные кластеры."

表 8-1　2013—2014 年度和 2012—2013 年度全球十大小麦出口国统计表①

单位：百万吨

排名	国家	2013—2014 年	排名	国家	2012—2013 年
1	美国	31.34	1	美国	27.49
2	加拿大	22.87	2	澳大利亚	21.33
3	法国	20.49	3	加拿大	18.73
4	俄罗斯②	18.46	4	法国	18.68
5	澳大利亚	18.37	5	俄罗斯	11.22
6	德国	10.66	6	印度	8.64
7	乌克兰	9.54	7	德国	7.41
8	哈萨克斯坦	8.35	8	哈萨克斯坦	7.19
9	印度	5.34	9	乌克兰	7.11
10	罗马尼亚	5.01	10	阿根廷	7.09

2015—2016 年，哈萨克斯坦年均粮食产量为 1 742 万吨，年人均拥有粮食约 1.1 吨，处于世界前列，但受气候影响，年产量波动较大，粮食出口量也随之波动，2014—2015 年度③市场粮食出口量为 660 万吨，较上一市场年度减少 20%。

哈萨克斯坦在粮食生产和外运方面还存在以下若干问题：

第一，人力、物力、财力不足。20 世纪伊希姆河流域垦荒约 2 600 万公顷是在当时苏联的统一部署下举其全力实现的，是几十万垦荒者从俄罗斯、白俄罗斯、乌克兰来到哈萨克斯坦北部荒原，动用当时最先进的农业机械协力

---

① 何志丹："全球十个最大的小麦出口国的统计一览表"，中国小麦网，2015 年 3 月 21 日；http://www.xiaomai.cn/html/news/20150321/365594.html。

② 近些年，俄罗斯粮食生产和出口增势迅猛，2012 年产粮 3 780 万吨，2017 年提升到 8 600 万吨，2018—2019 农业年度，俄罗斯出口粮食 3 450 万吨，跃居世界第一位（是年美国和欧盟出口分别为 2 660 万吨和 2 370 万吨），2019—2020 农业年度出口粮食 4 170 万吨，遥遥领先。俄罗斯是丝路粮食通道上的一个极具潜力的粮食供应国，将为丝路粮食通道带来更为广阔的前景。

③ 这里 2014—2015 年度是指 2014 年 6 月至 2015 年 7 月。

而完成的业绩。事实上，随着苏联的解体，哈萨克斯坦已无这样的人力、物力和财力来维持住曾经有过的3 650万公顷的耕地，现在的实际动用垦地只约为2 000万公顷，约1 650万公顷耕地撂荒，寻求新的农业合作伙伴同样是哈萨克斯坦的当务之急。尽管哈萨克斯坦国内有反对土地出租的呼声，但与国外合作发展本国农业的谈判一直在进行着，最近我国与哈萨克斯坦合作开发其北方200万公顷土地事宜的谈判已取得较大进展。

哈萨克斯坦的机耕力量严重不足。哈萨克斯坦农业收割机械陈旧老化，在哈萨克斯坦农田工作的46 000台联合收割机中的78%是苏联时期产品。有关专家认为，为了更新，哈萨克斯坦每年需进口联合收割机3 000～3 500台，但实际上年进口约1 500台，缺口较大。

第二，缺乏粮食外运出海通道。里海阿克套港曾经是哈萨克斯坦唯一的粮食海上外运通道，该港口主要是将粮食销往高加索地区和伊朗，每年粮食的出口能力为70万吨，不能满足日益加大的粮食出口需求。在出口方向不断增加的趋势下，寻求更多的粮食外运出海通道是哈萨克斯坦的当务之急。

第三，打通粮食外运通道是当务之急。2009年哈萨克斯坦粮食丰收，总产量达2 270万吨，粮食仓储成为问题。哈政府对亚速海-黑海、波罗的海和中国方向粮食出口给予交通运输财政补贴，近年来与中国合作，建设了面向亚太的连云港海运仓储；并在波罗的海一端积极筹建粮运仓储，在欧亚大陆桥的东西两头做着打通粮食外运通道的努力。此外，拓宽粮食出口途径，为了增加向西亚及波斯湾地区的粮食出口，与土库曼斯坦共同建造了哈-土-伊铁路（乌津-克孜勒基亚-戈尔甘铁路），为增加向中国以及东南亚的粮食出口，修建了热肯特-霍尔果斯铁路及连云港一级粮食出口终端。

第四节 中国-中亚已从国家层面开启了农业务实合作

在近年的中哈两国总理《定期会晤联合公报》中，明确提出"扩大农业合作以保障两国粮食安全""深化粮食贸易合作"，粮食问题已经提上了中哈经济合作的议事日程。

一、中国与中亚的农业合作已有先行突破

1. 在吉尔吉斯斯坦的合作项目

第一，建立现代农业示范区。2010年以来，新疆农垦科学院在比什凯克市和奥什市共建4个中国现代农业技术示范区，种植面积共计500余亩，对新疆生产建设兵团农业节水技术、优良作物品种、新型高效农机装备等进行现场操作展示。在200亩滴灌技术示范区，进行了大田作物水肥高效滴灌技术应用示范，并在示范区种植玉米、食葵品种各100亩，分别获得产量22 000千克玉米，10 500千克食葵，玉米亩产220千克，食葵亩产105千克，收成大大高出当地产量，起到高效示范作用。新疆农垦科学院依托示范区，进行了若干品种适应性筛选试验，筛选出适宜于当地种植的高产、优质、多抗小麦、玉米品种各1~2个，培训技术人员50~100人次，推广带动面积累计2 000余亩。吉尔吉斯斯坦第一副总理、农业部长、州长等政府官员及农场主参加现场会，对成果予以高度评价，并由媒体进行报道。

第二，吉尔吉斯斯坦兵团现代农业技术展示中心正式揭牌。2014年8月1日，吉尔吉斯斯坦兵团现代农业技术展示中心正式揭牌成立，这是新疆生产建设兵团在国外搭建的第一个农资产品展销与公共服务平台。揭牌仪式后，接着举办了首届吉尔吉斯斯坦农业技术培训班，为50余人讲授了玉米高产栽

培技术，听课人员中有吉尔吉斯斯坦农业部行政人员及农场主。此外，还与吉尔吉斯斯坦农业部种子管理局签署了"中吉玉米杂交种测试、培育及市场推动合作备忘录"。

第三，9个品种的农作物已通过吉尔吉斯斯坦农业部审定。2015年，在吉尔吉斯斯坦申请农作物品种审定，提交申请审定作物品种14个，其中棉花品种3个、玉米品种6个、食葵品种2个、油葵品种1个、大豆品种2个。通过吉国农业部种子局筛选的作物品种有玉米品种4个、大豆品种2个、棉花品种3个。

第四，联合组建中吉合作农机服务公司。新疆科神农业装备科技开发股份有限公司与吉尔吉斯斯坦国家粮食集团计划联合组建中吉合作农机服务公司，在吉尔吉斯斯坦建成一处中国现代农机装备示范点，展示与推广小麦播种机、玉米播种机、液压翻转调幅犁、联合整地机等一系列农机。为农户提供包括农机装备的推广使用、销售、安装、调试、维修与技术培训等服务，形成我国先进农机装备在吉尔吉斯斯坦的展示窗口及营销站点。

第五，吉尔吉斯斯坦农作物良种繁育基地建设。吉尔吉斯斯坦等中亚国家的玉米种植面积较大，吉国每年种植面积约有40万公顷，种子大都从美国、中国进口。2014—2015年，新疆农垦科学院已经率先在吉国进行了玉米试种及各类农作物的试验示范，并参加了吉国的农作物评比。

第六，中吉现代农业联合研究与示范中心建设。主要依托我国科技部对发展中国家科技援助专项，与吉国农业大学、农业部种子管理局等科研单位合作，整合现代农业科技示范园区和现代农业展示中心相关功能，进行中心和园区科学研究与田间试验的基础条件建设，围绕吉国现代农业需求开展联合科学研究与示范，为中亚地区专家学者合作研究和交流提供平台，围绕中亚地区国家动植物品种引进与改良、水土资源高效利用、农畜产品深加工、食品安全与检测、可持续发展等共性问题开展联合研究。

2. 在塔吉克斯坦的项目

哈特隆州加密区海力公司项目，由兵团设计院全额投资，注册资金200万美元，2011年4月，取得哈特隆州2 145亩土地15年的使用权，主要种植水稻。农业累计投资150.6万美元。水稻种植产量达到400多千克/亩，是当地的2倍。这是当地最大的稻米生产项目，不仅粮食高产，而且带动了附近居民的就业。下一步目标是：①尽快将现有2 300亩耕地和拟新增加的2 000多亩耕地的租赁期确定为49年（塔国对外土地租赁的时间上限）；②由一个具备上述条件的团场进行总承包，以保证如期完成；③借助哈特隆州卡巴基扬区项目，对塔国农业进行综合开发，开发规模1.68万公顷（25.2万亩），是兵团在塔国农业开发的重点。

二、中哈粮食合作全面展开

1. 一个以粮食为主题的盛会在霍尔果斯举行

2015年9月18—20日，中哈共同主办了"2015霍尔果斯中哈粮食产业合作与贸易洽谈会"，这标志着中哈以粮食为主题，在粮食产业领域广泛的经贸往来与交易合作已达到一个新的高度。中哈两国粮食行业管理机构、粮油生产企业、粮油经营贸易企业、食品加工企业、粮油加工设备制造企业、饲料加工机械制造企业、仓储设施制造企业、粮机和农机制造企业、粮食科研部门等均受邀参加，为中哈粮油合作扩大渠道，为中国粮油企业投资中亚提供机遇。

2. 合作建立现代农业科技产业园

博鳌亚洲论坛资源能源与可持续发展会议暨丝绸之路国家论坛，2016年5月25日在哈萨克斯坦首都阿斯塔纳开幕。在多国友好合作签约会上，陕西泾盛裕集团与哈萨克斯坦国家出口投资股份公司，就在哈萨克斯坦建设现代农业科技产业园区项目签署战略合作协议。现代农业科技产业园总投资3亿美元，占地2 000亩，至2020年建成。农业产业园项目的建设，体现了中国"一带一路"倡议与哈萨克斯坦"光明之路"计划的有效融合①。

---

① 王栋："中哈农业科技产业园项目即将启动总投资3亿美元"，陕西日报，2016年5月31日，http://news.winshang.com/html/057/8851.html。

3. 哈萨克斯坦与中方合作着力于自主生产农业机械设备

近年来,哈萨克斯坦也着力于自主生产农业机械设备,在阿拉木图州卡拉套市与中国一拖集团有限公司合作(提供该厂拖拉机组装部件)建设拖拉机厂。该厂已于 2009 年 6 月 20 日正式投产,年产 1 000 台 20～180 马力 ARLAN-YTD 牌拖拉机以及配套农具。

4. 中哈现代农业推介洽谈会暨合作项目签约仪式在陕西杨凌举行

2015 年 11 月 6 日上午,中哈现代农业推介洽谈会暨合作项目签约仪式在杨凌国际会展中心举行(见图 8-1)。

图 8-1 中哈现代农业推介洽谈会暨合作项目签约仪式①

陕西省有关领导出席活动并致辞,哈萨克斯坦南哈萨克斯坦州第一副州长萨德巴勒得·塔勒翰出席并致辞,哈萨克斯坦农业部部长马梅特别科夫·阿斯勒江、克孜勒奥达州副州长卡扎尼亚佐夫·谢利克等出席活动。

会议还组织中哈 80 余家涉农企业进行面对面对接洽谈。

---

① 程伟:"中哈现代农业推介洽谈会暨合作项目签约仪式在陕西杨凌举行",新华网,2015 年 11 月 7 日,https://china.huanqiu.com/article/9CaKrnJRgXf。

陕西省与中亚国家的合作日渐紧密，尤其是与哈萨克斯坦的合作。陕西迪盛时光农业科技有限公司与哈萨克斯坦阿拉木图州政府签署了"开发建设丝绸之路光伏农业产业园项目框架协议"。陕西海外投资发展股份有限公司与哈萨克斯坦国际一体化基金驻中国（西安）代表处签署了"战略合作框架协议"。截至目前，陕西省与哈萨克斯坦在现代农业、基础设施、新能源、交通、旅游等八大领域，已开展或预期开展合作的项目达到30多个，较过去实现重大突破[①]。

5. 建立杨凌中哈现代农业示范园区

2015年，杨凌现代农业示范园区开发建设有限公司在哈萨克斯坦与哈方合作，在距阿拉木图市60多千米处的阿拉木图州图尔根地区开垦出一片200公顷的中哈现代农业产业创新示范园，双方共同研究高产耐旱的粮食作物品种和节水、节能的农业技术。目前，示范园已引进种植我国冬小麦品种，并全面开展小麦、玉米，以及油菜、蔬菜、花卉、苗木等优良品种的试验种植，同时进行设施农业、节水灌溉、土壤改良、农机设备的展示和推广。已经试种试验小麦、玉米、大豆、油菜、苗木等六大类45个品种的作物。2015—2016年度引进的冬小麦5号，当年产量比当地品种增加了82.3%，尽管2017年降到了44.4%，但经逐年筛选，最后得出理想品种用于推广。2016年，园区种植的小麦品种亩产最高达到319千克，远远超过当地品种亩产的175千克。

中哈现代农业产业创新示范园表明，中哈农业合作有多方面的契合互补性：哈方看好中方的精耕细作[②]及发展有机农业的新技术；中方看好哈方对农药、除草剂的使用有严格要求，以及在农产品绿色环保方面的传统优势。通过当地传统的"农田日"将杨凌集团带去的新品种、新耕作技术推广出去，为哈萨克斯坦乃至整个中亚树立一个"农业新技术创新园"的典范。

---

① 毕华章："能源、农业、文化……陕哈企业开展多领域合作"，中国新闻网，2015年11月8日，http://www.nbd.com.cn/articles/2016-05-06/1005139.html。

② 哈方因土地辽阔，有广种薄收的传统。

6. 中国西北农林科技大学与哈方共建农业示范园

近年来，中国西北农林科技大学农学院与哈萨克斯坦国立农业大学、哈塞弗林农业技术大学、北哈萨克斯坦州立大学展开合作，在三所大学的试验农场联合共建了农业示范园，占地5公顷，围绕这一平台可以开展科研、技术推广和人才交流工作，起到了核心平台的作用。现在来中国进修农业的哈萨克斯坦学生数量在不断增长。目前，仅西北农林科技大学农学院，就有近50名来自哈萨克斯坦的留学生在攻读硕士和博士学位[①]。

7. 中国新疆成为中哈农产品贸易的前沿和主力

据农业部对外经济合作中心统计，至2016年，中国对哈萨克斯坦农业投资存量约2 060万美元，投资企业近20家，绝大多数为新疆民营企业，例如：新疆三宝圣迪乐食品有限公司在哈国东哈萨克斯坦州建设蛋鸡厂项目；新疆塔城市储绿面粉集团公司在哈国建设乌尔加尔县粮油工业园区项目；新疆塔城丝路华夏有限公司已经在东哈萨克斯坦州取得3 000亩用地权，合作共建现代农牧业产业园；新疆富邦运通和托里阿萨尔食品公司在哈萨克斯坦种植3万亩红花、葵花，合作推动农业综合开发，已实现哈萨克斯坦农产品向国内回运等。

优势互补，民营企业发挥活力。新疆与哈萨克斯坦有7个一类陆路口岸相通，2016年新疆各口岸从哈萨克斯坦进口农产品1.48亿美元，比2015年增长35.8%，占中国从哈萨克斯坦进口农产品总额的97.4%。通过新疆口岸向哈萨克斯坦出口农产品2.09亿美元，占中国出口哈萨克斯坦农产品总额的92.9%。2016年，蔬果出口占农产品出口量的76.7%。新疆的吉木乃口岸、巴克图口岸以及霍尔果斯口岸是中国向哈国出口果蔬的主要口岸，其中巴克图口岸出口量占全疆出口量的80%左右。

---

① 赵雪予："中哈农业合作行进在希望的田野上"，中央广电总台国际在线，2018年9月5日，news.cri.cn/20180905/a9ecc692-536d-a73c-12c3-c74f4f445b83.html。

第五节 中哈农业合作遇到的问题会在合作深化进程中得到解决

2016年，中哈两国在"一带一路"框架下签署了第一个产能合作协议，在协议的51个合作清单项目当中，农业产能合作占有突出地位。2005—2016年，中国从哈萨克斯坦进口农产品由4 266万美元增至1.5亿美元，平均年增长12.2%；2005—2016年，中国向哈出口农产品从5 507万美元增至2.3亿美元，年均增长13.6%。2015年，哈国农业部与中国国家发改委共同签署了《中哈农业合作发展战略规划》。2017年，中哈农产品贸易额5.3亿美元，同比增长近40%，中国自哈进口农产品近60万吨，同比增长近30%；进口小麦接近30万吨，进口大豆7 700吨。但在这个进程中，也遇到一些需要解决的问题。

第一，农业投资合作领域的阻力问题。主要是土地租赁受限，这制约了农业投资扩大化。目前中国在哈萨克斯坦的农业投资日益扩大，其中粮食和蔬菜种植投资占比较高。尽管哈国土地开发利用率过低，国内人力、资金有限，需要引进外资与劳力进行开发，但其国内关于土地保护的民众呼声与舆论走向不利于土地租赁开放。由于目前哈国内舆论对哈《土地法》修正案的不理解，致使其迟迟未能切实实施，使得土地租赁投资者困惑于权益保障。即便是未来《土地法》修正案得到执行，土地租赁依旧会是一个敏感的舆论话题。哈国政府如果不能及时对此进行疏导，获得民众的支持，将会影响农业产能合作的展开，对农产品贸易也将产生负面影响。

尽管中国对哈萨克斯坦投资在农业全产业链上都有较大的合作空间，包括小麦、油料作物的种植，牛羊等牲畜规模化养殖以及农产品加工、仓储、物流，农业机械生产制造和运营等领域，但中哈农业合作投资和农业园区建设还在起步摸索阶段，在哈方急需的种子培育、农机生产、病虫害防治和动物疫情预防等领域，尚未发挥中方的技术优势，互利共赢的优越性还需假以时日才能较充分地凸显出来，得到民众理解和舆论支持还需要时间。

第二，欧亚经济联盟共同技术标准对中哈农业贸易的制约问题。首先是非关税贸易壁垒。农业产品贸易是国际贸易中的敏感领域，中哈两国在农产品贸易领域中的限制性规定都比较多。例如自2007年起，哈对中国畜牧产品实施限制性进口规定。尽管目前中哈双方正积极商讨逐步取消双方对对方的进口限制，但这受制于欧亚经济联盟共同技术标准，不是中哈双边谈判易于解决的问题。至今，技术性贸易措施和动植物卫生检疫限制依然在制约两国农牧贸易规模的扩大。其次，哈国不具备大型农用机械生产能力，其大型农用机主要依靠进口，中国在农用机械设备生产方面具有比较优势，但欧亚经济联盟内部的共同关税政策，有利于俄罗斯和白俄罗斯农机产品通关，其内部贸易创造效应致使我同类产品出口哈国的优势降低。

除以上主要问题，还有一些技术性问题。比如，通商口岸不足。哈萨克斯坦与俄罗斯拥有50个通商口岸，与乌兹别克斯坦拥有24个通商口岸，与吉尔吉斯斯坦拥有11个通商口岸，与中国只有7个通商口岸，这与中哈日益扩展的农业合作规模是不相适应的。再如，中哈农业合作的融资平台建设尚跟不上中哈农产品贸易发展的需要，需加快推进其建设。积极推进亚洲基础设施投资银行和丝绸之路基金与国内政策性金融机构和商业机构的有效衔接，支持中哈农业合作，深入研究哈国农产品贸易与投资的利益诉求，引导企业瞄准重点项目精准发力，积极推进中哈融资、清算区域金融市场、外汇交易等金融平台建设，启动以农副产品为主的第三方结算交易市场的构建。

哈萨克斯坦与周边国家众多的通商口岸，是中国农产品及农业物资走向中亚、西亚、欧洲市场的通道。同时，中国也是哈萨克斯坦农产品进入南亚、东南亚的重要通道。借"丝绸之路经济带"建设和"光明之路"新经济政策相对接，加强新亚欧大陆桥的交通物流枢纽建设是当务之急。在新疆口岸建设大型农产品和农业物资仓储物流贸易中心，将中哈双边口岸打造成未来中国与"丝绸之路经济带"沿线国家农产品和农业生产物资贸易的聚集地。推进中哈边境地区的国际物流港建设，建设以出口果蔬、农机和建材为主的海关监管仓，建设查验、检疫和储存一体化设施及场地等都是当务之急。积极引导双方企业合作发展绿色有机农副产品精深加工，形成中哈加工贸易型产业体系还需要时间。随之而来的是打造良好通关环境，优化通关措施和检验检疫流程，简化通关流程，缩短放行时间，强化大通关协作机制，推进口岸信息互换、监管互认、执法互助，强化信息沟通，强化中哈口岸检验检疫部门的合作备忘机制等。

以上提到的在中哈农业合作过程中出现的问题，也会在这个进程中得到解决。在共建人类命运共同体的大前提下，"丝绸之路经济带"与"光明之路"的对接，以及"丝绸之路经济带"与"欧亚经济联盟"的契合，都是不可逆转的大趋势，随着这种对接和契合的进一步深入，这个进程中出现的相互磨合问题都会得到解决。哈萨克斯坦民众舆论对土地租赁不理解，是出自对切身利益的本能忧虑和保护，一旦见到互利、共赢、共享得到充分实现，且日益扩大着自身利益，忧虑和观望心态会随之消除，由怀疑转向支持和拥护。至于与欧亚经济联盟之间的非关税贸易壁垒障碍，也会随着丝绸之路经济带建设与欧亚经济联盟的深度契合而逐渐减退与消除。这两方面的问题解决了，其他技术层面上的问题也就迎刃而解了。

 中哈陆海粮食通道的开通是丝路粮食通道的实际开端

一、中哈两国领导人启动中哈粮食通道

中哈道路相通是两国元首一直关注的大事。2014年5月19日，中哈两国元首习近平与纳扎尔巴耶夫在上海通过视频连线，共同见证了中哈（连云港）

国际物流基地一期项目的正式启动。

时隔3年,中哈两国的物流宏伟工程已经落成,中国国家主席习近平于2017年6月8日与哈萨克斯坦总统纳扎尔巴耶夫共同出席了中哈亚欧跨境运输视频连线仪式。现场先后连线中哈连云港物流合作基地和"霍尔果斯—东门"经济特区无水港,又见证4列货运列车分别由连云港和霍尔果斯无水陆运港相对开。多条从中国经中亚通往欧洲的中欧班列陆续开通,2016年中国过境哈萨克斯坦的中欧货运班列超过1 200列,中哈铁路运输量达820多万吨,集装箱运量大幅增长2倍多。

2016年9月2日,两国政府签署了《"丝绸之路经济带"建设与"光明之路"新经济政策对接合作规划》,成为指导中哈务实合作的纲领。2017年3月22日,哈萨克斯坦阿亚古兹铁路前期工作合作备忘录签字仪式在中国塔城市举行,标志着中哈两国第三条跨境铁路大通道建设正式提上议事日程。2017年5月,在"一带一路"国际合作高峰论坛期间,哈萨克斯坦国家铁路公司和连云港港口控股集团、中国远洋海运集团在北京正式签署哈萨克斯坦"霍尔果斯—东门"经济特区无水港项目的股权转让协议。这是自连云港中哈物流场站之后中哈两国在物流领域合作的第二个实体项目。全长8 445千米①的"双西"公路("西欧—中国西部"国际公路的简称)也于2017年通车。

中哈粮食合作也终于结出硕果。2017年2月5日,一列来自哈萨克斯坦的运粮火车抵达中国连云港中哈粮食中转基地(见图8-2),720吨小麦在连云港口岸换装海运后发往了越南。哈萨克斯坦小麦首次从中国过境发往东南亚市场,标志着丝路粮食大通道有了实际开端。2017年哈萨克斯坦有近50万吨小麦过境连云港口岸走进东南亚市场,连云港所具有的"一带一路"交汇点的地理优势也得以充分发挥。

澳大利亚小麦在东南亚粮食市场上占有相当份额,但澳麦运至东南亚约

---

① 其中2 233千米途经俄罗斯,2 787千米途经哈萨克斯坦,3 425千米途经中国。

图 8-2　哈萨克斯坦小麦运抵连云港①

需 30 天,而哈萨克斯坦小麦经中国通过铁海联运过境至东南亚用时只约 20 天,占有时间优势,且产地价每吨就较澳麦低 45 美元。这使哈麦在东南亚粮食市场上占据了优势,提升了市场竞争力。中哈两国相关部门签署了《关于加强和改善新亚欧大陆桥国际物流运输框架协议》。哈萨克斯坦小麦年产约 2 000 万吨,相当一部分用于出口,通过从中国过境输出,是一个优化选择②。据悉,2017 年中哈陆海粮食联运至东南亚的运量达到 50 万吨。

我国质检总局与哈方主管部门签署了《哈萨克斯坦小麦输华植物检疫要求议定书》。为保障过境运输便捷高效,质检总局创新区域一体机制,建立了"霍尔果斯—连云港""阿拉山口—连云港"陆海一体化检验检疫合作工作模式,既便利哈国小麦过境,又有效防控疫情。连云港检验检疫部门提出"不流失、不扩散、不撒漏"和"专场、专库、专设施"的"三不三专"过境小麦作业流程与要求,建设过境小麦接卸、存储专用路线、防尘装卸设施,降低

---

① 2017 年 2 月 5 日,一列来自哈萨克斯坦的装载有 720 吨小麦的火车驶入中哈连云港物流中转基地(新华社记者李响摄)。

② 周秋田:"一带一路重大突破:中哈粮食安全大通道正式打通",人民日报,2017 年 2 月 5 日,http://news.china.com/domestic/945/20170206/30232935.html。

运输成本,以确保"一带一路"倡议的实施①。

二、哈粮缓解我国粮食紧张状况

中哈粮食联运也为缓解我国粮食紧张局面提供了条件。继 2016 年 3 月 "长安号"首次将 1 800 吨哈麦运抵西安之后,2017 年 3 月 27 日第二批 1 800 吨和 29 日第三批 2 200 吨哈萨克斯坦小麦专列又抵达指定口岸,共有 5 800 吨哈萨克斯坦小麦运抵西安。这些小麦是由中方提供种子和田间管理技术,在哈萨克斯坦种植收获的优质粮食,它们进入了中国百姓家庭。

2016 年西安市做过粮油供需平衡调查,结果是西安 2016 年主要粮食缺口达到 36.88 亿斤,油脂缺口 3.46 亿斤,居民消费中将近 50%的小麦、100%的油脂都需要从外地调入。而哈萨克斯坦面积相当于陕西省的近 13 倍,人口却只有陕西省的二分之一,每年都有大量耕地闲置,"种什么""卖给谁"是当地农民甚为发愁之事②。

西安进口小麦由西安爱菊粮油工业集团有限公司进行,该公司还计划投资 3.5 亿元,在哈萨克斯坦建立一个日处理 1 000 吨的小麦加工厂和一个日处理 1 000 吨的油脂加工厂,并逐步建立小麦、油菜籽种植基地,长期计划其种植面积将达到 500 万亩。该公司与哈方协议,双方还计划打造一个农产品加工园区,以油脂厂、面粉厂为依托,吸收牛羊肉、乳制品、蜂蜜等当地特色优质农副产品以及各类小食品加工企业入驻,吸引中国农业企业抱团出海。该项目已列入"中哈产能与投资 51 个合作项目清单",并于 2016 年 5 月 31 日正式开建。2017 年公司计划与哈方合作种植 150 万亩油料作物、小麦,预计可收

---

① 同第 190 页注②。
② 阿琳娜:"中哈农业合作助力两国产业、餐桌'双升级'",新华网,2017 年 4 月 14 日,http://www.xinhuanet.com/2017-04/14/c-1120813222.htm。哈萨克斯坦遵循传统种植方式,农作物自然生长,很少使用化肥和农药,与一般施加化肥、农药的亩产 400 千克左右的小麦相比较,哈萨克斯坦一些耕地的小麦亩产一直保持在 80 千克,产量低、品质高。此外,其北部地区出产的油菜籽、葵花籽、亚麻籽、红花籽等颗粒饱满、营养丰富。西安爱菊粮油工业集团有限公司先后进口哈萨克斯坦油脂 2 300 吨、面粉 5 000 多吨、小麦 1 500 吨、休闲食品 50 吨。

获20万吨菜籽、10万吨小麦,实现我国土地休耕100万~200万亩,下半年还将进口哈萨克斯坦优质牛羊肉、蜂蜜和蛋奶制品。哈方项目负责人在接受电话采访时说:"截至目前,车间已经加工了5 000吨菜籽,生产了2 000吨油脂,哈方工人干劲十足。"①

2016年12月,在零下30摄氏度的极寒天气里,爱菊公司在哈萨克斯坦的油脂加工车间历经六个月建设顺利完工。

西安港进境粮食指定口岸于2015年12月获得国家质检总局正式批复,这是中国内陆地区唯一进境粮食指定口岸,通过口岸与目的地一体化检验检疫模式,大幅提升了通关效率。

随着西安港进境粮食指定口岸的加快运营,为陕西、西北乃至全国的粮食企业探索粮油运输新通道、粮油贸易新方式、粮油分拨基地后移至内陆地区打开新的窗口,促使陕西的农产品市场与世界接轨,为即将挂牌的陕西自贸区的投资和贸易便利化增添新动力。有关部门表示,世界各地的优质粮食资源聚集到西安港,将助力西安港向中国内陆的粮食集散分拨和加工贸易基地迈进②。

---

① 同第191页注②。
② 同注①。

第九章

开拓丝路粮食通道的实施路径探讨

"共建丝绸之路经济带"的理念一经提出，即能很快得到中亚国家的呼应和积极参与，这是因为"共建丝绸之路经济带"理念的核心内涵和宗旨是和谐包容，不带有任何政治干预色彩。首先，这里强调的是"共建"，其出发点和落脚点是"互利共赢"；其次，这里包含了"文明互鉴"丝路精神的弘扬，体现的是"亲、诚、惠、容"，以邻为善的周边外交理念，无任何渗入企图。此外，还有亚洲基础设施投资银行和400亿美元的丝路基金做财力保证。短时间内运输物流项目、能源合作项目、贸易和基础设施项目纷纷上马，并落到了实处，这种大义在先和真干实干的担当作为在中亚取得了良好信誉，赢得了中亚民心。

正因为"共建丝绸之路经济带"所弘扬的是"文明互鉴"的丝路精神、以邻为善的周边外交理念，与普京提出的欧亚经济联盟①是相互包容的，俄罗斯与中亚国家在参与欧亚经济联盟的同时也欢迎"共建丝绸之路经济带"的构想。

"打造中亚粮仓和丝路粮食通道"理念是笔者从对哈萨克斯坦经济发展战略转型的分析中提出来的，符合中亚国家的长期资源战略部署和当前的现行政策，能被中亚人士理解和接受。"中亚粮仓和丝路粮食通道"所涉及的粮食是现代农业产品，而现代农业的核心是生态农业，因而它将直接推动中亚的生态环境治理，而这恰恰又是中亚最为关心的。

---

① 2011年10月，俄罗斯时任总理普京提出欧亚经济联盟的构想，这是一个由前苏联加盟共和国中的俄罗斯、哈萨克斯坦、白俄罗斯、亚美尼亚、吉尔吉斯斯坦和塔吉克斯坦等6个国家组成的以加深经济、政治合作与融合为内容的泛国家联盟，其执行机构——欧亚委员会有制定关税政策、竞争规则、能源和财政政策等的决策权。联盟将首先在农业、工业、交通、能源等领域推行协调一致的政策和统一的卫生、技术标准。2014年5月29日，负责俄罗斯、白俄罗斯、哈萨克斯坦三国一体化进程的欧亚经济委员会最高理事会会议在哈萨克斯坦首都阿斯塔纳举行，俄罗斯总统普京、白俄罗斯总统卢卡申科、哈萨克斯坦总统纳扎尔巴耶夫签署了《欧亚经济联盟条约》。根据条约，欧亚经济联盟于2015年1月1日正式启动，2016年之前建立统一的药品市场，2019年之前建立统一的电力市场，2025年之前建立统一的石油、天然气市场，到2025年俄、白、哈三国将实现商品、服务、资金和劳动力的自由流动，终极目标是建立类似于欧盟的经济联盟（有人称之为"第二欧盟"），形成一个拥有1.7亿人口的统一市场。

第一节 开拓丝路粮食通道的实施路径

打造中亚粮仓和丝路粮食通道在实施方案上应该是先易后难,先扩大哈萨克斯坦北部原有粮仓垦区,再扩展到开垦难度较大的咸海流域垦区。

一、中亚粮仓的基本构成

中亚粮仓大体上可由两部分组成。哈萨克斯坦北部的北冰洋水系流域是哈萨克斯坦乃至中亚当前最为重要的小麦产区,它以伊希姆河流域为中心,向东包括额尔齐斯河流域垦区,向西包括托博尔河流域垦区,为20世纪50—60年代苏联大垦荒运动在中亚的小麦垦区(人们常将咸海流域棉花基地的开垦称为"白金计划",那么北哈萨克斯坦的小麦开垦当可称为"黄金计划")。这里的耕地潜力达2 800万公顷。以内陆河流锡尔河和阿姆河流域为主的咸海流域,有适耕土地5 910万公顷,其中有易于灌溉的土地3 260万公顷,实际开垦约1 000万公顷,包括易灌耕地790万公顷。以上两大部分总计约6 060万公顷[①],构成中亚耕地资源潜力的主体,约相当于我国红线内耕地面积18亿亩(折合1.2亿公顷)的一半,十分可观,将其以现代农业的要求开发出来,将会打造出一个世界级粮仓,对于缓解世界粮食危机、助力建设世界命运共同体将具有重大意义。而且,世界缺粮地区主要集中在非洲和南亚,位于中亚的南面,这势必促使其打通南向粮食通道,在阿拉伯海或印度洋上使"一带"和"一路"相对接,促进"一带一路"功能的全面释放。但其开发将会面临一系列的难题,两大垦区所面临的问题不尽相同,有共性问题,也有个

---

① 其中哈萨克斯坦南部约有190万公顷的耕地与咸海流域的耕地相交叉,重复计算,另哈萨克斯坦的巴尔喀什湖流域及西部的乌拉尔河流域耕地未计算在内,可与之相抵消,最后结果约为6 000万公顷。

性问题，后者除了前者所面临的开发资金、物力和人力问题外，还有咸海危机带来的棘手生态问题和由此而来的中亚水资源纠纷问题。

二、构建丝路粮食通道的制约因素与应对

第一，来自中亚的舆论误解，这是中亚在土地利用上的共同问题。2016年哈萨克斯坦《土地法》修正案引起的社会误解风潮，已在第八章第二节对其做了详细阐述。中国与哈方的农业合作模式应以消除其国内民众与行业部门的疑虑为前提，以对方可以接受的方式合资经营其"农工综合体"。对此，西安爱菊粮油工业集团在哈地方政府的支持下，采取了"持股不控股"和"订单农业"模式，与当地农民建立农业合作社和专业公司，不涉及土地购买，且已取得初步成效，值得借鉴与推广。

第二，耕地潜力发掘受到咸海危机的严重制约，阿姆河与锡尔河流域的中下游地段受到的制约尤为突出。产生咸海危机的主因是20世纪中叶为实施"白金计划"发展农业过度取水。笔者认为，治理咸海的最有效途径是对其进行逆向补偿，彻底变革农业灌溉模式，实现"退水归海"，农业开发与咸海治理同步，粮食增产与环境改善兼得。

第三，耕地扩大带来原生态环境恶化，伊希姆河流域草原垦荒致使部分原生植被遭到破坏，草原裸露，风力风化肆虐。早在1957—1958年垦荒还正在热火朝天进行中，在巴甫洛达尔州就已出现将轻质土壤扬起的尘暴。到20世纪60年代初，土壤风蚀已经见于整个垦区，风蚀已波及900多万公顷耕地，相当于法国的全部农耕面积。在垦荒过程中，黑钙土和栗钙土中的腐殖质损失三分之一，且土壤结构及水性质恶化。腐殖层每损失一毫米，在一公顷的耕地上会损失76千克的氮、240千克的磷、800千克钾，是任何"伟大的化学反应"都无能为力做补偿的[①]。到现在，已开垦

---

① Абылхожин Ж. Б. Гумусный слой разрушался, а вместе с гибелью его каждого миллиметрового слоя на одном гектаре терялось 76 кг азота, 240 кг фосфора, 800 кг калия, и никакая «большая химия» не способна была компенсировать потери. Освоение целинных и залежных земель: история и современность, http://tarikh.kz/sovetskiy-period-istorii-kazahstana/celina/.

的 2 600 万公顷耕地中已有 800 万公顷因遭受严重风蚀而失去肥力退耕，成为治理难题。另外，农田灌溉还造成土壤盐碱化，大水漫灌造成部分耕地沼泽化等。

第四，咸海地区水资源分配纠纷愈演愈烈。"退水归海"在本质上具有缓解中亚水资源纠纷的功能，它的实施过程不仅是农业增收和环境改善兼得的过程，同时也是咸海流域水资源分配纠纷的缓解过程。在中亚运作现代农业就是在经营"未来的金山"，可观的互利经济效益将促使中亚国家进行新的利益汇合，有助于构筑新的协同治理平台。

第五，耕种理念上的墨守成规，导致中亚粮食产量较低，一般亩产在 100 千克左右，我国北大荒普遍达到亩产 300 千克，而新疆生产建设兵团普遍达到亩产 500 千克。中亚较普遍地有一种拒用化肥的倾向，认为化肥带有有害物质，会致使农产品有害身体。其实增产也不一定非用化肥不可，深耕和土地轮耕都可以提高土壤肥力，而中亚耕地辽阔，轮耕不会是问题。其实减少甚至免除肥料的副作用，是可以依靠科学技术进步实现的，粮食基因的抗毒性能是可以控制的。2017 年 6 月，袁隆平宣布了一项重大突破性成果："可以把亲本中的含镉或者吸镉的基因'敲掉'，亲本干净了，种子自然就干净了。"[1] 水稻亲本去镉技术取得突破，意味着粮食基因中其他能吸取有害物质的基因也是可以"敲掉"的。另一方面，化肥的生产技术也是在不断完善的，不能一提到化肥，就一概拒之门外。

三、开发可分三步走

第一步，以哈萨克斯坦为切入点，助力哈萨克斯坦再建其北部伊希姆河流域苏联时期粮仓，将现有耕地 1 800 万公顷恢复到 2 800 万公顷。如其中的

---

[1] 孙丹："袁隆平宣布重大成果"，2017 年 9 月 27 日，http://www.ce.cn/xwzx/gnsz/gdxw/201709/27/t20170927-26328202.shtml。中国工程院院士"杂交水稻之父"袁隆平宣布一项剔除水稻中重金属镉的新成果，除掉重金属镉，让种子更干净。

一半种植粮食，按新疆生产建设兵团亩产500千克的一半计，则可年收获粮食约5 000万吨，哈萨克斯坦人口约1 700万，按人均1 000千克（含口粮、种粮和工业用粮）扣除预留粮，仍可有约3 500万吨粮食投入国际流通，超过当今第一粮食出口大国的年小麦出口量。

第二步，逐步扩展咸海流域的适耕土地，由现有的1 000万公顷扩展到3 200万公顷，其中的一半种植粮食，以亩产250千克计，则可年收获粮食约6 000万吨，咸海流域人口约5 290万，按人均1 000千克扣除预留粮，仍可有约700万吨投入国际流通，加上哈萨克斯坦伊希姆流域的3 500万吨，一共是约4 200万吨。

第三步，在对以上两项6 000万公顷的耕地予以优先开发的基础上，再筹划并实施哈萨克斯坦800万公顷的撂荒地和咸海流域2 400万公顷山坡耕地的开发。

三步走将会是一个延续几十年甚至上百年的艰难世纪工程。今天为此做出努力是有意义的，因为这不仅能缓解世界粮食危机，就近解决我国粮食短缺问题，还将会助力打造人类命运共同体，体现我国"亲、诚、惠、容"的外交理念，彰显大国外交的世纪担当。

中亚粮仓重在哈萨克斯坦，不仅是因为哈萨克斯坦是中亚现有耕地的最大持有者，占中亚现有耕地的73.67%，同时从20世纪50年代起它就已经是苏联的一个粮仓，当前是粮仓的再建。当时苏联最高当局十分注重在哈萨克斯坦垦荒，1954—1960年在哈萨克斯坦北部阿克莫拉州、北哈萨克斯坦州、科斯塔奈州、巴甫洛达尔州及谢米州（今已并入东哈州）垦荒2 600万公顷，占苏联全部垦荒面积4 200万公顷的61.9%[①]。这不仅是因为这里的土壤是肥沃的黑钙土和栗钙土，尤其还因为栗钙土是当时苏联各加盟共和国唯一能生产小麦珍贵品种——硬质小麦（твердая пшеница）的地区，世界上小麦种植区的90%都是生产软质小麦（мягкая пшеница），这样大片的硬质小麦种植区在

---

① 其余在西伯利亚和远东地区、乌拉尔和伏尔加河流域。

世界上也是少有的。硬质小麦以含高蛋白著称，用其制作面包，产出率高出普通面粉26%，在普通小麦面粉中添加20%～30%的硬质小麦面粉即能做出高质量的面包①。硬质小麦提高了粮食出口品质。俄罗斯从哈萨克斯坦年进口小麦约400万吨②，2003年世界银行建议哈萨克斯坦增产硬质小麦，并加工成通心粉出口欧洲。

哈萨克斯坦有着丰富的耕地资源。鉴于其有大量适耕荒地，且土质优良，苏联于20世纪50年代在哈萨克斯坦北部的伊希姆河流域垦荒2 600万公顷③，使其耕地顶峰面积一度达到3 650万公顷，哈萨克斯坦由此一跃成为苏联的重要粮仓之一，成就了哈萨克斯坦的粮食大国地位。这片垦区土地肥沃，是以黑钙土（南方黑钙土、普通黑钙土，部分为淋溶灰化黑钙土）、栗钙土为主的特别适于粮食种植的宝贵土壤。苏联解体后，哈萨克斯坦无力全部利用这已开垦出来的广阔垦地，又使其中一半退耕撂荒，现在实际耕地面积已下降至约1 800万公顷，但仍然为40多个国家供应着粮食。撂荒地中除约有800万公顷因遭到严重风化，需花大气力进行土壤改造才能恢复地力和产能外，尚有约1 000万公顷（折合1.5亿亩）可适时启动投入再耕种，这是一项巨大的耕

---

① 同第197页注①。Следует также иметь в виду, что 90‑95 процентов мировых посевных площадей, отводимых под хлебные злаки, занимают мягкие пшеницы, тогда как целинный регион Казахстана производит преимущественно твердую пшеницу, ее сильные сорта, отличающиеся высоким содержанием белка; именно здесь находится один из крупнейших мировых массивов ее производства (для сравнения: из сотни килограммов муки, произведенной из зерна с низкими технологическими качествами, выпекают 91 килограмм хлеба, а из такого же количества муки сильного зерна‑115 килограммов; 20‑30 процентов сильной пшеницы, добавленной к слабому зерну, уже позволяют получить качественный хлеб).

② 同第197页注①。Отсюда ясно, что в результате освоения целинных земель республика получала в принципе все предпосылки не только для полного удовлетворения собственных потребностей, но и для выхода на мировой рынок в качестве страны-экспортера высокотехнологического зерна. (отвлекаясь, заметим, что из всех республик бывшего СССР только Казахстан обладает таким потенциалом, что, естественно, увеличивает возможности его политического влияния в пространстве СНГ; например, Россия потребляла около 130 млн.т зерна, а производила в среднем 105 млн; недостающую разницу возмещали завозом из Казахстана-до 4 млн. т и импортом.)

③ 这是纳扎尔巴耶夫2004年在阿斯塔纳举行的垦荒50周年大会上公布的数据，另在"Освоение целинных и залежных земель:история и современность"一文中说当年垦荒2 550公顷，相差不大，本书采用了纳扎尔巴耶夫的数据。

地潜力，是今日哈萨克斯重建粮食大国地位的底气所在，也是吸引外资、外力进行深度农业合作的资源依托。

至今，哈萨克斯坦仍然是世界前十位粮食出口大国之一。近年来，哈萨克斯坦出口粮食维持在 900 万吨上下，2014 年产粮 1 700 万吨，在 2013—2014 交易年出口粮食 930 万吨。

四、生态示范农场开路，由点到面推进，打造现代农工综合体

协力中亚实施农业现代化，打造丝路粮食通道，需要样板示范、典型引路，由点到面推进。新疆生产建设兵团自 2010 年以来与吉尔吉斯斯坦、塔吉克斯坦及哈萨克斯坦开展的以粮食种植为主的多元化农业合作[①]，为今后中国-中亚农业合作树立了样板，使中国现代农业技术规模化进入中亚有了点的突破，展示出广阔的推广前景。

应顺势利导，在此基础上建立生态示范农场，以风能、太阳能作为耕作、节水动力，实施农作物的生态种植，以种植粮食为主，推广光伏大棚，辅以蔬菜瓜果生产，实施多种经营，打造现代农工综合体，将其作为绿色农业示范区在阿姆河及锡尔河流域推广，并参照这个模式，依据伊希姆河流域的土壤（优质黑钙土、栗钙土）和气候条件，因地制宜，建设同类示范农场，并将其推广到整个北哈萨克斯坦产粮地区。建设丝路粮食通道不仅能应对当前日益逼近的世界粮食危机，而且有利于建立解决世界粮食问题的长效机制。

五、"持股不控股"的农业合作方式在哈取得成功

在哈萨克斯坦部分民众中，有土地被人占有的忧虑，西安爱菊粮油工业集团采取"持股不控股"和"订单农业"模式打消了这种顾虑，取得了

---

① 见本书第八章第四节"中国-中亚已从国家层面开启了农业务实合作"。

成功①。2016年3月,"长安号"首趟中亚班列满载货物回程,其中就有来自哈萨克斯坦的粮油食品。爱菊公司先后进口哈萨克斯坦油脂2 300吨、面粉5 000多吨、小麦1 500吨、休闲食品50吨。

目前双方正在扩大意向,拟吸引中国农业企业抱团出海,共同打造农产品加工园区,以油脂厂、面粉厂为依托,吸收牛羊肉、乳制品、蜂蜜等当地特色优质农副产品以及各类小食品加工企业入驻。哈方因见到实际利益而干劲十足,2016年12月,在零下30摄氏度的气温里,油脂加工车间顺利完工建成,截至目前已经加工菜籽5 000吨、油脂2 000吨。

六、构建丝路粮食通道的战略效益

打造中亚粮仓,构建丝路粮食通道,对于缓解世界粮食危机具有重大意义。根据联合国粮农组织的报告,全球近8.7亿人没有足够的食品②。如果不能有效解决粮食危机问题,地区乃至全球性经济增长将受到抑制和挫折,阻碍社会进步与安全③。中亚粮仓具有重大战略意义,将为缓解世界粮食危机做出重要贡献。

哈萨克斯坦伊希姆河流域2 800万公顷加上咸海流域3 200万公顷,一共

---

① 黄坤:"立足合作共赢,中哈农业共建利益圈,爱菊再签海外合作大单!",西安网,2018年4月26日,O4g.xiancity.cn/system/2018/04/26/030568233.shtml.。获得2018西安市五一劳动奖状的西安爱菊粮油工业集团哈萨克斯坦爱菊农产品加工物流园区再传捷报,该园区与哈萨克斯坦出口农业有限公司达成150万公顷农产品购销合作意向。大型系列纪录片《筑梦新丝路》西安广播电视台摄制组见证了这一合作案例。西安爱菊公司改变过去外出租地种植的模式,与当地政府和农民成立农业合作社和专业公司,采取"持股不控股"和"订单农业"的形式,既解决了当地农产品的销路问题,又打消了哈地方当局对土地所有权的顾虑,开辟了一条新路径。园区一期具有年加工油料30万吨的生产能力,2016年12月6日试投产,当天哈萨克斯坦总统纳扎尔巴耶夫莅临园区,亲自见证了投产仪式。目前该园区生产管理井然有序,已列入"中哈产能与投资51个合作项目清单"。继2016年3月"长安号"首次将1 800吨哈麦运抵西安之后,2017年3月27日第二批1 800吨和29日第三批2 200吨哈萨克斯坦小麦专列又抵达西安港进境粮食指定口岸。截至目前,共有5 800吨哈萨克斯坦小麦运至西安。
② 中华人民共和国驻哈萨克斯坦大使馆经济商务处:"哈萨克斯坦总统称哈农业领域拥有巨大的尚未开发的投资潜力",2013年12月25日,http://kz.mofcom.gov.cn/article/ztdy/201312/20131200437834.shtml.
③ 同上。

是6 000万公顷耕地。如其中的一半种植粮食，那就有3 000万公顷粮田，或者说是4.5亿亩粮田①，这片粮田肥瘦不一样，哈萨克斯坦伊希姆河流域大都是肥沃的黑钙土、栗钙土，肥力一般要高于新疆耕地的平均肥力，但咸海流域土壤的肥力要低于伊希姆河流域，其平均水平与新疆大致相当。新疆生产建设兵团的粮食平均亩产稳定在500千克，中亚的平均亩产只有100千克左右。这一方面说明中亚粮食产量的增产空间非常大，在两番以上；另一方面也说明如将新疆生产建设兵团的粮食种植经验推广到中亚，在条件相似相近的情况下，新疆生产建设兵团能办到的，中亚也应该可以办到（当然这只能逐步达到）。

比如说，经过若干年达到新疆产量的一半，则会有1.125亿吨粮食，中亚人口7 000万，如口粮、种粮、储备粮和工业用粮按人均1 000千克预留，在产量中扣除7 000万吨，仍然有4 250万吨可用来投入国际粮食流通。如再做努力，达到新疆生产建设兵团小麦产量的60%，则有6 500万吨可以投入流通，继而努力达到70%，则有8 750万吨可以投入流通，约为2018年全球小麦产量7.561亿吨的11.6%，约为当年各国共出口小麦1.752 6亿吨的50%②。

由此不难看出中亚粮仓的战略意义。当中亚年产粮1 300万吨时，纳扎尔巴耶夫称"几乎可以供养1亿人口"③，那么8 750万吨粮食将会为缓解世界粮食危机做出重大贡献。世界上54个缺粮国家，有37个在非洲，占68.5%，还有巴基斯坦、阿富汗、伊拉克等缺粮国都位于中亚的南面，因而打通南向粮食通道是十分必要的。可将哈萨克斯坦伊希姆河流域的粮食经我国新疆阿拉山口，继而经中巴经济走廊运至南亚，再经瓜达尔港进入印度洋，与"21世纪海上丝绸之路"相对接，将大部分粮食运往非洲这个世界最缺粮地区，并在印度洋向东运至东南亚的缺粮国家，同时向东将粮食运至我国，填补短缺，

---

① 一公顷等于15亩。
② 中国产业信息，2018年全球小麦产量、消费量及进出口现状分析，2019年10月16日，http://www.chyxx.com/industry/201910/793702.html。
③ Назарбаев Н. А. «Освоение целины-грандиозный проект ХХ века!».

部分运往蒙古、朝鲜,构筑起丝路粮食大通道,并经由海路运至海地、尼加拉瓜、洪都拉斯等拉美缺粮国家。也可将现有"哈-土-伊"(哈萨克斯坦-土库曼斯坦-伊朗)铁路向南延伸至波斯湾海岸,通过阿拉伯海与海上丝绸之路相对接,成为南向丝路粮食通道的另一分支。波斯湾地区对农产品需求旺盛,是中亚农产品出口的重要目标地区,是哈萨克斯坦出口优质小麦,乌兹别克斯坦、土库曼斯坦等中亚其他国家出口蔬菜、瓜果、棉花、蚕丝等农产品的一个重要取向,这成为促使兴建"哈-土-伊"铁路的一个重要原因。目前,该铁路在伊朗境内还只有82千米,为使其成为南向运粮通道,还要根据需求扩建,尤其是要将其延伸至波斯湾海岸,通过阿拉伯海与"21世纪海上丝绸之路"相对接。2004—2007年,全球食品价格已上涨83%,其中小麦价格上涨1.81倍,大米价格上涨2.01倍,到2020年全球主要食品价格将翻倍①。运筹丝路粮食通道,将有效平抑世界粮价,缓解世界粮食危机。

构建丝路粮食通道为中国与中亚国家开展农业合作提供了新驱动。首先,中亚国家粮食出口可以填补中国的粮食缺口。中国粮食总产量尽管由2003年的4.307亿吨增加到2015年的6.2145亿吨,但距6.4亿吨的实际需求还有大约2 000万吨的缺口,需用进口弥补②。其次,中国可在农业技术等领域帮助中亚国家粮食增产。中亚国家粮食单产常年徘徊在每公顷1 500千克(相当于亩产100千克)左右,而中国新疆生产建设兵团由于长年坚持高效节水农业开发,推广膜下滴灌技术,实行品种改良,近年小麦亩产已稳定在500千克/亩以上,处于世界前列。中国新疆与哈萨克斯坦等中亚五国农业生产条件相近,农业增产经验对中亚国家有直接借鉴意义,且中国农业在节水灌溉、育种、农机更新换代等方面都较中亚具有优势,走向中亚将促使区域内优势互补、整体优势提升,加速建成中亚粮仓。实际上,中哈两国已从国家层面开启了农业务实合作。2014年12月,中哈共同发表的

---

① 蒋小林:"哈农业具有巨大的开发潜力",中华人民共和国商务部官网,2013年12月25日,http://kz.mofcom.gov.cn/article/ztdy/201312/20131200437834.shtml。
② 叶攀:"陈锡文:中国粮食需求有约400亿斤缺口品种矛盾更突出",中国新闻网,2016年3月6日,http://www.chinanews.com/gn/2016/03-06/7785916.shtml。

《中哈总理第二次定期会晤联合公报》明确指出"双方同意扩大农业合作以保障两国粮食安全""鼓励两国相关企业商讨在哈萨克斯坦成立种植业和畜牧业产品生产加工及农机生产合资企业""推动两国相关科研机构和企业加强农业交流与合作,实施联合项目"。2015年12月,两国总理进一步签署了《中华人民共和国政府和哈萨克斯坦共和国政府联合公报》,明确双方"进一步加强农业合作以及畜牧业和种植业产品相互市场准入,深化粮食贸易合作","双方将不断改善两国农业投资和农产品贸易合作环境"。两次联合公报从国家层面开启了中哈两国农牧业的务实和深度合作,也为中国农业走向中亚提供了坚实的保障。

在共建"丝绸之路经济带"的框架下,中国参与中亚农业现代化建设,促使中亚成为具有跨地域影响的世界级粮仓,构建丝绸之路粮食通道,将具有缓解世界粮食危机和助力打造世界命运共同体的战略效应,使中亚成为"丝绸之路经济带"上的绿色枢纽,这不仅将充实中国-中亚命运共同体的内涵,还体现出"义利相兼,以义为先"①的中国特色大国外交作为和谋求建设人类命运共同体的世纪担当。

第二节 运筹丝路粮食通道将支持产能合作的可持续发展

2015年3月27日,在中哈两国总理的见证下签署了总金额达236亿美元的33份产能合作文件,打开了中哈两国产能合作的规模化局面,有助于中亚及其他"一带一路"沿线国家分享中国经济发展成果及经验,并带动沿线国家经济的包容联动发展。尽管中哈之间的产能合作快速达成共识、一举规模

---

① "习近平在联合国发展峰会上的讲话(全文)",新华网,2015年9月27日,http://news.xinhuanet.com/2015-09/27/c_1116687809.htm。

化铺开，但面临后续驱动和领域拓宽问题。

一、当前中哈产能合作存在后续驱动问题

中哈产能合作得以快速推进，从哈方来说，有推行"光明之路"经济新政的内在需求，而"光明之路"是为落实《哈萨克斯坦-2050》战略定下的"大力开发本国的过境潜力""落实一批全国性基础设施项目"，使"过境能力到2020年前增加1倍，到2050年该指标应增长9倍"这一战略目标所采取的贯彻措施。一旦哈过境通道能力达到战略要求、全国性基础设施项目及交通网络建设达标，以此为依托的中哈产能合作发展势头就会随之减弱、受阻。因而当前中哈产能合作有一个后续驱动问题，我国须把准合作国家的多方面需求和长效优势资源，运筹其后续驱动，延伸并拓宽产能合作领域。

二、建设丝路粮食通道将为产能合作提供多元长效驱动

建设丝路粮食通道对发展产能合作具有多元长期驱动效益。农业生产是周而复始、循环不已的，打造中亚粮仓、构建丝路粮食通道将会在更大规模上长期驱动中哈产能、技术转移合作，衍生出新的合作模式。第一，如将新疆生产建设兵团的现代农业技术引入中亚，最终可使中亚的外运粮食达到约1亿吨。经计算，届时哈萨克斯坦的过境运输能力至2050年不是提高9倍，而是要提高20倍以上，仅此一项就会带来两倍基于当前执行"光明之路"新政所需求的产能合作规模，同时也将大幅联动，总体提升亚欧大陆桥的物流量。第二，如将风能、太阳能作为现代农业开发的动力，在中亚6 000万公顷可耕土地的一半上开发地下水资源，约需打井76.8万口，加上智能滴灌的驱动需求，约需3 120万千瓦的动力支持，因用户分散，只能靠就地建立风电和太阳能电站来解决。如安装2 000千瓦的大型风机，则需15 600台；如建10 000千瓦的风电站，则需建3 120座。这无疑将搭建起新的产能合作平台，且有可能进而促进构建中亚-新疆-河西走廊新能源带，延伸拓宽能源开发合作。第三，

农业现代化中所需农机更新与增补的需求巨大,所需拖拉机、联合收割机、运输车辆将以数十万台计,这将促使国内相关产业的发展与技术升级,搭建起一个宽阔的产能合作平台。第四,绿色农业将促使中亚摆脱环境危机,为环境安全做出贡献,为世界提供生态安全的绿色农产品,为我国提供非转基因绿色农产品的可靠来源,净化农产品进口渠道。另外,环境保护将催生必要的环境工程建设,这将搭建起又一个产能合作平台。第五,打造中亚粮仓,构建丝路粮食通道将促使大幅提升粮食输送能力,势必对铁路、公路建设提出更高要求,我国在国际上具有竞争力的高铁技术、高速公路技术、城市地铁和轨道交通技术也可由此走向中亚。丝路粮食通道同时也将会是高新技术的交流通道,东西方高端技术互补交流将驱动"丝绸之路经济带"的创新发展。我国正在实施《中国制造2025》,推动我国由"技术大国"向"技术强国"的转变。

三、把准产能合作项目,达到最佳联动效果

哈萨克斯坦在苏联时期已历经了约半个世纪的工业化过程,在钢铁、煤炭、有色金属冶金、化工等方面都已有相当基础,这决定了其较高的产能合作要求,部分为产能更新要求。《哈萨克斯坦-2050》战略更是提出吸引外资的条件,"只限于那些在我国境内建设最新型生产厂的企业"。中哈巴甫洛达尔电解铝厂合作非常成功,因为它是先进产能输出,纳扎尔巴耶夫总统称其为"世界上最现代化的电解铝厂,它翻开了哈萨克斯坦冶金史上新的一页",其经验值得总结推广。产能合作内含技术转移,先进的产能合作不仅有利于优化我国的产能配置,而且将刺激我国国内的技术升级,加速由"技术大国"向"技术强国"转型,变先行优势为长期优势,放大包容联动发展效应。

第三节　在咸海流域开拓粮食基地会遇到的问题及应对探析

20世纪中叶，苏联实施"白金计划"，大量移民来到卡拉库姆运河流域，开垦荒地660万公顷，种植耗水作物棉花和水稻，总长数十万千米的灌溉网络将阿姆河径流量取走了80%以上，使注入咸海的水量急剧锐减。尽管一时取得了棉花丰收、水稻高产，但巨大的成功是以牺牲环境为代价换来的，几十年后猖獗袭来的盐碱沙尘暴宣告了掠夺式农业开发的失败。咸海水域大面积减少、植被覆盖率降低、土壤污染严重、水质恶化等严重影响流域农业生产和居民健康。美国国家航空航天局（NASA）遥感影像监测表明，1973—2013年，咸海水域面积迅速萎缩，至2013年12月，咸海水域面积已不足1973年的1/10（见图9-1），几近干涸，咸海危机向世界发出警示！

对咸海治理持保守或悲观态度不仅是学界的普遍认识，同时也是咸海流域国家领导人的认知。"要完全恢复咸海已是不可能了"①，把当前所能做的最为重要的事情只归结为减轻咸海危机对环境及滨咸海地区居民所带来的毁灭性灾难后果的缓解，唱出回天无力的基调。这当然不会只是一个国家领导人的个人观点，它反映了中亚、独联体以至世界上不少学者的见解与舆论导向。英国一家专业杂志发表文章称，"计算结果表明，咸海可能在15年后完全干涸""咸海干涸得要比专家们预计的更快"。这是2002年的推

---

① Президент Республики Узбекистан, председатель Международного фонда спасения Арала, Ислам Каримов. Участникаммеждународной конференции «Развитие сотрудничествав регионе Аральского моряпо смягчению последствий экологической катастрофы». "К огромному сожалению, на сегодняшний день стало очевидным, что восстановить Аральское море в полной мере уже не представляется возможным.Важнейшая задача настоящего времени-сократить губительное воздействие Аральского кризиса на окружающую среду и жизнедеятельность проживающих в Приаралье миллионов людей, в том числе путем реализации глубоко продуманных, адресных и обеспеченных надлежащими источниками финансирования проектов."

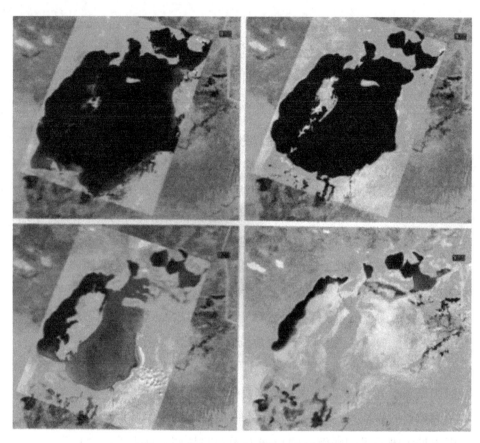

图 9-1 1973—2013 年咸海水域空间变化

断,18 年后的今天,咸海还依然存在着,还有数千平方千米的水域,北咸海在治理下水域还在继续扩大。2006—2009 年,欧洲航天局"ENVISAT"环境观测卫星发现,南咸海东侧部分的水量竟然减少了 80%。于是欧洲航天局预测说,咸海的整个南侧部分将在 2020 年完全干涸。在媒体舆论中,咸海被称为"消亡中的"咸海。

本书作者在 2014 年出版的另一部著作《绿色丝绸之路经济带的路径研究——中亚农业现代化、咸海治理与新能源开发》中指出"咸海不会消亡,这是一个科学论断"①。在一片"咸海消亡"的舆论声中,判断"咸海不会消亡",立论于两个事实:①咸海每年有40亿～60亿立方米的海底泉涌;②咸海水量变化的周期性,在约两千年的历史中咸海三次历经干涸—充盈②。

在该专著的"咸海大量泉涌带出的思索"一节中,作者指出"2009年有科学家在考察咸海干涸问题时,发现每年竟有4立方千米(40亿立方米)的地下水涌入咸海,其水体相当于一个密云水库,大于一个太湖。即便是阿姆河和锡尔河断流,咸海也不会因此从地球上消失,因它还有年40亿立方米涌入水体的支撑。人们没有料到,几乎被判了'死刑'的咸海还有这么一片退守阵地,使它得以抵挡住最后消亡",继而指出"因而'咸海彻底干涸''咸海消亡''咸海毁灭'都是将咸海的干涸趋势推演成了它的最终结局,而没看到咸海还有一个生存底线。结论是,咸海不会自行消亡,尽管这涌出的水量较之它当初1万亿立方米的水体来说,是微不足道的,但它毕竟是带出了人们关于咸海治理的另一番思索,一次关于咸海治理观念的更新,即咸海治理应当依托咸海流域本身,包括地下水的合理开发利用"③。

不要关上治理咸海的大门,因为眼下的咸海萎缩干涸只是一个阶段性趋势,并不是整个过程的结束。"咸海消亡论"将这个局部趋势扩大到了全局,因而是没有道理的。俄罗斯科学院组织的进一步科学考察(见图9-2)证实了咸海还处于年轻时期、充盈—干涸—充盈是一个周而复始的周期现象。

2015年,具有13年咸海研究经验的俄罗斯科学院新西伯利亚索波列夫地质矿物研究所首席研究员谢尔盖·克里沃诺果夫在近年主持了两项大型国际咸海研究之后宣布,用放射性碳元素绝对年龄测定的方法,确定了咸海的年

---

① 徐海燕:《绿色丝绸之路经济带的路径研究——中亚农业现代化、咸海治理与新能源开发》,复旦大学出版社,2014年。
② 同上。
③ 同上。

龄只有 2 万～2.4 万年，还是一个很年轻的湖泊①。这也就是说，咸海还处于其"青年期"，现在谈论其消亡还为时过早。

图 9-2　2015 年咸海科考及所取岩芯图片（彼得·扎维亚洛夫摄）

他尤其提到影响咸海水域水面水平的除人为因素外，还有气象和深部构造因素，预计 10% 的咸海水来自深部②。咸海水体容积约 10 000 亿立方米，其十分之一就是 1 000 亿立方米，是 2009 年发现的 40 亿立方米的 25 倍，是抵制咸海消亡的强大制约因素。

---

① Трухина Е. Т. "Ведущий научный сотрудник Института геологии и минералогии им. В. С. Соболева СО РАН доктор геолого-минералогических наук Сергей Константинович Кривоногов занимается исследованиями Аральского моря уже 13 лет: за это время он принял участие в двух больших международных проектах, позволивших по-новому взглянуть на развитие как самого озера, так и окружающих его территорий. Результаты, полученные учеными, были опубликованы недавно в журнале Gondwana Research. О самых интересных фактах истории Арала С. Кривоногов рассказал «Науке в Сибири» «Главная задача проекта-реконструировать историю Аральского моря, показать, как менялись уровень и соленость воды, экосистема со времени его образования до наших дней-была осуществлена », — рассказывает Сергей Кривоногов. Ученые получили данные о возрасте Арала на основе абсолютного датирования с помощью радиоуглеродного метода и установили, что Аральское море появилось 20 - 24 тысячи лет назад", Изменчивый Арал, 2015.10.10, Фото предоставлены Сергеем Кривоноговым.

② См. там же. "На уровень могут повлиять, помимо человеческого, климатический и тектонический факторы, например, поступление подземных вод: ученые полагают, что порядка 10% водного бюджета Арала может быть связано с источниками, приходящими с больших глубин."

克里沃诺果夫还提到咸海水域变化的周期性，在两千年间海浸、海退交错进行，最后一次海浸出现在 16 世纪末，300 年来具有了 50 年前的宏观景象①，接着就是至今的干涸过程。

特别应注意到：2013 年 6 月，俄罗斯科学院已宣布"咸海的干涸趋势已趋于停止，地下泉涌量和注入径流已与蒸发、渗漏达到平衡"，这预示着新一轮的充盈已在酝酿中②。如果说，人为的过量取水与自然运行的干涸作用相叠加加速了咸海的干涸过程，加重了咸海危机；那么，在又一轮自然的充盈过程中叠加上人为的退水归海，也势必会加速这个充盈过程。这就是"退水归海"的立论依据。

哈萨克斯坦北咸海治理成功已提供了局部"退水归海"成功的实例，到 2008 年北咸海的水量提高了 68％，曾一度后退了 75 千米的海岸回进了 58 千米，到了距离原来海岸仅 17 千米的位置，现在据 NASA 显示的数据，咸海北部水位已经大致恢复③。

历史上咸海的实际演化过程是一个充盈—干涸—充盈的周期变化过程，几千年来已几经反复，现在它又处于另一个充盈过程。

至于为什么咸海会出现周期性的"充盈—干涸—充盈"，这是一个有待揭示的科学研究问题。在没弄清楚根由（例如特定的水文、气候乃至深部地质作用等）之前，不要轻易将周期中的一个局部阶段概括为过程的全部，否则

---

① 同第 210 页注②。"в течение последних двух тысяч лет Аральское море чаще было очень маленьким, практически исчезало или находилось в состоянии, сравнимом с современным, чем пребывало полноводным, как 50 лет назад. Последняя трансгрессия происходила с конца XVI века, когда в озеро вернулась Амударья. И во времена Петра I, и даже при Иване Грозном Аральское море описывается как крупное. Соответственно, в течение 300 лет оно было большим и в памяти ныне живущих людей запечатлено как полноводное, синее, богатое рыбой."

② 2013 年 6 月，俄罗斯科学院海洋研究所副所长彼得·扎维亚洛夫在俄罗斯科学院主席团会议上郑重宣布，于 20 世纪 60 年代开始干涸的咸海已趋于稳定，不多的地面径流和地下水泉涌已使咸海达到水量平衡。Медведев Ю. Аральское море перестаёт высыхать. http://www.ras.ru/digest/showdnews.aspx?_language=ru&id=571e2695-f000-4239-b031-b17bcccd569e.

③ 在世界银行的资金支持下，哈萨克斯坦于 2005 年建设总长 13 千米的咸海大坝，将北咸海与南咸海隔离起来治理，以节制农田用水来加大北咸海的入注水量，同时进行锡尔河道的防渗施工，有效减少了水流的沿途损失。

会陷入以偏概全的境地。

"退水归海"的立论是科学的。几十年来，咸海消亡几乎成为定论①，咸海危机令人谈虎变色。倘若咸海"消亡"，则中亚的耕地和可再生能源这两大特色资源将失去固有优势。庆幸的是，咸海不会消亡！咸海海底还有常年泉涌②，由此可引出推论：当渗漏、蒸发量与泉涌、入注径流量达到均衡，咸海的萎缩将自行停止，这是一个流域水量的自然动态平衡过程，是该地区固有的一个水文-地质演变过程。2013年6月23日，俄罗斯科学院海洋研究所副所长彼得·扎维亚洛夫在俄罗斯科学院主席团会议上宣布"于20世纪60年代开始萎缩的咸海已趋于稳定，干涸过程减缓"时，还宣布"有限的地面径流加上地下泉涌已使咸海水量达到平衡"及"尽管咸海含盐度很高，但仍然在形成新的生态体系，海洋研究所在考察中已发现40种浮游生物"。这是关于咸海干涸趋势和生态环境的最新科学结论，"咸海水量达到平衡"实质上是宣布了咸海又一轮充盈的开始。

自有人类文明记载以来，咸海几经"充盈—干涸—充盈"的周期性变化，这是一个历史上的自然过程，只是人类的农业活动曾几次加速了其干涸进程③，"退水归海"是对这一自然过程的顺应叠加，将咸海水域逐渐恢

---

① "咸海消亡说"是不科学的。曾出现以"咸海的临终遗书"及"和世界第四大湖说再见"等为题的舆论炒作，宣布"2014年10月咸海已经完全干涸，专家推论只需到2020年整个咸海便将完全消失"。事实上，2015年北咸海还有3 500～4 000平方千米的水域，西咸海的水域与此大体相当，合起来约为7 000～8 000平方千米的水域，相当于40个密云水库的面积。尤其是北咸海正在扩大水域，在哈萨克斯坦和世界银行的配合治理下，与2008年相比，北咸海的水量增加了68%。

② 2009年有科学家在考核咸海干涸时意外发现，咸海有年40亿立方米的海底泉涌，这相当于一个密云水库的水体。后来的研究表明，泉涌水量为50亿～60亿立方米。

③ 历史上咸海在3 500～4 000年前、2000年前、400～500年前都曾发生过干涸，当前已是四千年以来的第四次干涸。这里我们看到了两个方面：第一，咸海每一次干涸后又都能起死回生，再次充盈，这正表明咸海水域的周期性变化受着一种自然过程的控制（比如水文的、地质的、气象的，更可能是综合的），尽管我们现在尚不太清楚其具体机理；第二，其变化周期的缩短揭示出还应有其他因素在起作用。据考古发现，咸海地区于3 000年前（公元前8世纪至7世纪）出现了人类的农业活动，发现了灌溉渠道网遗迹，已开始将阿姆河径流引入农田，因而2 000年前的那一次干涸已渗入人类活动的影响，由此可以推断，纯自然因素的影响应在1 500～2 000年以上，以千年为尺度。而最近的这次干涸距上一次干涸只有400～500年，且主要发生在20世纪60年代以后，集中在约半个世纪里。这里发生了中亚两河流域的大规模垦荒运动，将85%的两河径流量引向了农田灌溉，不得不说是人为因素起了主导作用，加速了咸海的萎缩和干涸。

复到一定的水平是这一过程的自然结果。这是"退水归海"的科学依据。人类的"退水归海"努力和自然过程的融合,将使咸海危机缓解有望,使咸海水域恢复到一定的水平成为可能。诚然,为了使"退水归海"的努力和自然过程能更好地融合,还需要进行科学的定量化模拟研究①。除此之外,"退水归海"的实现还需要国家层面上的政策支持。中国倡导的"共建丝绸之路经济带"与《哈萨克斯坦-2050》战略相对接,为此提供了战略支持②。

第四节 打造中亚粮仓与咸海治理并举

农业现代化开发和随之而来的"退水归海"之路,是中亚各国农业开发的务实之道。今天我们谈中亚农业,面对"清还"历史旧账,"退水归海"就是对旧账的清还,是对咸海萎缩的逆向补偿。如果说,始于20世纪中期的中亚大规模开荒和粗放式的灌溉模式曾是咸海加速萎缩趋势的起始,那么今天,当中亚各国从咸海危机中苏醒过来,用大规模的农业现代化节制农业用水,就应该是咸海治理的切实开端。咸海治理的必由之路是中亚农业现代化,其必将带动咸海治理的逐步推进。逐步得到治理的咸海又为中亚农业现代化和中亚可再生能源的开发提供良好的生态环境,中亚的可再生能源开发又为中亚农业现代化和咸海治理提供动力支持。中亚农业现代化、可再生能源开发和咸海治理这三者相互依托、互为牵引,构成绿色丝绸之路经济带可持续发

---

① 相关翔实论证参见徐海燕:《绿色丝绸之路经济带的路径研究——中亚农业现代化、咸海治理与新能源开发》,复旦大学出版社,2014年。
② 《哈萨克斯坦-2050》战略提出,"到2020年国家扶持农业的资金额度将提高3.5倍",为实现农业现代化提供了国家发展战略和政府财政支持。尽管《哈萨克斯坦-2050》战略没有在字面上提到咸海危机对农业会造成的影响,但却十分强调节水农业,提出"'农工综合体'需全面整体转向采用节水技术",强调"引进最先进的地下水采集和节水技术""将各种节水技术综合应用到农工综合体中""到2040年解决农田灌溉问题""到2050年,哈萨克斯坦永久性解决保障水供应问题",这些刚性要求和限时指标实际上都是对"咸海危机"的强力应对。

展的"三点支撑"。在这个"三点支撑"中,中亚农业现代化起着主导作用,它是打造中亚粮仓的主要支点。

为丝绸之路经济带增添粮食通道功能,需要吸取苏联在中亚两河流域进行粗放式农业开发的历史教训,用绿色发展的理念与中亚进行农业合作,通过高效节水农业变革其农田灌溉模式,实现"退水归海",使咸海干涸趋势逆转,农业开发与咸海治理同步进行,粮食增产与环境改善兼得。生态环境的改善必将促使开垦地区可再生能源的规模化开发,使农业现代化和咸海治理得到动力保障,因而中亚农业现代化、咸海治理与新能源开发的良性互动构成打造中亚粮仓的"三点支撑"。中亚农业现代化处于主导地位,保证最大限度地节约灌溉农用水,支持"退水归海",遏制咸海萎缩,改善咸海流域生态环境,带动中亚耕地和可再生能源的开发,推动粮食增产,为丝绸之路经济带增添粮食通道功能。这三者的良性互动将搭建起中亚绿色枢纽,支撑绿色丝绸之路经济带的可持续发展。

为找准"共建丝绸之路经济带"的着力点,需把准合作国家的发展趋势和资源优势。哈萨克斯坦正依托其雄厚的耕地资源,实施由"油气兴国"向"农业富国"的战略转变,并与我国从国家层面开启了农业务实合作。本书的研究旨在探索打造中亚粮仓的创新路径,打造丝路粮食通道。中亚具有打造世界级粮仓的天然禀赋,但却受到咸海危机的掣肘,提出耕地资源开发与咸海治理并行、粮食增产与环境改善兼得的理念,在中亚农业现代化中,紧扣高效节水和"退水归海",逆转咸海萎缩,以生态环境改善推动粮食增产,同时就地开发可再生能源,助力农业现代化和咸海治理。中亚农业现代化、咸海治理和新能源开发的良性互动构成打造中亚粮仓的"三点支撑",促进丝绸之路经济带中转枢纽的绿色发展。通过对咸海流域水资源的动态平衡模拟,宏观把控"三点支撑"的良性互动。最后提出以营建丝路粮食通道来支持丝绸之路经济带可持续发展的资源战略方案。

"退水归海"的退水规模与滴灌面积成正相关,而后者又与农业现代化的进程有关;"退水归海"推动环境改善,为农业带来良好的生产条件,因而粮食增产是"退水归海"的复合效应；环境改善还带来风能、太阳能的开发条件改善，可再生能源开发又为实施节水农业及"退水归海"提供动力，这些都与咸海流域的水资源合理利用有关。要有一个模型来维系它们的协调。本书作者在 2014 年出版的《绿色丝绸之路经济带的路径研究》第九章第三节关于"退水归海"的定量化研究中，对此有过详细讨论①。

《第五节》 南向扩展丝路粮食通道助力打造人类命运共同体

一、世界主要缺粮国家在非洲、南亚和东南亚

按照联合国粮农组织的报告，全球近 8.7 亿人没有足够的食品，占全球总人口的 11.5%，也就是说，全球约每 9 个人中就有 1 个人挨饿。受新冠肺炎疫情影响，世界上已有 27 个国家处于粮食危机之中，粮食安全问题更为紧迫。当哈萨克斯坦年均产出 1 300 万吨粮食时，纳扎尔巴耶夫说"几乎可以供养 1 亿人口"，那么 6 500 万吨粮食则可供养 5 亿人口，可为扭转世界粮食危机做

---

① 这个模型就是咸海流域水资源动态平衡方程，通过它促使农业现代化、咸海治理与新能源开发处于良性互动状态，使耕地资源发挥及粮食增产处于最佳状态。

这个方程具有形式：

$V_{咸海恢复} = T(V_{降雨} + V_{两河剩余} + V_{海域地下水} - V_{蒸发} - V_{渗透} + V_{退水归海})$

这里的关键是，注水充填过程中的海水蒸发和海水渗透是变动的，前者与海域表面积有关，后者与海底面积有关，而这两个面积在充水过程中又是时间的函数，因而它们都是时间的复合函数：

$V_{蒸发} = f(S_{海水面积})，S_{海水面积} = \varphi(t) \rightarrow V_{蒸发} = f(\varphi(t))$

$V_{渗透} = F(S_{海底面积})，S_{海底面积} = \rho(t) \rightarrow V_{渗透} = F(\rho(t))$

所以这个方程是一个动态方程。而艾哈迈多夫等将其做了静态化处理，采用了年平均水位的水域面积。在可取得和处理海量数据的今天，模拟相关变量之间的函数关系是完全可以办到的。这个模型不仅能为咸海恢复确定需用注入水量、为"膜下滴灌"技术推广及打井工程确定规模和进度，而且能为咸海治理、中亚农业现代化及可再生能源开发确定规模边界。

出重要贡献,并且可以遏制霸权国家操纵粮价、以粮食为武器对缺粮国家进行经济政治控制行为,促进人类社会的平稳、和谐发展。

联合国粮农组织 2006 年 10 月发布的一项报告称,全球正面临着 30 年来最为严重的粮食危机,有 40 个国家存在着不同程度的粮食短缺,迫切需要国际社会提供粮食援助①。根据联合国粮农组织公布的世界缺粮国家名单,40 个粮食短缺国中有 26 个非洲国家(安哥拉、布隆迪、埃塞俄比亚、几内亚、肯尼亚、利比里亚、尼日尔、塞拉利昂、索马里、苏丹、斯威士兰、坦桑尼亚、乌干达、津巴布韦等),占比 65%;10 个亚洲国家(阿富汗、印尼、伊拉克、朝鲜、黎巴嫩、蒙古、尼泊尔、巴基斯坦、斯里兰卡、东帝汶),占比 25%;3 个拉丁美洲国家(哥伦比亚、古巴、海地),占比 7.5%;非洲和亚洲占到 90%②。图 9-3 是世界粮食短缺现状的一个缩影。

图 9-3　在津巴布韦首都哈拉雷,饥饿的孩子们等待着联合国的救济粮

---

① 顾德欣主编:《地球村落里的困惑:人类社会面临的 50 个重大难题》,中国青年出版社,2008 年。

② 《环球时报》驻外记者联合报道:"全球 40 个国家粮食短缺　缺粮国主要在非洲",2006 年 10 月 15 日,http://news.eastday.com/eastday/node81844/node81849/node165903/u1a2377430.html。

近年来，联合国粮农组织提出了确定缺粮国的新标准——低收入缺粮国（LIFDC）。确定入选"低收入缺粮国"是按照以下标准进行的：第一，一个国家的人均国民总收入（GNI）应低于世界银行用于衡量获得国际发展援助的上限，由世界银行利用图谱法估算；第二，一个国家三年来有统计数据的净食品贸易水平（即进口总值减去出口总值）的平均值，广义的基本食品包括谷物、块根和块茎、豆类、油籽、油脂、肉类和奶制品等（对单个商品的卡路里含量进行转换）；第三，自我排除标准，它适用于符合上述两个标准并专门要求粮农组织将其从低收入缺粮国类别排除的国家。

为避免各国过于频繁地改变其低收入缺粮国状态（通常表现是因短期效应和外部震荡所致），于2001年引入了一项额外的因素——"地位的持续性"，即只有经确认该国已连续三年不符合低收入缺粮国的收入标准或缺粮标准，才准予退出名单，也就是说，在确认其连续三年改善地位之后，第四年才能将一个国家从"低收入缺粮国"名单中剔除。

2015年低收入缺粮国名单包含54个国家，详见表9-1。

表9-1 联合国粮农组织确定的2015年低收入缺粮国家（LIFDC）名单

排序	非洲	亚洲	拉丁美洲及加勒比	大洋洲
1	中非	不丹[2]	尼加拉瓜	巴布亚新几内亚
2	乌干达	乌兹别克斯坦	洪都拉斯[2]	所罗门群岛
3	乍得	也门	海地	
4	冈比亚	印度[4]		
5	几内亚	吉尔吉斯斯坦		
6	几内亚比绍	塔吉克斯坦		
7	刚果民主共和国	孟加拉国		
8	利比里亚	尼泊尔		
9	加纳	朝鲜		
10	南苏丹	蒙古[2]		
11	卢旺达	阿富汗		
12	厄立特里亚	叙利亚		

(续表)

排序	非洲	亚洲	拉丁美洲及加勒比	大洋洲
13	吉布提			
14	喀麦隆			
15	圣多美和普林西比			
16	坦桑尼亚			
17	埃塞俄比亚			
18	塞内加尔			
19	塞拉利昂			
20	多哥			
21	尼日利亚[1]			
22	尼日尔			
23	布基纳法索			
24	布隆迪			
25	毛里塔尼亚			
26	津巴布韦			
27	科摩罗			
28	科特迪瓦			
29	索马里			
30	肯尼亚			
31	苏丹			
32	莫桑比克			
33	莱索托			
34	贝宁			
35	马里			
36	马拉维			
37	马达加斯加			

* 表中注释1的含义是第一年超过世界银行收入门槛，注释2的含义是连续第二年超过世界银行收入门槛，注释3的含义是连续第三年超过世界银行收入门槛，注释4的含义是第一年净出口。

2015年世界上有54个低收入缺粮国，缺粮国家较2006年增了14个，主要增加在非洲，由26个增加到37个，占比由65%增加到68.5%，非洲是世界主要缺粮地区。

据联合国估计，非洲人均年粮食消费量仅有 160 多千克，为全世界最低，尽管可耕地面积占全球 12.4%，但由于生产力落后，基础设施低下，其产量仅占世界粮食产量的 5.1%。据不完全统计，非洲饥民总数多达近 3 亿。1970 年后全球发生过 6 次粮荒，分别为 1973—1974 年、1980—1981 年、1987—1989 年、1994—1996 年、2001—2003 年和 2006—2008 年，这 6 次粮荒，尤其最后两次，都对非洲构成重大影响，最近一轮粮荒在非洲始于 2009 年 11 月，距前一次大粮荒结束仅 1 年。图 9-4 反映了其中的一个侧面。

图 9-4 逃离内乱的布隆迪难民

非洲是一个缺粮的大陆。非洲人口占世界 1/10 以上，但粮食产量尚不足世界总产量的 1/20，人均占有粮食 300 多斤，不到世界平均水平的 1/2。约有 4/5 的国家和地区粮食不能自给[①]。

[①] 非洲是当今世界上缺粮最严重的地区。非洲原本有较好的粮食生产条件，大部分国家曾经粮食自给有余，如埃及、尼日利亚、阿尔及利亚和埃塞俄比亚等都曾是粮食出口国。为何会有如此变化？问题出在哪里？长期的殖民统治是造成非洲严重缺粮的最根本原因。此外，还有以下因素：人口增长过快，如 20 世纪 70 年代人口增加 1/5 以上，而粮食产量只增加了 1/10；政局动荡不稳，战争、内乱时有发生，20 世纪 50 年代初至 1980 年有 36 个国家发生了 60 次政变和 100 多次未遂政变，以及 20 多场各种武装冲突，社会动荡不安导致农田荒芜，粮食减产；非洲粮食生产都以小农经济为基础，生产技术落后，生产方式原始，难以抵挡天灾人祸。

二、开拓南向丝路粮食通道对接"一带"与"一路"

非洲缺粮国家有 37 个,如果再考虑到中亚南面的阿富汗、也门、叙利亚及东南的不丹、尼泊尔、印度、孟加拉国等 7 个缺粮国家,在中亚南面的缺粮国家一共有 44 个,占到世界 54 个缺粮国家的 81.5%。也就是说,世界上主要缺粮国家都在中亚"粮仓"的南面,这将促使由中亚向南扩展丝路粮食通道。首先可将哈萨克斯坦伊希姆河流域的粮食经由我国阿拉山口运至新疆,再经中巴经济走廊运到南亚,继而再经由瓜达尔港进入阿拉伯海,与"21 世纪海上丝绸之路"对接,将粮食运往世界上最缺粮的非洲,在印度洋向东还可将粮食运往东南亚缺粮国家,构筑起海上丝路粮食通道;同时经由我国将粮食运往蒙古、朝鲜等缺粮国家,并通过我国沿海港口经由海运将粮食运往海地、哥伦比亚等拉美缺粮国家。还可经由伊朗及波斯湾打通南向通道。波斯湾是农产品需求旺盛的地区,是中亚农产品出口的重要目标地区,是哈萨克斯坦出口优质小麦,乌兹别克斯坦、土库曼斯坦等中亚其他国家出口蔬菜、瓜果、棉花、蚕丝等农产品的一个重要去向,这成为促使兴建"哈-土-伊"(哈萨克斯坦-土库曼斯坦-伊朗)铁路的一个重要原因。目前,该铁路在伊朗还只有 82 千米,为使其成为南向运粮通道,还要根据需求扩建,尤其是要将其延伸至波斯湾海岸,通过阿拉伯海与"21 世纪海上丝绸之路"对接。这两条路线在阿拉伯海汇合,经由印度洋将粮食运至非洲南部这个世界上最缺粮的地区。2004—2007 年,全球食品价格已上涨 83%,其中小麦价格上涨 1.81 倍,大米价格上涨 2.01 倍①。运筹丝路粮食通道,将有效平抑世界粮价,缓解世界粮食危机。

这还将是一条我国从内陆通往阿拉伯海,经印度洋至非洲的通道,也是非洲、西亚、南亚通往我国的内陆通道,这将在构建人类命运共同体中起到重要作用,其战略意义将超过粮食通道本身。

---

① 蒋小林:"哈农业具有巨大的开发潜力",中华人民共和国商务部官网,2013 年 12 月 25 日,http://kz.mofcom.gov.cn/article/ztdy/201312/20131200437834.shtml。

打造中亚粮仓，构建丝路粮食大通道，和人类命运息息相关，将是一个宏伟的世纪策划和人类工程，战略效益突出，战略意义深远，尤其是在后新冠肺炎疫情时期，更是具有特殊意义。构建丝路粮食大通道，助力打造人类命运共同体，深化丝绸之路经济带建设，以重义在先的大国外交作为，彰显我国"亲、诚、惠、容"的周边外交理念。

三、开辟南向通道的战略效益

开辟南向通道的最大战略效益是在海上贯通"一带"与"一路"。南向粮食通道将赋予中巴经济走廊以新的内涵，为其添加粮食通道功能，带动喀什-瓜达尔港铁路建设，乃至促进中-吉-乌铁路建设。喀什-瓜达尔港铁路一旦建成，中巴经济走廊不仅会成为中国通往印度洋的内陆通道，瓜达尔港不仅会成为中国通向印度洋的出海口，其更为突出的战略效益在于中巴经济走廊成为南向粮食通道后，将助力丝绸之路经济带与21世纪海上丝绸之路在印度洋上实现对接，届时粮食将成为贯通"一带"与"一路"的媒介，尤其是为非洲带来发展机遇①。

世界粮食分布不均是当今世界面临的一个问题。全世界共有近15亿公顷的耕地，近二分之一被用于粮食生产，粮食产地主要集中在亚洲、欧洲和北美。粮食出口国主要集中在十几个国家，而进口国则达100多个。一些发达国家如美国、加拿大、法国、澳大利亚等凭借手中先进的粮食生产技术和耕地资源，产粮超出本身需要，控制着世界粮食出口量的80%左右，粮食的定价权在它们手中，粮食成为其对其他国家进行政治、经济干预的手段和"武器"。联合国世界粮食计划署推行"零饥饿：2030"，即到2030终结全球饥饿。

---

① 瓜达尔港接近海湾地区，中巴经济走廊也将成为海湾地区向我国出口油气资源的新通道，减少海湾石油资源只能取道马六甲海峡到达我国所带来的麻烦，我国能源安全将得到进一步的保障。瓜达尔港大大拉近了与非洲的距离，一则可以就近通过印度洋从海路到达非洲；二则可以通过连接巴基斯坦、伊朗及其他西亚国家的铁路，由西亚通向埃及，到达非洲，打通到达非洲的内陆通道。还有利于南亚、西亚及海湾地区的发展与稳定。南亚地区长期处于经济、文化发展滞后状态。中巴经济走廊的发展将振兴地区经济，推动文化建设，使地区居民生活水平出现大幅提升，加速摆脱贫困。

为此，平均每天粮食署都有20艘船、70架飞机和5 000辆卡车运送粮食和其他救援物资到缺粮地区，但终止全球饥饿，即达到"零饥饿的目标"，比之"过去的成就还需要翻两番"，距离"零饥饿"目标仍然遥远，粮食定价权控制在少数人手中是一大障碍。近年来，多数专家学者认为，按当今的科技水平，世界粮食供应的极限人口应在110亿左右，现在世界上约有70.4亿人口，不应该有缺粮问题，问题就在于粮食分配不均，世界粮食市场控制在少数人手中。打造中亚世界级粮仓，新增粮食供应中心，将起到平抑世界粮价、公平供应粮食的作用，这无疑是在为构建人类命运共同体做出贡献。

附　录

附录一　中亚五国金属及非金属矿产资源简介

中亚因据有如矿区阿尔泰、帕米尔等多金属及稀有金属成矿带而成为引人注目的有色金属和稀有金属产区。矿区阿尔泰是世界上汇集地球化学元素最多的地方，是世界上绝无仅有的门捷列夫元素周期表的实体博物馆。

哈萨克斯坦突出拥有有色及稀有金属资源；乌兹别克斯坦突出拥有黄金资源；土库曼斯坦突出拥有里海海盐、硫黄、地蜡等资源；吉尔吉斯斯坦突出拥有黄金、稀土元素、有色金属等资源；塔吉克斯坦突出拥有汞、金、钨等金属资源。

1. 哈萨克斯坦

据《EconRus》信息的国家条目，哈萨克斯坦的自然资源总量名列世界第六，根据一些学者估算，哈萨克斯坦已探明地下资源的价值约为 10 万亿美元。

门捷列夫元素周期表上 110 种元素中在哈萨克斯坦的地下发现了 99 种，有 70 种已探明储量，60 种已投入生产，目前已知的 492 个矿床中包含有 1 225 种矿物。依据地质经济评估，有重大经济价值的金属矿产有铀、钨、铬、钼、铁、铜、铅、锌、金、锰及稀有金属等。

哈萨克斯坦钨储量位居世界第一，铀、铬和磷矿居世界第二，铅、钼居第四，铁矿居第七。世界铀矿地质储量为 537.8 万吨，哈萨克斯坦为 62.9 万吨，占世界的 11.7%，仅次于澳大利亚的 166.1 万吨，列于俄罗斯（48.72 万吨）、加拿大（46.87 万吨）、尼日尔（42.1 万吨）、南非（27.91 万吨）、巴西（27.67 万吨）、纳米比亚（26.1 万吨）、美国（20.74 万吨）之前。

哈萨克斯坦的黄金储量为 800 吨，平均含量 6.3 克/吨（已采矿床为 9 克/

吨),国家平衡表中的金矿项目237个,其中脉金122个,沙金34个,混合型81个,开采中的金矿多为小型(储量<25吨)和中型(储量25～100吨)金矿,占哈萨克斯坦金采掘量的70%。大部分金矿位于哈萨克斯坦的东部、北部和中部。哈萨克斯坦金矿含量低,矿石难以富集,但开采条件相对优越,使其能在国际金价的平均水平上保住成本。哈萨克斯坦政府准备投入巨资,加大国内黄金开采,以提高哈萨克斯坦在全球黄金市场中的地位。

此外,哈萨克斯坦的煤资源也十分丰富,全国煤资源地质储量为1 767亿吨,探明储量为340亿吨,处于世界第9位,在世界上所占比重为3.5%,已探明和开采的煤田有100个,其中的大部分煤田位于哈萨克斯坦中部卡拉干达州(艾斯基巴斯图兹及舒巴尔科里煤田)和图尔盖高原。

2. 乌兹别克斯坦

乌兹别克斯坦矿产资源潜力巨大,拥有2 800个矿床和资源前景显示,有100种矿物原料,其中65种得到工业和农业利用。已探明矿床900个,储量价值为9 700亿美元。全部矿物原料潜力为3万亿～3.5万亿美元。

在已探明的金属矿床中,有46个贵金属矿床,43个有色金属、稀有及放射性金属矿床,5个黑色金属矿床,22个化学原料矿床,30个宝石原料产地,525个各种用途的建材产地。40%的探明矿床已投入开发。

乌兹别克斯坦贵金属、稀有金属(金、银、铀、铜、钼、铅、锌、钨、锂等)储量巨大,黄金储量约为1 700吨,名列世界第四,已探明开发的矿床还不及20%,铀储量居世界第九位,铜储量居第十位,钼储量估计为6万吨。

乌兹别克斯坦白银储量巨大,已对26个矿床进行过储量测算,其中80.4%是多金属矿床,如卡里玛吉尔(Кальмакыр)、乌库拉奇(Учкулач)、汗吉扎(Хандиза)、阔奇布拉克(Кочбулак)、肯基拉马塞(Кызылалмасай)、穆龙套(Мурунтау),尤其是含银高的扩什奥克热列什矿等。

乌兹别克斯坦约有70余种非金属矿产,储量十分可观,主要是矿业材料、化工和玻璃陶瓷材料、农业用矿物、建材、吸附剂和磨料等。其中,磷酸盐矿探明储量为 1.22 亿吨，秋别嘎坦钾盐矿探明储量为 6.86 亿吨，岩盐储量估计为 900 亿吨［南乌兹别克斯坦的霍得让依坎（Ходжаиканское）、秋别嘎坦（Тюбегатанское）、拜比切坎（Байбичеканское）矿床和卡拉卡尔帕克斯坦的巴尔萨克梅斯（Барсакельмесское）］。乌兹别克斯坦境内发现 20 个大理石矿，15 个花岗岩、辉长岩矿[①]。

3. 土库曼斯坦

土库曼斯坦的自然硫、碘、溴、食盐和钾盐、硫酸钠、镁盐、地蜡的储量巨大。在卡拉-博加兹戈尔海湾有世界上最大的海湾型天然盐矿床，储量十分可观，这里可开采芒硝和其他珍贵的化合物。在嘎乌尔达克地区有可观的钾盐资源，储量巨大。

土库曼斯坦溴的储量约为 70 万吨，仅少于美国和西班牙。碘的资源量为 35 万吨，探明储量为 17 万吨，仅次于美国、智利和日本，居世界第四位。

土库曼斯坦已勘探的金属矿床有银、金、铅、铜、锌等。

土库曼斯坦还拥有极为丰富的水泥原料和建筑用材料（石膏、无水石膏、黏壤土和黄土、石灰岩、花岗岩、饰面材料等）。

4. 吉尔吉斯斯坦

吉尔吉斯斯坦矿产资源丰富，拥有许多贵金属、稀有金属及有色金属矿床，已探明储量的矿床 199 个，矿种 37 种，其中金矿 24 个、沙金矿 24 个、银矿 12 个、锑矿 7 个、铜矿 7 个、汞矿 4 个、铅矿 3 个、铋矿 3 个、锡矿 2 个、

---

① Республика располагает значительными ресурсами неметаллических полезных ископаемых. Эту группу (свыше 70 видов) составляют, главным образом, горнорудное, горно-химическое и стекольно-керамического сырье, месторождения агроруд, строительных материалов, сорбентов и абразивов. К ним относятся месторождения фосфоритов с суммарными запасами до 122 млн.т фосфорного ангидрида и прогнозными ресурсами—100 млн.т; графита, калийных солей (Тюбегатанское месторождение, разведанные запасы составляют 686 млн.); запасы каменной соли (Ходжаиканское, Тюбегатанское, Байбичеканское - в Южном Узбекистане и Барсакельмесское, Аккалинское - в Республике Каракалпакстан) оценены в 90 млрд.т. В республике выявлено 20 месторождений мрамора, 15 - гранита и габбро44.

稀土矿1个、钼矿1个、钴矿1个。稀有金属矿床有钽、铌、钴、锂等。

吉尔吉斯斯坦矿产资源的总价值估计为9 000亿美元。据联合国开发计划署、国家环保局的估计，吉尔吉斯斯坦矿产资源储量为：汞7.92万吨，钨38.6万吨（其中可随时开采的12.52万吨），锡31.88万吨（其中可随时开采的21.47万吨），氧化铍10.4万吨，铀1.1万吨，铝4亿吨，铜350万吨，铁28亿吨。苏联时期，吉尔吉斯提供的铅、汞和锑占到15%～18%。二战后开发了新的采掘业，开采铀、稀土金属、金、钼。在20世纪80年代后期，巴特肯州（Баткенкой области）的卡达木寨联合企业（Кадамжайский комбинат）的锑产量在世界曾排名第三，奥什州西部的海达木汗矿山联合企业（Хайдарканский горнорудный комбинат）的汞产量也排名世界第三。吉尔吉斯斯坦汞储量居世界第四（基础储量1.3万吨，约占世界总量的5.4%）。钼储量为10万吨。

此外还有许多建材矿产：建筑石料25处、饰面石材11处、陶瓷原料2处、膨润土1处、云母1处等。

5. 塔吉克斯坦

塔吉克斯坦发现的金属矿产有锌、铅、钼、钨、铜、金、银、锑、汞、萤石、锡、铀、铋、铁、锰、食盐、镁等，已探明的矿床共有400个。塔吉克斯坦的知名矿床有喷德日肯塔（Пенджикента）和舒格纳纳（Шугнана）金矿床、大卡尼曼苏尔（Большой Канимансур）银矿床、安卓布（Анзоб）锑矿床，以及沙赫林什塔涅（Шахристане）等地的大理石矿床等。

塔吉克斯坦的金矿主要集中在北部、中部和帕米尔的南部。探明储量都集中在中央塔吉克斯坦得热劳（Джилау）、塔泊尔（Тарорской）和突厥斯坦-琼林（Туркестан-Чоринской）矿带上。最具有意义的塔泊尔金矿距喷赤肯特44千米，矿床在夕卡岩化花岗岩与石灰岩的接触部位上，矿石中的基本矿物有金、银、铜，伴生矿物有铋、硒、碲。在塔吉克斯坦北部，索格蒂州（Согдийской бласти）地区有世界上最大的白银矿床之一——大括尼曼苏尔矿

（Большого Конимансура），矿石储量约 10 亿吨，银含量每吨 49 克，铅含量 0.49％，锌含量 0.49％，总储量超过 5 万吨。

塔吉克斯坦锑的探明储量在亚洲排名第三，仅次于中国和泰国，储量为 5 万吨，远景储量为 15 万吨。

附录二 地质年代表

年代地层单位、地质年代单位及其代号				同位素年龄值（百万年）
宙(代)	代(界)	纪(系)	世(统)	
显生宙(宇)Ph	新生代(界)Kz	第四纪(系)Q	全新世(统) Qh	
			更新世(统) Qp	2
		第三纪(系)R	新第三纪(系)N	上新世(统) N_2	
				中新世(统) N_1	22.5
			老第三纪(系)E	渐新世(统) E_3	
				始新世(统) E_2	
				古新世(统) E_1	65
	中生代(界)Mz	白垩纪(系)K	晚白垩世(统) K_2	
			早白垩世(统) K_1	137
		侏罗纪(系)J	晚侏罗世(统) J_3	
			中侏罗世(统) J_2	
			早侏罗世(统) J_1	195
		三叠纪(系)T	晚三叠世(统) T_3	
			中三叠世(统) T_2	
			早三叠世(统) T_1	230
	古生代(界)Pz	晚古生代(界)	二叠纪(系)P	晚二叠世(统) P_2	
				早二叠世(统) P_1	285
			石炭纪(系)C	晚石炭世(统) C_3	
				中石炭世(统) C_2	
				早石炭世(统) C_1	350
			泥盆纪(系)D	晚泥盆世(统) D_3	
				中泥盆世(统) D_2	
				早泥盆世(统) D_1	400
		早古生代(界)	志留纪(系)S	晚志留世(统) S_3	
				中志留世(统) S_2	
				早志留世(统) S_1	440
			奥陶纪(系)O	晚奥陶世(统) O_3	
				中奥陶世(统) O_2	
				早奥陶世(统) O_1	500
			寒武纪(系)Є	晚寒武世(统) $Є_3$	
				中寒武世(统) $Є_2$	
				早寒武世(统) $Є_1$	570
隐生宙(宇)Cp	元古代(界)Pt	晚	震旦纪(系)Z	晚震旦世(统) Z_2	
				早震旦世(统) Z_1	800
		中			1 000
					1 900
	早				2 500
	太古代(界)Ar				3 800

附录三 三大岩类分类表

岩石		依不同的形成方式，可粗略分为三类：岩浆岩、沉积岩和变质岩
岩浆岩	喷出岩	流纹岩、粗面岩、响岩、英安岩、安山岩、粗安岩、玄武岩
	浅成岩	斑岩、霏细岩、细晶岩、伟晶岩、玢岩、粒玄岩、煌斑岩
	深成岩	花岗岩、正长岩、二长岩、花岗闪长岩、闪长岩、辉长岩、斜长岩、橄榄岩、辉石岩、角闪石岩、蛇纹岩、蛇纹大理岩、碳酸岩
沉积岩	碎屑岩	碎屑岩、砾岩、角砾岩、砂岩（又分为长石砂岩、杂砂岩）、泥岩、页岩
	火山碎屑岩	集块岩、凝灰岩
	生物岩	石灰岩、燧石、硅藻土、叠层岩、煤炭、油页岩
	化学岩	石灰岩、白云岩、燧石
变质岩	接触变质岩	角页岩、大理岩、石英岩、硅卡岩、云英岩
	区域变质岩	千枚岩、片岩、片麻岩、混合岩、角闪岩、麻粒岩、榴辉岩、板岩
	动力变质岩	糜棱岩

附录四 岩浆岩分类表

岩石类型			酸性	中性	基性		超基性
化学成分 SiO_2 含量(%)			富含 Si、Al		富含 Fe、Mg		
			>65	65~52	52~45		<45
颜色			浅色(灰白、浅红、褐色)→深色(深灰、黑、暗绿)				
成因 构造 结构 / 矿物成分			正长石 石英 黑云母 角闪石	长石 石英 角闪石 黑云母	斜长石 角闪石 辉石 黑云母	斜长石 辉石 角闪石 橄榄石	辉石 橄榄石 角闪石
喷出岩		流纹状 气孔状 杏仁状 块状	玻璃质 隐晶质 火山碎屑 斑状	黑曜岩、浮岩、火山凝灰岩、火山角砾岩、火山集块岩			
				流纹岩	粗面岩	安山岩	玄武岩	少见
侵入岩	浅成	块状	斑状 全晶质 细粒状	伟晶岩、细晶岩		煌斑岩		
				花岗斑岩	正长斑岩	闪长玢岩	辉绿岩	少见
	深成	块状	全晶质 中、粗 粒状	花岗岩	正长岩	闪长岩	辉长岩	橄榄岩 辉岩

附录五 矿产资源储量分级

1910年在国际地质学会第十一次会议上，提出了用A、B、C表示铁矿石的各级储量。

苏联自1928年起，也采用A、B、C表示不同的储量级别。进而又从经济效益角度，将矿产储量分为平衡表内与平衡表外两类。平衡表内储量又分为：(1) 有经济效益的开采储量；(2) 国家采取特别措施支持下可开采的储量。平衡表外储量又划分为：(1) 符合表内要求，限于矿山技术、法律、生态等条件暂时不能开采的储量；(2) 质量低或开采条件复杂，经济上当下无效益，但待技术进步可以变为有效益者。1981年苏联的储量和资源分类新增了P_1、P_2、P_3三级预测资源和矿床。

中华人民共和国成立初期，采用了苏联的储量级别。1959年，地质部全国矿产储量委员会制定了《矿产储量分类暂行规范（总则）》。它将固体矿产储量分为四类五级，四类是开采储量、设计储量、远景储量和地质储量，五级是A_1、A_2、B、C_1、C_2。其中，开采储量一般为A_1级，设计储量一般为A_2、B、C_1级，远景储量为C_2级。1964年之后，有关部门曾对上述储量分级进行了修订。例如，冶金部在1965年颁发和实行了工业储量和远景储量的两级储量划分办法，煤炭部将煤矿储量分为普查储量、详查储量、精查储量三级。1968年之后，全国统一按工业储量和远景储量两级划分进行储量统计。1977年，国家地质总局和冶金部共同制定了《金属矿床地质勘探规范总则（试行）》，国家地质总局、建材总局及石油化工部共同制定了《非金属矿床地质勘探规范总则（试行）》。上述两个规范中，依据对矿体不同部位的研究控制程度，将固体金属及非金属矿产储量分为A、B、C、D四级，并对各级储量条件提出了相应的要求。1993年实行的《固体矿产地质勘探规范总则》中，将A、

B、C、D级储量合称为探明储量，增加了不作为矿山设计依据的E级储量。开采储量是矿产储量分类中，地质勘探工作精度和资源探明程度最高的一级储量，相当于A级储量，它是矿山生产期间准备采出的储量，是由矿山生产部门在B级储量基础上经生产勘探进一步探明的储量，通常作为矿山部门编制采掘计划的依据。其勘探要求是：准确控制矿体的产状、形态、厚度、构造、内部结构及空间位置等；精确查明矿石的物质组成、结构、构造、有益与有害组分含量的变化、自然类型、工业类型和品级的种类比例与变化规律；详尽查明矿石的加工技术条件及影响开采的断层、褶皱和破碎带的性质与产状，确定夹石、破坏矿体的火成岩岩性、产状与分布；矿体由矿山采准工程和生产勘探工程完全圈定，其储量的绝对误差不超过±10。

附录六 中亚的生物资源

中亚地区独特的地理、气候条件造成了高山冰川、荒漠等极端生态环境及极度干旱、高盐碱、高寒、强辐射等特殊胁迫条件。在这种自然环境中形成的丰富生物资源基因库是一笔宝贵的生物财富，同时也是一笔能源财富。因为植物的生长依靠的是光合作用，蓄积了大量的太阳能，释放出来即为热量；另外，动物的排泄物也是很好的生物能源。

1. 哈萨克斯坦的生物资源

哈萨克斯坦的植物约有4 700多种，大部分是草本植物，乔木多生长在阿尔泰山和天山，主要有白桦、松树、白杨、柞树、柳树、云杉、雪松、枞树及一些灌木等。其中，云杉的经济价值很高。在森林草原带生长着针茅、羊茅、三叶草等；在栗钙土地上主要生长着苜蓿、猪秧草等。还有很多药用植物，如天仙子等。在荒漠草原中，蒿科植物随处可见，牧草很多。药类植物甘草年产300～400千克/公顷。在阿尔泰山、北天山、南天山的山前、山脚和森林地带有蒿、苔等植物。大量的湖泊为芦苇生长提供了条件。芦苇是造纸的好材料。在哈萨克斯坦，具有重要意义的工业用植物也不少，如鞣革草可用于皮革加工等。各种牧草生长旺盛，为畜牧业提供了近50%的饲料。

哈萨克斯坦共有野生动物800多种，大型哺乳类动物有150种。在平原地区有雪兔、银鼠、狐狸、狼、鹿、驼鹿等；在草原地带有黄狼、大跳鼠、草原旱獭等；在半荒漠和荒漠地带有羚羊等。哈萨克斯坦共有485种鸟类。哈萨克斯坦人引以为豪的鸟类有红脚隼、猎隼、鹰等。

2. 乌兹别克斯坦的生物资源

乌兹别克斯坦有野生植物3 700种，分属120科，平原植物有胡杨、沙枣、椴树、桦树、芦苇；丘陵地植物有阿魏、郁金香、海甘蓝；山地植物有松树、黄连木及樱桃、胡桃、浆果、苹果等食用植物；高山植物有偃松、金银花、野蔷薇等；荒漠植物有梭梭、猪毛菜、沙拐枣、大黄等。

乌兹别克斯坦有大型哺乳动物97种，鸟类379种，爬行动物58种，昆虫100余种。

3. 土库曼斯坦的生物资源

土库曼斯坦共有2 600多种植物，分属105个科，其中462种属稀有植物。境内以荒漠植物为主，分为短生植物、藻类植物、沙生植物和喜盐植物。藻类植物分布在北部和西部的龟裂土上，适宜沙生生长的灌木、乔木分布在北卡拉库姆沙漠，而喜盐植物则生长在河谷低地和南部沿海低地的盐土中。荒漠植物群落，即土加依林，主要分布在阿姆河左岸的河滩上（见图附-1）。土库曼斯坦境内生长的一些野果、浆果、含蜜植物可作为高档食品，咸辛香味的植物可作为食品工业的原料，甘草等植物可作为药材。1997年3月25日，尼亚佐夫总统颁布命令，将土库曼斯坦国内110种植物列为国家保护对象。

图附-1 中亚荒漠河谷林——土加依林

土库曼斯坦共有 6 000 多种脊椎动物和 3 200 多种无脊椎动物。其中有 78 种爬行动物（包括 27 种蛇，其中 4 种是毒蛇）、372 种鸟禽、91 种哺乳动物（其中 22 种为猛兽）和几千种昆虫。荒漠地区有草原龟、蜥蜴、巨蜥、荒漠蛇类，啮齿类动物 20 多种，在非荒漠丛林地区有著名的突厥斯坦虎、布哈拉鹿，有大量的野猪和毛皮珍贵的麝鼠；沙漠中有避日虫、毒蝎等多种昆虫，红带蛛的毒性很大，人和牲畜被咬后会丧命。根据尼亚佐夫总统 1997 年 3 月 25 日的命令，150 种动植物被列为国家保护对象。

4. 吉尔吉斯斯坦的生物资源

在吉尔吉斯斯坦境内有 115 科、855 属、3 786 种植物。在这些植物中有大灌木 260 种、小灌木 115 种、林木 143 种。森林面积占全国面积的 5.3%（图附-2 所示即著名的西天山野果林）。有云杉、冷杉、柏、槭、柳、白杨、白桦等树木 143 种。全国有草类 3 175 种，其中，多年生草 2 270 种，一、二年生草 896 种。

图附-2　西天山野果林

吉尔吉斯斯坦有 500 多种脊椎动物，爬行动物 25 种以上、鸟类 335 种、两栖动物 4 种、哺乳动物 86 种；昆虫以及蜱螨等节肢动物 4 000 种。金雕、苍鹰和游隼是吉尔吉斯人特别喜爱用以捕猎的猛禽，常见的野生动物有狼、獾、山羊、野兔、野猪。

吉尔吉斯斯坦是优质牛——阿拉套种牛和奥卢亚阿塔种牛的种源地。乳、肉两用阿拉套种牛公牛体重一般为800～900千克，纯肉产量可达53%～55%，有的可达60%，母牛体重为500～600千克，年均产奶量为4 000～4 500千克。奥卢亚阿塔种乳用牛年产奶量可达4 500～5 000千克，乳脂率为3.7%～3.8%。一匹3岁的新吉尔吉斯马跑完1 600米只需1分50秒，长距离拉套的耐力惊人。中亚之所以有这些优良畜种与中亚的野生基因库不无关系。费尔干纳山和恰特卡尔山脉的贾拉拉巴德州和奥什州的山区生长着世界上最大的野苹果和野核桃林；在贾拉拉巴德州的山脚下生长着黄连木和巴旦杏等耐旱树木。这些都是极为宝贵的基因财富。

5. 塔吉克斯坦的生物资源

塔吉克斯坦有植物5 000多种，阔叶林主要分布在吉萨尔山南坡、达尔瓦兹山北坡等地，有核桃树、槭树、梧桐树和苹果树等。小叶树林主要分布在河漫滩地带，分布比较广。灌木主要分布在荒漠地带和山区。草本植物种类繁多，主要有禾草、鸭茅、看麦娘和苔草等。

塔吉克斯坦有哺乳动物81种，鸟类365种，爬行动物49种，昆虫7 000～8 000种。无脊椎动物种类更多。

该国气候和土壤较适宜于葡萄、瓜果等园艺作物的生长，所产葡萄和瓜果的含糖量高达28%。畜牧业也是该国农业的重要部门，畜牧业以养羊业为主，所产的卡拉库尔绵羊在独联体乃至世界都享有盛名，其驰名国外的地毯就是用这种羊所产的优质细羊毛织造的。独立前羔皮产量约占全苏的五分之一，居第二位。该国著名的阿哈尔捷金马能在缺水少食的情况下穿越广阔的沙漠，曾多次获国际比赛奖牌。

附录七　各种能源燃烧值互算表

能源名称	平均低位发热量	折标准煤系数
原煤	20 934 千焦/千克	0.714 3 千克标煤/千克
洗精煤	26 377 千焦/千克	0.900 0 千克标煤/千克
其他洗煤	8 374 千焦/千克	0.285 0 千克标煤/千克
焦炭	28 470 千焦/千克	0.971 4 千克标煤/千克
原油	41 868 千焦/千克	1.428 6 千克标煤/千克
燃料油	41 868 千焦/千克	1.428 6 千克标煤/千克
汽油	43 124 千焦/千克	1.471 4 千克标煤/千克
煤油	43 124 千焦/千克	1.471 4 千克标煤/千克
柴油	42 705 千焦/千克	1.457 1 千克标煤/千克
液化石油气	47 472 千焦/千克	1.714 3 千克标煤/千克
炼厂干气	46 055 千焦/千克	1.571 4 千克标煤/千克
天然气	35 588 千焦/立方米	12.143 吨/万立方米
焦炉煤气	16 746 千焦/立方米	5.714 吨/万立方米
其他煤气	3.570 1 吨/万立方米	
热力	0.034 12 吨/百万千焦	
电力	3.27 吨/万千瓦时	

参 考 文 献

1. 奥利格·西多罗夫:"上海合作组织成员国的地缘政治利益与前景",《国际问题研究》,2006 年第 3 期。
2. 柴利:《中国与中亚国家能源合作对策研究》,社会科学文献出版社,2013 年。
3. 陈曦、罗格平等:《中亚干旱区土地利用与土地覆被变化》,科学出版社,2015 年。
4. 崔民选、王军生、陈义和:《天然气战争:低碳语境下全球能源财富大转移》,石油工业出版社,2010 年。
5. 戴维·G. 维克托、埃米·M. 贾菲、马克·H. 海斯:《天然气地缘政治——从 1970 到 2040》,王震、王鸿雁等译,石油工业出版社,2010 年。
6. 丹尼尔·耶金:《石油大博弈》,中信出版社,2008 年。
7. 单卫国:"欧佩克对油价的影响力及其政策取向",《国际石油经济》,2000 年第 1 期。
8. 邓铭江、龙爱华:"咸海流域水文水资源演变与咸海生态危机出路分析",《冰川冻土》,2011 年第 6 期。
9. 邓铭江、龙爱华、章毅等:"中亚五国水资源及其开发利用评价",《地球科学进展》,2010 年第 12 期。
10. 邓欣:"中国和中亚在环境治理与跨区域合作中的环境保护法律问题研究",《法制与社会》,2012 年第 15 期。
11. 冯玉军:"低油价时代的能源安全新思路",《中国科学报》,2020 年 4 月 1 日第 3 版。
12. 冯玉军:"论'丝绸之路经济带'与欧亚经济联盟对接的路径",《欧亚经济》,2016 年第 5 期。
13. 冯玉军:"世界石油市场迎来'至暗时刻'",《中国科学报》,2020 年 4 月 22 日第 3 版。
14. 冯玉军:"丝绸之路经济带内涵深刻",《西部大开发》,2014 年第 1 期。
15. 冯玉军:"习近平出访中亚见证多项油气合作协议签署'丝绸之路经济带'开辟广阔合

作空间",《国际石油经济》，2014年第22期。

16. 冯玉军：《欧亚新秩序(第三卷：欧亚转型：地缘政治与能源安全)》，中国社会科学出版社，2018年。

17. 冯玉军、丁晓星、李东："俄罗斯新能源外交及其影响"，《现代国际关系》，2002年第9期。

18. 复旦大学国际问题研究院：《构建亚洲命运共同体论文集》，复旦大学出版社，2016年。

19. 国家信息中心"一带一路"大数据中心：《"一带一路"大数据报告（2016）》，商务印书馆，2016年。

20. 国家信息中心"一带一路"大数据中心：《"一带一路"大数据报告（2017）》，商务印书馆，2017年。

21. 国家信息中心"一带一路"大数据中心：《"一带一路"大数据报告（2018）》，商务印书馆，2018年。

22. 国务院发展研究中心课题组：《百年大变局——国际经济格局新变化》，中国发展出版社，2018年。

23. 胡振华：《中亚五国志》，中央民族大学出版社，2006年。

24. 黄运成、陈志斌："高油价时代的国际石油地缘政治与中国石油贸易格局"，《资源科学》，2007年第1期。

25. 吉力力·阿不都外力、马龙等：《中亚环境概论》，气象出版社，2015年。

26. 将季成：《丝路沧桑》，西安地图出版社，2011年。

27. 李建民："欧亚经济联盟面临的困难与挑战"，《欧亚经济》，2015年第3期。

28. 李建民："丝绸之路经济带、欧亚经济联盟与中俄合作"，《俄罗斯学刊》，2014年第5期。

29. 李建民、李永全、陈玉荣等："欧亚经济联盟：理想与现实"，《欧亚经济》，2015年第3期。

30. 梁琳琳、齐中英："欧佩克产量事件对国际石油价格的影响分析"，《价格理论与实践》，2007年第1期。

31. 林伦："建立'三位一体'的全球能源供应体系——访中国国际问题研究所夏义善研究员"，《中国石油企业》，2003年第6期。

32. 刘启芸：《塔吉克斯坦》，社会科学文献出版社，2006年。

33. 刘卫东、刘志高：《"一带一路"建设对策研究》，科学出版社，2016年。
34. 刘卫东、田锦尘、欧晓理：《"一带一路"战略研究》，商务印书馆，2017年。
35. 柳丰华：《俄罗斯与中亚——独联体次地区一体化研究》，经济管理出版社，2010年。
36. 潘志平：《亚洲腹地地缘政治文化研究文集》，新疆人民出版社，2011年。
37. 庞昌伟："里海石油出口大动脉——巴库-第比利斯-杰伊汉输油管道贯通"，《国际石油经济》，2007年第1期。
38. 秦放鸣：《中国与中亚国家区域经济合作研究》，科学出版社，2010年。
39. 斯丹妮、王骏、张艳秋、谢波："论新形势下海外油气勘探开发方向"，《石油实验地质》，2002年第5期。
40. 宋景义：《转轨时期俄罗斯石油天然气工业及其对外经济联系研究》，中国经济出版社，2008年。
41. 宿景祥、张运成、冯玉军等："国际石油的战略影响"，《现代国际关系》，2003年第2期。
42. 孙壮志：《中亚国家的跨境合作研究》，上海大学出版社，2014年。
43. 孙壮志：《中亚五国对外关系》，当代世界出版社，1999年。
44. 孙壮志、苏畅、吴宏伟：《乌兹别克斯坦》（第二版），社会科学文献出版社，2016年。
45. 童晓光、徐树宝：《世界石油勘探开发图集(独联体地区分册)》，石油工业出版社，2004年。
46. 孟楠：《俄国统治中亚政策研究》，新疆大学出版社，2000年。
47. 汪建文：《可再生能源》，机械工业出版社，2012年。
48. 王海运：《国际能源关系与中国能源外交》，上海大学出版社，2015年。
49. 王海运：《上海合作组织与中国》，上海大学出版社，2015年。
50. 王海运：《新世纪的中俄关系》，上海大学出版社，2015年。
51. 王郦久："俄'欧亚联盟'战略及其对中俄关系的影响"，《现代国际关系》，2012年第4期。
52. 王沛：《中亚五国概况》，新疆人民出版社，2006年。
53. 王维然：《中亚区域经济一体化研究》，知识产权出版社，2014年。
54. 中国人民大学重阳金融研究院：《"一路一带"国际贸易支点城市研究》，中信出版集团，2015年。

55. 王仲颖、任东明、高虎：《可再生能源规模化发展战略与支持政策研究》，中国经济出版社，2012 年。

56. 吴宏伟：《中亚地区发展与国际合作机制》，社会科学文献出版社，2011 年。

57. 习近平：《习近平谈治国理政》(第一卷)，外文出版社，2014 年。

58. 习近平：《习近平谈治国理政》(第二卷)，外文出版社，2017 年。

59. 习近平：《习近平谈治国理政》(第三卷)，外文出版社，2020 年。

60. 夏义善：《中国能源 环境 气候——外交大视野》，世界知识出版社，2012 年。

61. 邢广程、孙壮志：《上海合作组织研究》，长春出版社，2007 年。

62. 徐海燕："奥巴马能源新政解析与中国低碳经济之路的选择"，《美国问题研究》，2010 年第 2 期。

63. 徐海燕："从油价谱系树图变动探周边油价走势"，《国际问题论坛》2005 年冬季号。

64. 徐海燕："俄罗斯'东向'能源出口战略与中俄油气合作——基于地缘政治经济学的分析"，《复旦学报》，2004 年第 5 期。

65. 徐海燕："俄罗斯油气战略东移与中俄油气合作"，《俄罗斯中亚东欧市场》，2003 年第 12 期。

66. 徐海燕："共建丝路绿色经济带破解中亚咸海危机"，《第一财经日报》，2017 年 5 月 11 日第 A11 版。

67. 徐海燕："构建丝路粮食通道的若干思考"，《国际问题研究》，2016 年第 4 期。

68. 徐海燕："国际原油价格暴涨与原油价格体系演变"，《世界经济文汇》，2008 年第 4 期。

69. 徐海燕："绿色丝绸之路经济带建设与中亚生态环境问题——以咸海治理和塔吉克斯坦为例"，《俄罗斯东欧中亚研究》，2016 年第 5 期。

70. 徐海燕："绿色丝绸之路经济带建设在中亚的实践与政策探析"，《华东师范大学学报》，2016 年第 5 期。

71. 徐海燕："丝绸之路经济带核能合作及其全球治理意义——以中哈铀资源合作开发为例"，《复旦学报》，2018 年第 6 期。

72. 徐海燕："咸海治理：丝绸之路经济带建设的契入点"，《国际问题研究》，2014 年第 4 期。

73. 徐海燕："中国与中亚的能源'双轨'合作"，《国际问题研究》，2013 年第 6 期。

74. 徐海燕："中哈贸易对中俄贸易的启示"，《复旦学报》，2003 年第 2 期。

75. 徐洪峰、李林河：《美国的中亚能源外交(2001—2008)》，知识产权出版社，2010年。
76. 徐仲平："随机信号过程与矿床产出模型导出"，《新疆地质》，1993年第4期。
77. 许涛：《中亚地缘政治沿革：历史、现状与未来》，时事出版社，2016年。
78. 杨德刚、杜宏茹等：《中亚经济地理概论》，气象出版社，2013年。
79. 杨立信："阿姆河和锡尔河下游水资源一体化管理项目"，《水利水电快报》，2009年第4期。
80. 杨立信：《水利工程与生态环境（一）——咸海流域实例分析》，黄河水利出版社，2004年。
81. 杨鲁慧："地缘政治演变与中国新安全观——以上海合作组织新机制为视角"，《社会科学》，2007年第3期。
82. 伊万·费奥多罗维奇·格鲁莫夫等：《里海区域地质与含油气性》，王志欣等译，石油工业出版社，2007年。
83. 殷晴：《丝绸之路经济史研究》，兰州大学出版社，2012年。
84. 尤放："中哈十年石油缘"，《中国石油化工》，2017年第17期。
85. 余建华等：《世界能源政治与中国国际能源合作》，长春出版社，2011年。
86. 张德广："上海合作组织与欧亚地缘政治变迁"，《俄罗斯研究》，2006年第2期。
87. 张娥："俄原油期货意谋长远"，《中国石油石化》，2006年第12期。
88. 张建民、胡双熙、周宏飞等：《中亚土壤地理》，气象出版社，2013年。
89. 张元明、李耀民、沈观冕等：《中亚植物资源及其利用》，气象出版社，2013年。
90. 赵常庆："论影响中国与中亚关系的'俄罗斯因素'及中俄关系的'中亚因素'"，《新疆师范大学学报》，2011年第4期。
91. 赵常庆：《中国与中亚国家合作析论》，社会科学文献出版社，2012年。
92. 赵华胜："浅评中俄美三大战略在中亚的共处"，《国际观察》，2014年第1期。
93. 赵华胜：《上海合作组织评析和展望》，时事出版社，2012年。
94. 郑永年：《大趋势：中国下一步》，东方出版社，2019年。
95. 周可法、杨发相、徐新等：《中亚地质地貌》，气象出版社，2013年。
96. 周子衡："中国经济发展的地缘战略与东亚经济一体化"，《世界经济与政治》，2004年第2期。
97. 朱训："实行全球能源战略　建立全球供应体系"，《中国矿业》，2003年第5期。

98. 庄丽、向本春、李卫红：《新疆干旱半干旱区植被的生理生态响应和适应策略》，西北农林科技大学出版社，2010年。

99. Adaykz НГБ. Нефтегазоносные бассейны Казахстана, https://iv‐g.livejournal.com/163138.html.

100. Bedford D. P. "International water management in the Aral Sea basin". Water International, 1996, 21（2）: 63-69.

101. Cai X., McKinney D. C., Rosegrant M. W. "Sustainability analysis for irrigation water management in the Aral Sea region". Agricultural Systems, 2003, 76（3）: 1043-1066.

102. CAWater‐IS. "База данных по Аральскому морю", http://www.cawater‐info.net/bd/header0.gif.

103. Gennady V. Osipov, Vadim Ponkratov, Svetlana G. Karepova, Tatiana Bloshenko, Andrei Vorontcov. "Transit tariff optimization model for Russia and Central Asia energy cooperation". Entrepreneurship and Sustainability Issues, 2019.

104. Glantz M. H. "Aral Sea basin: a sea dies, a sea also rises". AMBIO: A Journal of the Human Environment, 2007, 36（4）: 323-327.

105. Gu Daxing, Otieno Dennis, Huang Yuqing, Wang Quan. "Higher assimilation than respiration sensitivity to drought for a desert ecosystem in Central Asia". Science of the Total Environment, 2017, 609.

106. Gulinaer Yusufu. "Energy cooperation between China and Central Asia under the background of New Silk Road Economic Belt". Research Institute of Management Science and Industrial Engineering. Proceedings of 2017 3rd International Conference on Economics, Social Science, Arts, Education and Management Engineering（ESSAEME 2017）. Research Institute of Management Science and Industrial Engineering（Computer Science and Electronic Technology International Society），2017:4.

107. Gulinaer Yusufu. "Research on energy cooperation strategy between China and Central Asia based on Xinjiang". Research Institute of Management Science and Industrial Engineering.Proceedings of 2018 2nd International Conference on Social Sciences, Arts and Humanities（SSAH 2018）. Research Institute of Management Science and Industrial Engineering（Computer Science and Electronic Technology International Society），2018: 4.

108. Joseph Yu-Shek Cheng. "China – Russia relations in Central Asia: Energy policy, Beijing's new assertiveness and 21st century geopolitics". Journal of Comparative Asian Development, 2014, 13(1).

109. Karatayev M., Hall S., Kalyuzhnova Y, Clarke M. L."Renewable energy technology uptake in Kazakhstan: Policy drivers and barriers in a transitional economy". Renewable and Sustainable Energy Reviews, 2016, 66.

110. Kotlyakov V. M. "The Aral Sea basin: a critical environmental zone". Environment: Science and Policy for Sustainable Development, 1991, 33(1): 4-38.

111. Marko Keskinen, Olli Varis, Arjen Y. Hoekstra. "Water-energy-food nexus in large Asian river basins". Water, 2016, 8(10).

112. Markus S. Schulz. "Imagining futures of energy: Views from Central Asia". Transfers, 2018, 8(1).

113. Micklin P. Aladin N. V. "Reclaiming the Aral Sea". Scientific American, 2008, 298(4): 64-71.

114. Parviz Normatov, Makhmadrezbon Idiev, Inom Normatov, Gulom Norqulova. "The involvement of the wide potential of alternative energy sources of Central Asia the key to natural resources conservation and environmental improvement". Journal of Chemical Engineering & Process Technology, 2018, 9(1).

115. Rödl A., Kaltschmitt M., Schaumburg H. "Strategy for a large scale introduction of solar energy in Central Asia". MANAS Journal of Engineering, 2017(3).

116. Sergey S. Zhiltsov, Igor S. Zonn, Andrey G. Kostianoy, Aleksandr V. Semenov. Water resources in Central Asia: International context, Springer, Cham: 2018-01-01.

117. Spoor M. "The Aral Sea basin crisis: Transition and environment in former soviet Central Asia". Development and Change, 1998, 29(3): 409-435.

118. Wan Haibin, Cao Yang, Wang Wei, Yang Qingrun, Lee Dongil, Ding Tao, Zhang Huining. "Economic dispatch constrained by central multi-period security for Global Energy Interconnection and its application in the Northeast Asia". Global Energy Interconnection, 2018, 1(2).

119. Xu Hanyan. "The study on eco-environmental issue of Aral Sea from the perspective of sustainable development of Silk Road Economic Belt". IOP Conference Series: Earth and Environmental Science, 2017, 57(1).

120. Ажибаева З. Н., Вешнякова Л. А., Сюй Хайнань. "Моделирование административно-хозяйственных расходов страховой компании", «Казахстан на пути к новой модели развития: тенденции, потенциал и императивы роста», 2001г.

121. Азаматова А. Б., Азаматова А. С. "Тенденции развития системы транспортирования нефти на мировые рынки", «РАЗВИТИЕ РЫНОЧНОЙ ЭКОНОМИИ», 2004г.Алматы.

122. Аладин Н. В., Плотников И. С. «Современная фауна остаточных водоемов, образовавшихся на месте бывшего Аральского моря», Труды Зоологического института РАН, 2008(312).

123. Алдабек Н. А., Бектурганова П. Е., Сериккалиева Ф. Е. «Модернизация Китая и Казахстана», Алматы, октябрь 2014г.

124. Андреев Н. И., Андреева С. И. «Акклиматизация беспозвоночных в Аральском море» https://elibrary.ru/item.asp?id= 24543611.

125. Андреева С. И., Андреев Н. И. «Эволюционные преобразования двустворчатых моллюсков Аральского моря в условиях экологического кризиса», Омск: Изд-во Омского государственного педагогического университета, 2003.

126. Ахметова Г.Р. "Международная конкуренция за ресурсы (инновационный аспект)", «Формирование открытой рыночной экономики», 2000г.

127. Баймагамбетова Л.К. "Вызовы мировой экономической интеграции", «Реформирование казахстанской экономики: уроки, теория и практика», 2001г.

128. Блинкова И. "Основные месторождения нефти в Казахстане", https://www.nur.kz/1733607-osnovnye-mestorozdenia-nefti-v-kazahstane.html.

129. Брагинский И.С. "Проблемы востоковедения", издательство Наука, Главная редакция восточной литературы, Москва 1974 г.

130. Воложанина В. Ю. «Экономические реформы и совершенствование системы управления на предприятиях Казахстана и России», 2001г.

131. Воробьев В. "О китайской идее построения экономического пояса Шелкового пути", «Россия в глобальной политике», 2014(11).

132. Газета "Коммерсантъ" №223, 2019. 12. 04, стр. 1. "Газпром взял Алтай-аут, Новый газопровод в Китай пройдет через Монголию", https://www.kommersant.ru/doc/4180411.

133. Глумов И. Ф. Маловицкий Я. П. «Региональная Геология и Нефтегазоносность Каспийского Моря», Издательство: Недра, Москв, 2004г.

134. Бабаян Д. "Поднебесная и Центральная Азия", «Свободная мысль», 2006(3).

135. Демесинова А. А., Тайбек Ж. К., Демесинова А. А. "Перспективы интеграции Казахстана в рамках СНГ", «Казахстан на пути к новой модели развития: тенденции, потенциал и императивы роста», 2001г.

136. Длимбетов Б. К., Досмуханбетова Р. С., Нупов А. И. " Мировые запасы и цены энергоресурсов", « Реалии и перспективы высшего экономического образования казахстана на стыке эпох», 1999г.

137. Дурасов А. М., Тазабеков Т. Т. « Почвы Казахстана », Алма-Ата, Издательство «Кайнар», 1981г.

138. Егизеков М. Г. " Моделирование эколого-экономических процессов", «Экономические реформы и совершенствование системы управления на предприятиях Казахстана и России», 2001г.

139. Екатерина Ш. "Маршрут газопровода из России в Китай", Инфографика, 22.05.2014, https://aif.ru/dontknows/infographics/117443.

140. Енсенова Г., Иткеева Д., Заманбекова Д. "Почвы Казахстана", http://www.myshared.ru/slide/1343790/.

141. Жакупова Ж. Е. "Современное состояние нефтяной отрасли, проблемы и перспективы ее развития", «Реформирование казахстанской экономики: уроки, теория и практика», 2001г.

142. Жусипбеков С. С. "Эколокические ресурсы и мнополии в нефтяной отрасли Казахстана", « Реалии и перспективы высшего экономического образования Казахстана на стыке эпох», 1999г.

143. Зеленская Е. Л. " Реалии экспорта казахстанской нефти по трубопроводу Казахстан-Китай", «РАЗВИТИЕ РЫНОЧНОЙ ЭКОНОМИИ», 2004г, Алматы.

144. Информационное агентство «Kazakhstan Today». "Китайская CNPC выкупит 8,33% акций Кашагана за 5 млрд. долларов", https://www.zakon.kz/4575069-kitajjskaja-cnpc-vykupit-833-akcijj.html.

145. Квасов И. А. "Обоснование природоохранной программы (на примере г. Усть-Каменогорска)", «Экономические реформы и совершенствование системы управления на предприятиях Казахстана и России», 2001г.

146. Кнобель А. "Евразийский экономический союз: преспективы развития и возможноные припятствия", «Вопросы экномики», 2015(3).

147. Конспект. "Типы почв на территории Казахстана", https://itest.kz/ru/ent/geografiya/lecture/.

148. Коржова Н.А. "Социальная политика Казахстана в переходный период", «Экономиа: современные этапы развития», 2000г.

149. Кузембаева Н. А., Досжанова Д. Е. "Проблемы и перспективы развития системы транспорта нефти в Казахстане", «Реформирование казахстанской экономики: уроки, теория и практика», 2001г.

150. Лесбаева Г. "Эффективность комплексного использования материальных ресурсов в нефтегазовой промышленности", «Формирование открытой рыночной экономики», 2000г.

151. Мадиярова Д. М. "Методология обеспечения экономической безопасности в Евроазиатском экономическом сообществе и СНГ", «Реформирование казахстанской экономики: уроки, теория и практика», 2001г.

152. Мамирова К. Н., Тилекова Ж. Т. «Моделирование в географии», Алматы, 2014г.

153. Мамыров Е. Н. "Классификационные признаки времени как экономического явления", «Экономика: современные этапы развития», 2000г.

154. Международное радио Китая. "Китайская CNPC выкупит 8,33% акций Кашагана за 5 млрд. Долл", http://russian.cri.cn/881/2013/09/10.

155. Мхитарян В. С., Айвазян С. А. "Прикладная статистика и основы эконометрики", Москва "ЮНИТИ", 1998.

156. Назарбаев Н. А. «Свободному эффективному и безопасному обществу-Послания президента народу казахстана», 16 октября 2000г., сайт президента Казахстана.

157. Назарбаев Н. А. «Построим будущее вместе! -Послание Президента народу Казахстана», 28 января 2011г., сайт президента Казахстана.

158. Назарбаев Н. А. Стратегия «Казахстан-2050» Послание Президента народу Казахстана,

14 декабря 2012 г., сайт презедента Казахстана-www.akorda.kz/ru/addresses.

159. Назарбаев Н. А. «Новые возможности развития в условиях четвертой промышленной революции- Послание Президента народу Казахстан», 10 января 2018 г., сайт президента Казахстана.

160. Назарбаев Н. А. «Қазахстан в новой глобальной реальности: ротс, реформы, развитие- Послание Президента народу Казахстана», 30 ноября 2015г, сайт презедента Казахстана.

161. Назарбаев Н.А. « Қазахстан на пути ускоренной экономической, социальгой и политической модернизации - Послание Президента роеспублини Казахстан», Февраль 2005 г., сайт презедента Казахстана.

162. Назарбаев Н. А. «Казахстанский путь — 2050: Единая цель, единые интересы, единое будущее - Послание Президента народу Казахстана», 18 января 2014г, сайт презедента Казахстана.

163. Назарбаев Н. А. «Стабтильность и безопасность страны в новом столетии - Послание Президента народу Казахстана», Сентябрь 1999г., сайт президента Казахстана.

164. Назарбаев Н. А. «Третья модернизация Казахстана: глобальная конкурент оспособность- Послание Президента Республики Казахстан», 31 января 2017 г., сайт президента Казахстана.

165. Назарбанв Н. А. "Евразийский союз: от идеи к истории будущего", «Известия», 23, октября, 2011 г.

166. Нупов А. И. " Энергетические ресурсы как основное звено мирового хозяйства ", «Формирование открытой рыночной экономики», 2000г.

167. Нурмагамбетова С.Ж. "Особенности региональной политики в решении экологических проблем ", « Экономические реформы и совершенствование системы управления на предприятиях Казахстана и России», 2001г.

168. Олег Арин. «Стратегические контуры Восточной Азии в XXI веке Россия: ни шагу вперёд», Москва, 2001г.

169. Пасеченко П. С., Кривулина Л. С. "Современные проблемы приватизации в Казахстане", «Формирование открытой рыночной экономики», 2000г.

170. Путин В. В. "Новый интеграционый проект для Евразии – будущее, которое рождается сегодня". «Известия», 02, октября, 2011г.

171. Рахимбекова А.А. "Роль и особенности аграрного маркетинга в РК", «Реформирование казахстанской экономики: уроки, теория и практика», 2001г.

172. Рефераты Казахстан-География. "Почвы Казахстана", https://bankreferatov.kz/geografy/29-potchv.

173. Сарларова А. Б. "Инвестиционный климат в Казахстане: пути улучшения", «Казахстан на пути к новой модели развития: тенденции, потенциал и императивы роста», 2001г.

174. Смирнов С. "Урановый шанс Казахстана", 29 июня 2016г., http://kz.utro.news/uranovyi-shans-kazahstana-16062810475572.htm.

175. Сыроежкин К. Л. «Проблемы современного Китая и Центральной Азии», Алматы, 2006.

176. Сюй Хай Иань. "Энтропийный анализ в изучении рядов динамики объемов экспорта и импорта РК и КНР", «Формирование открытой рыночной экономики», 2000г.

177. Сюй Хай Иань. "Закономерность и цикличность рядов динамики объемов экспорта и импорта между РК и КНР", «Стратегия экономической стабилизации казахстана: взгляд в XXI век», 2000г.

178. Сюй Хай Иань. "Изучение стоимостей импорта РК с Кир как совокупность вероятных величин", «Реформирование казахстанской экономики: уроки, теория и практика», 2001г.

179. Сюй Хай Иань. "Усовершенствование метода прогнозирования внешнеэкономических связей РК и КНР", «Реалии и перспективы высшего экономического образования казахстана на стыке эпох», 1999г.

180. Сюй Хай Иань. "Цепь Маркова в изучении маркетинга импортируемых товаров в РК", «Реформирование казахстанской экономики: уроки, теория и практика», 2001г.

181. Сюй Хайиань. "Применение цепей Маркова в изучении внешнеэкономической деятельности между РК и КНР", «Экономика: современные этапы развития», 2000г.

182. Сюй Хайиань. "Прогноз основных групп экспортируемых и импортируемых товаров между Казахстаном и Китаем на ближайшее время", «Казахстан на пути к новой модели развития: тенденции, потенциал и императивы роста», 2001г.

183. Сюй Хайиань. "Установление закона распределения величин стоимостей импорта между КНР", «Экономические реформы и совершенствование системы управления на предприятиях Казахстана и России», 2001г.

184. Токаев К. Ж. «Казахстан в новой реальности: время действий-Послание Президента напроду Казахстана», 1 сентября 2020г., сайт президента Казахстана.

185. Токаев К. Ж. «Коструктивный общественный диалог-основа стабильности и процветания Казахстана-Послание Президента народу Казахстан », 2 сентября 2019, сайт презедента Казахстана.

186. Утембаев Е. А. " О стратегии развития страны ", « Экономиа: современные этапы развития», 2000г.

187. Шыгысбаева Ш. Ш. «Казахстан на пути к новой модели развития: тенденции, потенциал и императивы роста » (часть 7) сборник научных трудов, Алматы, Издательство «Эколномика», 2000г.

188. Шыгысбаева Ш. Ш. «Стратегия экономической стабилизации казахстана: взгляд в XXI век», Алматы, Издательство «Эколномика», 2000г.

189. Шыгысбаева Ш. Ш. «Формирование открытой рыночной экономики Казахстана» сборник научных трудов, Алматы, Издательство «Эколномика», 2000г.

190. Шыгысбаева Ш. Ш. «Экономика: современные этапы развития» сборник трудов, Алматы, Издательство «Эколномика», 2000г.

191. Шыгысбаева Ш.Ш. "Формирование открытой рыночной экономики Казахстана сборник научных трудов, Алматы", Издательство «Эколномика», 2000г.

192. Шыгысбаева Ш. Ш. « Реалии и перспективы высшего экономического образования казахстана на стыке эпох»сборник трудов выпус I, Алматы, Издательство«Эколномика», 1999г.

193. Шыгысбаева Ш.Ш.«Реформирование казахстанской экономики: уроки, теория и практика» сборник трудов выпуск I, Алматы, Издательство «Эколномика», 2001г.

图书在版编目(CIP)数据

丝绸之路经济带资源战略研究:内陆能源供需格局、丝路粮食通道的缘起与前景/徐海燕著. —上海:复旦大学出版社,2020.12
ISBN 978-7-309-15410-8

Ⅰ.①丝⋯ Ⅱ.①徐⋯ Ⅲ.①丝绸之路-经济带-能源战略-研究-中国 ②丝绸之路-经济带-粮食问题-研究-中国 Ⅳ.①F426.2 ②F326.11

中国版本图书馆 CIP 数据核字(2020)第 227738 号

丝绸之路经济带资源战略研究:内陆能源供需格局、丝路粮食通道的缘起与前景
SICHOUZHILU JINGJIDAI ZIYUAN ZHANLÜE YANJIU: NEILU NENGYUAN GONGXU GEJU, SILU LIANGSHI TONGDAO DE YUANQI YU QIANJING
徐海燕 著
责任编辑/姜作达

复旦大学出版社有限公司出版发行
上海市国权路 579 号 邮编:200433
网址: fupnet@fudanpress.com http://www.fudanpress.com
门市零售:86-21-65102580 团体订购:86-21-65104505
出版部电话:86-21-65642845
当纳利(上海)信息技术有限公司

开本 700×960 1/16 印张 17.75 字数 253 千
2020 年 12 月第 1 版第 1 次印刷

ISBN 978-7-309-15410-8/F·2759
定价:65.00 元

如有印装质量问题,请向复旦大学出版社有限公司出版部调换。
版权所有 侵权必究